E-Book inside

Mit dem Kauf dieses Buchs erhalten Sie das zugehörige E-Book gratis. Sie können dabei aus zwei Dateiformaten wählen: EPUB (gängiges Format für E-Reader und Tablets) und PDF (für PC und Laptop). So kommen Sie an Ihr kostenloses E-Book:

Rufen Sie im Internet diese Website auf:
↗ http://www.junfermann.de/ebook-inside

Geben Sie den unten stehenden Code in das dafür vorgesehene Feld ein und klicken Sie → Code einlösen. Nach Eingabe Ihrer E-Mail-Adresse und Auswahl des E-Book-Formats erhalten Sie sofort einen Download-Link für das gewünschte E-Book an Ihre E-Mail-Adresse.

Bitte beachten Sie, dass der Code für Sie personalisiert wird und nur einmal gültig ist. Die Datei müssen Sie zunächst auf Ihrem Computer speichern, bevor Sie sie auf ein mobiles Endgerät überspielen können.

AF836578

M5AC57H6

Andrea Schlösser & Karin Kiesele

Job-Coaching

Arbeitssuchende für den Arbeitsmarkt fit machen

Reihe

Coaching Skills kompakt

Band 9

www.junfermann.de
blogweise.junfermann.de
www.facebook.com/junfermann
twitter.com/junfermann
www.youtube.com/user/Junfermann
www.instagram.com/junfermannverlag

ANDREA SCHLÖSSER & KARIN KIESELE

JOB-COACHING

ARBEITSSUCHENDE FÜR DEN ARBEITSMARKT FIT MACHEN

2., überarbeitete Auflage

Junfermann Verlag
Paderborn
2023

Copyright © Junfermann Verlag, Paderborn 2018
2., überarbeitete Auflage 2023

Coverfoto © PK-Photos – iStock

Illustrationen © Chrisavgi Matheou

Covergestaltung / Reihenentwurf Junfermann Druck & Service GmbH & Co. KG, Paderborn

Satz & Layout Junfermann Druck & Service GmbH & Co. KG, Paderborn

Bibliografische Information der Deutschen Nationalbibliothek

Die Deutsche Nationalbibliothek verzeichnet diese Publikation in der Deutschen Nationalbibliografie; detaillierte bibliografische Daten sind im Internet über http://dnb.d-nb.de abrufbar.

ISBN 978-3-7495-0397-1

Dieses Buch erscheint parallel als E-Book
ISBN: 978-3-7495-0398-8 (EPUB), 978-3-7495-0399-5 (PDF).

Inhalt

Einige Listen, Fragebogen und Grafiken – zu erkennen an diesem Icon ⤓ – stehen Ihnen auf ↗ http://www.junfermann.de als Download zur Verfügung. Gehen Sie dafür auf die Artikelseite dieses Buches und scrollen Sie nach unten, bis zum Bereich „Mediathek“.

Hinweise zu Besonderheiten im Online-Coaching sind mit diesem Icon 🌐 gekennzeichnet.

Ein herzlicher Dank an all unsere Kollegen,
Klienten und Ausbildungsteilnehmer,
die uns ermutigt haben,
dieses Buch zu schreiben.

2018, bei Erscheinen der 1. Auflage, war die Job-Coaching Welt noch weitgehend analog. Inzwischen hat sich die gesamte Branche weiterentwickelt. Deshalb haben wir unser Buch in der 2. Auflage methodisch um Online-Tools und Anforderungen rund um das Online-Coaching ergänzt.

Wieso dieses Buch?

Durch die gestiegenen Anforderungen der modernen Arbeitswelt besteht, fünf Jahre nach Erscheinen der ersten Auflage, mehr Handlungsbedarf denn je, Personen, die von Arbeitslosigkeit betroffenen sind, wieder dauerhaft in den ersten Arbeitsmarkt zu integrieren.

Zum Berufsbild des Job-Coachs gehören zum einen Haltung und Methoden des klassischen Coachings, zum anderen werden auch Fachkenntnisse über den aktuellen Arbeitsmarkt sowie Erfahrungen im analogen und digitalen Bewerbermanagement gefordert. Das Wissen über Ausbildungs-, Weiterbildungs- und Qualifizierungsmöglichkeiten ist in diesem Beruf ebenfalls von Vorteil. Im Bereich Job-Coaching arbeiten viele Quereinsteiger, wie zum Beispiel Sachbearbeiter, Verwaltungsfachangestellte, Betriebswirte, Arbeitspsychologen, Schauspieler, Lehrer und Journalisten. Jede dieser Berufsgruppen bringt spezielle Fachkenntnisse mit, die sich durch eine fundierte Qualifizierung im Bereich Coaching gut einbringen lassen. Wer jedoch ohne eine Coaching-Ausbildung als „Job-Coach" arbeitet, hat vermutlich keinen einschlägigen Methodenkoffer im Gepäck. Er arbeitet als Coach und ist wahrscheinlich mit den wichtigsten Coaching-Grundsätzen nicht vertraut.

Jeder Mensch trägt die Lösung für seine Probleme in sich. Das ist einer der Grundsätze, auf denen unsere Arbeit basiert. Auch in Zeiten des digitalen Wandels heißt Coaching für uns deshalb: Wir unterstützen und begleiten unsere Klienten professionell in ihrer beruflichen und persönlichen Weiterentwicklung. Allein aus diesem Verständnis heraus kann „Coaching" nicht gleichbedeutend mit „Beratung" sein, in der wir Menschen Anleitungen und Expertenrat geben. Auch sind „Coachs" üblicherweise keine „Trainer", die neue Kenntnisse vermitteln und die Umsetzung von neuen Fähigkeiten mit ihren Teilnehmern einüben. Diese grundlegend verschiedenen inneren Haltungen deutlich vor Augen zu haben ist uns wichtig.

Wir schulen Job-Coachs und unterstützen sie in ihrer täglichen Arbeit. Aus eigener Erfahrung kennen wir die Besonderheiten und Herausforderungen des Berufsbilds. Mit dieser überarbeiteten Neuauflage möchten wir allen Job-Coachs ein aktuelles und praxisorientiertes Handbuch zur Verfügung zu stellen. Ausgelöst durch den digitalen Wandel hat sich der Arbeitsmarkt rasant verändert. Für Job-Coachs, die weiterhin im Auftrag von Behörden und sozialen Trägern unterwegs sind, um Arbeitssuchende hier zu unterstützen, heißt das: Die Anforderungen sind gestiegen und noch vielfältiger geworden. Deshalb haben wir uns dazu entschlossen, unser Buch zu aktualisieren und auf die veränderten Rahmenbedingungen einzugehen.

In diesem Buch finden Sie zahlreiche Denkmodelle, Methoden und Techniken, die sich in unserer täglichen Praxis analog und online bewährt haben. Im Fokus steht für uns der Praxistransfer – damit Sie dieses Buch vor allem in Ihrer täglichen Arbeit nutzen können. Wir haben aus diesem Grund auf umfangreiche theoretische Ausführungen bewusst verzichtet und uns auf das Wesentliche beschränkt.

Wir freuen uns, dass Sie sich für dieses Buch entschieden haben. Bevor es richtig losgeht, noch ein paar Worte in eigener Sache:

Wir möchten an dieser Stelle von ganzem Herzen „Danke" sagen für das Vertrauen, das uns von unseren Klienten entgegengebracht wurde! Wir haben mit vielen Menschen gearbeitet, die den Job-Coaching-Prozess für sich als Chance erkannt und genutzt haben. Ob Geschäftsführer, Schweißer, LKW-Fahrer oder ungelernter Hilfsarbeiter; Teamleiter, Philosoph oder Hausfrau und Mutter: Mit Ihnen zu arbeiten war wundervoll, herausfordernd, spannend, motivierend und lehrreich für uns. Wir haben uns mit Ihnen über Ihre Erfolge gefreut und mit Ihnen emotionale und berührende Momente erlebt. Sie haben unseren Horizont erweitert und uns viel über das Leben gelehrt. Wir wünschen Ihnen für Ihre Zukunft, beruflich und privat, alles Gute! Ohne Sie und die Erfahrungen, die wir mit Ihnen machen durften, gäbe es dieses Buch nicht.

Als Leser haben Sie verschiedene Möglichkeiten, dieses Buch individuell für sich zu nutzen:

1. Sie können es von vorne bis hinten durcharbeiten.
2. Sie können sich gezielt einzelne Inhalte oder Methoden heraussuchen und punktuell nutzen.
3. Sie können beim Durchstöbern Denkanstöße und Impulse für die tägliche Arbeit mitnehmen.

Wir wünschen viel Spaß und Freude sowie eine angenehme Lesezeit mit unserem Buch!

Zwei Anmerkungen vorab:

Die Berufsbezeichnungen der zuständigen Personen in den Ämtern und Behörden variieren. Wir haben uns daher aus Gründen der Verständlichkeit für die neutrale Bezeichnung „Sacharbeiter“ entschieden.

Noch eine Erläuterung zur männlichen Form, die wir im vorliegenden Buch verwenden. Aus Gründen der besseren Lesbarkeit haben wir auf die gendergerechte Verwendung „*innen“ verzichtet. Auch die im Coaching übliche Verwendung des Begriffes „Klient“ erschien uns passender als der Begriff „Kunde“, der im offiziellen Sprachgebrauch der Ämter und Behörden benutzt wird. Wir hoffen, unsere Leser*innen damit nicht von der Lektüre des Buches abzuhalten.

Einleitung

Was macht ein Job-Coach, was tut er für seine Klienten?

Job-Coachings werden in der Regel von sozialen Trägern und Weiterbildungseinrichtungen angeboten und von den Ämtern oder dem Europäischen Sozialfond finanziert. Wenn ein Kunde ein Job-Coaching z. B. von der Arbeitsagentur oder dem Jobcenter in Anspruch nehmen möchte, benötigt er einen sogenannten AVGS (Aktivierungs- und Vermittlungsgutschein). Dieser kann ausschließlich bei zertifizierten Trägern eingereicht und genutzt werden.

Nach wie vor werden Arbeitssuchende von den Arbeitsagenturen und Jobcentern vor allem mit dem Gießkannenprinzip durch Maßnahmen geschleust. Ohne große Rücksichtnahme auf die Lebensumstände, das persönliche Vermögen und die Notwendigkeiten des Einzelnen treffen Menschen in sehr heterogenen Gruppen aufeinander, um dort gemeinsam „aktiviert" zu werden. Während der eine nur Hinweise zur Optimierung der Bewerbungsunterlagen oder einen Impuls zur Jobsuche braucht, fühlt sich der andere meilenweit von der Berufswelt entfernt. Die Sinnhaftigkeit dieser Gruppenmaßnahmen darf zu Recht bezweifelt werden. Es wundert deshalb nicht, dass sowohl Teilnehmer als auch die durchführenden Trainer den Ablauf und die Inhalte dieser „Zwangs"-Maßnahmen unisono als frustrierend und im Kern als ergebnislos bewerten.

Die Trainer bedauern vor allem, dass sie weder Zeit noch Raum haben, sich den einzelnen Teilnehmern zu widmen und individuell zu arbeiten. Und so können sie, trotz vorhandener Kompetenzen, dem Einzelnen absolut nicht gerecht werden. Gespräche in Form von Einzelcoachings sind unseres Erachtens jedoch unabdingbar, vor allem dann, wenn es um grundsätzliche Fragen zu einer beruflichen (Neu-)Orientierung und um richtungsweisende Entscheidungen geht.

Glücklicherweise weht seit 2012 ein frischer Wind durch die geförderten Aktivierungsangebote für Jobsuchende. So können z. B. ALG-I- und ALG-II-Empfänger mit dem AVGS (= Aktivierungs- und Vermittlungsgutschein) Coaching-Leistungen bei einem Anbieter ihrer Wahl in Anspruch nehmen. Das Angebot dient primär der Verbesserung der Integrationschancen von Arbeitslosen auf dem ersten Arbeitsmarkt. In individuellen Einzelterminen wird konkret und passgenau erarbeitet, welche Möglichkeiten der Klient hat und was er benötigt, um aktiv werden zu können. Dahinter steht die Absicht, Menschen mit einfachen oder vielfachen Hemmnissen dabei zu unterstützen, eine Arbeit mit Perspektive zu finden, die den Gang zum Amt kurz- oder mittelfristig überflüssig macht. Vor allem in diesem Zusammenhang hat sich der Begriff Job-Coaching inzwischen in der Branche etabliert.

Die bislang im Job-Coaching erzielten Ergebnisse sind vielversprechend und die Akzeptanz bei den Arbeitssuchenden für diese individuellen Maßnahmen ist in den letzten Jahren merklich gestiegen. Inzwischen fragen viele Arbeitssuchende und von Arbeitslosigkeit bedrohte Menschen ihren Sachbearbeiter aus eigenem Antrieb nach einem Job-Coaching, um mithilfe fachgerechter Unterstützung wieder in den Arbeitsprozess einsteigen zu können.

In letzter Zeit wurden und werden wir mit herausfordernden Ereignissen konfrontiert, die u.a. dazu geführt haben, dass mehr und mehr Menschen von Arbeitslosigkeit betroffen sind. Das gilt auch für einige, deren Arbeitsplätze zuvor als recht sicher galten. Die Pandemie hat ganze Branchen lahmgelegt und viele Unternehmer mussten, bedingt durch Engpässe, ihr Personal in Kurzarbeit schicken oder ganz entlassen. Auch machen Krieg, Inflation und Knappheit an Ressourcen es allen Beteiligten nicht gerade leichter. Aber es gibt auch Arbeitsbereiche, die boomen und keine Mitarbeiter finden. Neue Berufsbilder entstehen und viele Arbeitnehmer sind jetzt gezwungen, sich mit digitalen Prozessen auseinanderzusetzen und hier Bildungs- und Wissenslücken zu schließen. Mit solchen Veränderungsprozessen gehen Menschen ganz unterschiedlich um und im Job-Coaching ist es hier unsere Aufgabe, Ängste abzubauen und jeden Einzelnen dabei zu unterstützen, sich neu zu verorten.

Job-Coach – ein neues Berufsbild

Ein Job-Coaching mit individuellen Einzelterminen ist ein Prozess, der vom durchführenden Fachmann Know-how auf vielen Ebenen fordert. Oft begleitet der Job-Coach seinen Klienten, der im offiziellen Sprachgebrauch der Behörden als „Kunde“ bezeichnet wird, aus dem Meer der Hoffnungslosigkeit in Meere der Möglichkeiten, Abwägungen, Perspektiven und Unwägbarkeiten. Er unterstützt ihn dabei, die wichtigen Leuchttürme ausfindig zu machen, und steuert mit ihm Inseln der Erfrischung, des Erkennens und der Neuorientierung an. Investiert der Klient in sein Job-Coaching und den Prozess, entwickelt er im Idealfall Strategien, wie er sein berufliches Schiff auf Vordermann bringen und mit neuer Kraft in See stechen kann.

Mit dem Job-Coach ist ein neues Berufsbild entstanden, das vielen Anforderungen und Herausforderungen standhalten muss. Gleichzeitig sind die Inhalte und auch die Durchführung von Job-Coaching-Prozessen diffus und von sehr unterschiedlicher Qualität. Auch nach Jahren gibt es immer noch kein klares Berufsprofil. In der Praxis gilt nach wie vor allzu oft die Devise „learning by doing".

Die Auftraggeber – meist sind dies die Jobcenter oder die Arbeitsagentur – haben hingegen klar umrissene Erwartungen. Je nach Problemstellung sollen Lebensläufe erstellt, Bewerbungsunterlagen optimiert und Bewerbungsgespräche geübt werden. Für die Job-Coachs selbst, egal ob fest angestellt oder frei arbeitend, gibt es jedoch kaum passgenaue Schulungen und Konzepte. Sie werden als „Coachs" bezeichnet, haben zum Teil keine Coaching-Ausbildung bzw. verfügen nicht einmal über die nötigsten Grundlagen.

In der Regel ist Coaching, z. B. Karriere-Coaching, ein freiwilliges Angebot oder eines, das bewusst vom Klienten gesucht wird. Mithilfe eines Coachs soll das Anliegen gezielt in Angriff genommen werden. Für den Coaching-Prozess ist diese Freiwilligkeit sehr wichtig, denn Klienten, die freiwillig kommen, sehen in dem Prozess eine große Chance für sich. Andere hingegen fühlen sich nach wie vor zu der Einzelmaßnahme „geschickt" und im Extremfall zur Teilnahme „gezwungen"; von Freiwilligkeit also keine Spur. Auch ist der Prozess zu Beginn oft von dem bestimmt, was der Klient mitbringt. Und das sind im Job-Coaching nicht selten Hoffnungslosigkeit, fehlende Motivation, Frust und ein wackliges Selbstbewusstsein. Deshalb unterscheidet sich gerade der Einstieg in das Job-Coaching maßgeblich von der Vorgehensweise im Karriere-Coaching. Ein Karriere-Coach muss seine Klienten nicht erst für „die gute Sache" gewinnen.

Ein Job-Coach hat zudem nicht nur eine begleitende und unterstützende Funktion, sondern er wechselt zwischen verschiedenen Beratungsformaten. Zu Beginn des Prozesses ist er zunächst als klassischer Coach gefragt, der Ressourcen aktiviert und den Klienten dabei unterstützt, eine individuelle Zielsetzung zu erarbeiten. Ist das Ziel definiert und die Umsetzung besprochen, wird der Job-Coach zum Berater. Vor allem wenn es darum geht, den Lebenslauf zu bearbeiten und das Bewerbungsschreiben passgenau zu formulieren, muss der Job-Coach über Kenntnisse des Arbeitsmarkts und des Bewerbermanagements verfügen. Ist der Klient im Bewerbungsprozess angekommen und geht es darum, Gespräche vorzubereiten, schlüpft der Job-Coach in die Trainerrolle. All das macht deutlich, wie umfangreich die Anforderungen und Erwartungen an die Rollenflexibilität des Job-Coachs sind.

In den letzten Jahren hat sich auch in Recruiting- und Onboarding-Prozessen vieles verändert. Ob Assessment-Center oder Einzelgespräch: Unternehmen wählen Bewerber heute zunächst meist in digitalen Vorrunden aus. So sind nicht nur Karriere-Coachs, sondern auch Job-Coachs aufgefordert, hier auf dem Laufenden zu bleiben und beständig ihr digitales Know-how weiterzuentwickeln.

Job-Coaching vs. Karriere-Coaching

Job- und *Karriere-Coaching* haben Gemeinsamkeiten, denn inhaltlich geht es in beiden Prozessen um Themen, die primär im Berufsleben verortet sind. Die möglichen Optionen für berufliche Veränderungen variieren in den beiden Feldern jedoch an einigen Stellen. Wir haben die Erfahrung gemacht, dass unsere Klienten im Karriere-Coaching zum Teil andere berufliche Veränderungen anstreben als Klienten im Job-Coaching.

Optionen beruflicher Veränderung	Job-Coaching	Karriere-Coaching
Berufsabschluss erwerben	X	
Berufsabschluss nachholen	X	
Studienabschluss nachholen	X	X
Studium beginnen		X
Fort-/Weiterbildung	X	X
Auslandsaufenthalt		X
Vollzeitbeschäftigung	X	X
Teilzeitbeschäftigung	X	
Stellenwechsel (gleiche Organisation)		X
Neue Stelle (gleiche Branche)	X	X
Neue Stelle (neue Branche)	X	X
Selbstständigkeit	X	X
Teilselbstständigkeit im Nebenberuf		X
Erhalt einer bisherigen Teilselbstständigkeit	X	X
Beruflicher Wiedereinstieg	X	
Ehrenamtliche Tätigkeit	X	
Frühverrentung/Ausstieg aus dem Berufsleben	X	

Tabelle 1: Angestrebte Veränderungen im Job-Coaching und im Karriere-Coaching

Die vertrauensvolle Arbeitsbeziehung zwischen Coach und Klient spielt sowohl im Karriere-Coaching als auch im Job-Coaching eine zentrale Rolle.

Ein Job-Coaching nehmen Menschen aller Bildungsschichten mit ganz unterschiedlichen beruflichen Biografien in Anspruch– es gibt demzufolge durchaus Job-Coaching-Prozesse, die inhaltlich ein klassisches Karriere-Coaching sein können. Wenn es beispielsweise um die zielgerichtete

Planung der nächsten beruflichen Karriereschritte geht, nutzen beruflich bislang erfolgreiche Menschen eine Phase der Arbeitslosigkeit, um sich in einem geförderten Job-Coaching zu sortieren oder sich neu zu positionieren. Dennoch gibt es zwischen beiden Arbeitsfeldern große Unterschiede, die wir im Folgenden kurz verdeutlichen möchten.

Der Prozess im Karriere-Coaching

Die folgende Tabelle macht im Überblick die wesentlichen Unterschiede zwischen Karriere- und Job-Coaching-Prozessen deutlich.

Kriterien	Job-Coaching	Karriere-Coaching
Bezeichnung	Kunden	Klienten
Klienten	Facharbeiter, Hilfskräfte, Akademiker, Selbstständige aus allen Berufsgruppen und Bevölkerungsschichten	vorrangig Professionals, Führungskräfte und Selbstständige
Anlass	Jobverlust, arbeitssuchend, von Arbeitslosigkeit bedroht	Entwicklungs-/ Veränderungswunsch
Kosten	trägt die Arbeitsagentur, das Jobcenter oder eine andere Behörde	Eigenleistung
Freiwilligkeit	oft nicht gegeben	gegeben
Dauer	bis zu 100 Unterrichtseinheiten	meist bis zu 10 Std.
Termine und Häufigkeit	vorgeschrieben	frei wählbar
Themen	Wiedereinstieg in den Job, Heranführen an den Arbeitsmarkt, Weiterbildung	Karriereentwicklung, Perspektiventwicklung
Fokus	Ressourcenaktivierung und Profilbildung	Kernkompetenzanalyse, Karrierestrategien
Coach-Wahl	in der Regel vorgegeben durch den Anbieter	freiwillig, oft Auswahl durch persönliche Vorgespräche

Kriterien	Job-Coaching	Karriere-Coaching
Schwierigkeiten	Hemmnisse und Widerstand	Selbstüberschätzung, Unsicherheiten im Hinblick auf das eigene Profil
Dokumentation und Berichtswesen	verpflichtend	freiwillig
Kontraktgestaltung	Tetrade: Arbeitsagentur/Jobcenter, Klient, Institut/Träger, Coach	Dyade: Coach, Klient

Tabelle 2: Unterschiede Job-Coaching – Karriere-Coaching

Ein Karriere-Coaching nehmen Personen in Anspruch, die ...

- einen Coach aus eigenen finanziellen Mitteln bezahlen wollen und können und den Wunsch nach beruflicher Veränderung oder Entwicklung haben.
- sich bewusst und aktiv für einen Coach ihrer Wahl entscheiden wollen.
- sich im Vorfeld bereits Gedanken über die Inhalte ihres Coachings gemacht haben. Sie möchten ihr Anliegen gezielt bearbeiten – zum Beispiel wie ihre zukünftige Karriere oder ein nächster beruflicher Schritt aussehen könnte.
- in der Regel psychisch stabil sind und die nötige Arbeits- und Veränderungsbereitschaft mitbringen. Man kann gleich zielgerichtet in den Prozess einsteigen.

Der sachorientierte Fokus steht im Karriere-Coaching an erster Stelle. Private Themenbereiche, beispielsweise familiäre oder partnerschaftliche Schwierigkeiten, müssen wesentlich seltener mit bearbeitet werden. Einer effektiven Zielerreichung steht deshalb weniger im Weg.

Bemühen wir auch im Karriere-Coaching das Bild der Schiffsreise, stellt sich ein möglicher Prozessablauf in dieser Prozessform klar strukturiert dar:

- Definition des Grobziels, das angesteuert werden soll. Wohin soll die Reise gehen?
- Identifikation von Karriere-Bojen und Werten, die den Klienten auf Kurs halten werden.

- Analyse der persönlichen Berufsbiografie. Welche Häfen habe ich in der Vergangenheit bereits angesteuert?
- Definition des nächsten konkreten Hafens. Bestimmung der benötigten Kursanpassungen für das Feinziel aufgrund der Entwicklung des eigenen Profils.
- Praxistransfer – das Schiff sticht in See.

Im Job-Coaching ist der Ablauf des Prozesses nicht so eindeutig planbar. Metaphorisch gesprochen kommt es zunächst einmal oft darauf an, überhaupt herauszufinden wo sich das Schiff des Klienten gerade befindet. Job-Coach und Klient können in einer ersten Bestandsaufnahme der beruflichen Biografie u. a. erste Antworten auf die folgenden Fragen herausarbeiten:

- Handelt es sich bisher um ein Fischerboot, einen Containerfrachter, ein Handelsschiff, einen Luxusdampfer, ein Ruderboot oder um einen Katamaran – oder ist es ein Schiff „Marke Eigenbau"?
- Muss das Schiff vielleicht erst noch fertiggestellt und getauft werden?
- Wie ist das Schiff ausgestattet?
- Welche Reisen hat es unternommen?
- Wie lange liegt das Schiff bereits in seinem aktuellen Hafen?
- Hat es jemals volle Fahrt aufgenommen und wenn ja: wann?
- Wer ist möglicherweise noch mit an Bord?

Die Liste der Fragen kann beliebig fortgesetzt werden. Jede Frage können Sie nutzen, um mit Ihrem Klienten ins Gespräch zu kommen, eine tragfähige Beziehung aufzubauen und wichtige Informationen festzuhalten.

Praxisbeispiele

Um die unterschiedlichen Bedürfnislagen an konkreten Beispielen zu veranschaulichen, haben wir in den folgenden zwei Praxisbeispielen jeweils „typische" Lebenssituationen für ein Job-Coaching und ein Karriere-Coaching skizziert. Uns ist es wichtig, die unterschiedlichen Tableaus für beide Coaching-Formate deutlich zu machen.

Praxisbeispiel Job-Coaching:

Carola S. (49) ist alleinerziehende Mutter. Ihre beiden Kinder befinden sich mitten in der Pubertät und haben eine eher schwierige Beziehung zu Carolas Lebensgefährten Rolf. Sehr oft ist sie der Puffer zwischen den erhitzten Gemütern. Die gelernte Krankenschwester ist seit drei Jahren arbeitslos. Nach einem Hörsturz und einer Hepatitis-Infektion war sie lange krankgeschrieben. Sie hatte zuletzt auf einer geriatrischen Station in einem großen Krankenhaus gearbeitet und sich zunehmend psychisch belastet gefühlt.

Mit Maßnahmen, zu denen sie sich immer „verdonnert" fühlt, hat sie bereits Erfahrungen gemacht. Vom Staat ist sie enttäuscht und von den Menschen auch. Der Vater ihrer Kinder hat sie schon sehr früh verlassen und seitdem schlägt sie sich alleine durch. Seit knapp zwei Jahren lebt sie von Hartz IV –ein Zustand, der sie sehr belastet. Im Strudel ihrer Alltagssorgen und gesundheitlicher Probleme findet sie jedoch keinen Raum, sich wirklich Gedanken über ihre Zukunft zu machen. Zur ihrer aktuellen Sachbearbeiterin im Jobcenter hat sie im Prinzip ein gutes Verhältnis, doch alle naselang ändern sich die Zuständigkeiten, und dann geht das Ganze wieder von vorne los. Bei ihrem letzten Termin hat man ihr vorgeschlagen, doch ein Job-Coaching in Anspruch zu nehmen. Beruflich würde sie sich gern verändern, denn sie kann und will nicht mehr im Schichtdienst arbeiten. Jetzt muss sie zu diesem Job-Coaching, das ihr die Sachbearbeiterin empfohlen hat, und weiß überhaupt nicht, was sie dort erwartet ...

Praxisbeispiel Karriere-Coaching:

Linda F. ist 52 Jahre alt und arbeitet seit über sechs Jahren als Führungskraft in einem Dienstleistungsunternehmen. Die Tochter ist vor einem halben Jahr ausgezogen und der Sohn wird in Kürze ein Internat besuchen. Ihr Mann ist als Architekt viel unterwegs und meist nur an den Wochenenden daheim. So lange ihr Jüngster noch die Grundschule besuchte, war es für Linda wichtig, den Sohn zu unterstützen und nach der Schulzeit so oft wie möglich zu Hause zu sein. Die neue Situation möchte sie nutzen, um sich ihrer persönlichen Karriere zu widmen.

Sie weiß, dass in ihrem jetzigen Unternehmen durchaus Entwicklungsmöglichkeiten bestehen. Allerdings ist sie sich nicht sicher, ob sie bleiben möchte oder die private Veränderung für einen Karrieresprung in einem anderen Unternehmen nutzen soll. In der letzten Zeit fühlt sie sich oft gelangweilt und fürchtet „einzurosten". Sie ist zunehmend neugierig darauf, wie es in anderen Unternehmen zugeht, sehnt sich nach neuen Impulsen und einem jüngeren Kollegenkreis.

Auch ein Job-Coaching kann inhaltlich durchaus ein Karriere-Coaching sein, doch in aller Regel steht der Klient nicht aktiv in einem karriereorientierten Arbeitsprozess. Der „Makel“ der Arbeitslosigkeit ist oft ein Thema für die Klienten und hat starken Einfluss auf das Coaching. Hinzu kommt, dass Jobcenter oder die Arbeitsagentur hier die Auftraggeber sind und deshalb aktiv im Prozess mitwirken und den Ablauf bestimmen. Oft hängt die berufliche Zukunft des Klienten maßgeblich vom Wohlwollen und von der Unterstützung seines aktuellen Sachbearbeiters ab. Ebenso hat der regelmäßige Wechsel der Sachbearbeiter Einfluss auf den Job-Coaching-Prozess.

Im Karriere-Coaching geht es um die Ziele des Klienten. Das ist im Job-Coaching etwas anders, denn hier hat erst einmal die Förderstätte das Ziel, den Gang zum Job-Center oder zur Arbeitsagentur kurz- oder mittelfristig überflüssig zu machen. Auch bestimmt nicht der Klient (hier Kunde genannt) über den Rahmen und Umfang der Maßnahme. Die Anzahl der Stunden, der Bewilligungszeitraum und die Häufigkeit der Termine sind bereits vor Beginn der Maßnahme festgelegt.

Teil I

Der Job-Coaching-Prozess

1. Das Kontraktverhältnis

1.1 Die Beziehung Coach – Klient

Aus Studien zu Coaching- und Therapieprozessen geht fast immer eines hervor: Eine gute Arbeitsbeziehung zwischen Klient und Coach bzw. Klient und Therapeut ist immens wichtig. So stellen z. B. Asay und Lambert (1999) fest, dass eine vertrauensvolle, wertschätzende und empathische Beziehung ein zentraler Wirkfaktor für den Erfolg von persönlichen Entwicklungsprozessen ist. Der Beziehungsaufbau zwischen Coach und Klient spielt deshalb eine zentrale Rolle. Im Interesse eines fruchtbaren Arbeitsbündnisses muss es dem Coach gelingen, einen persönlichen Kontakt zu seinem Klienten aufzubauen – und das geht auch ganz ohne Methodenfeuerwerk.

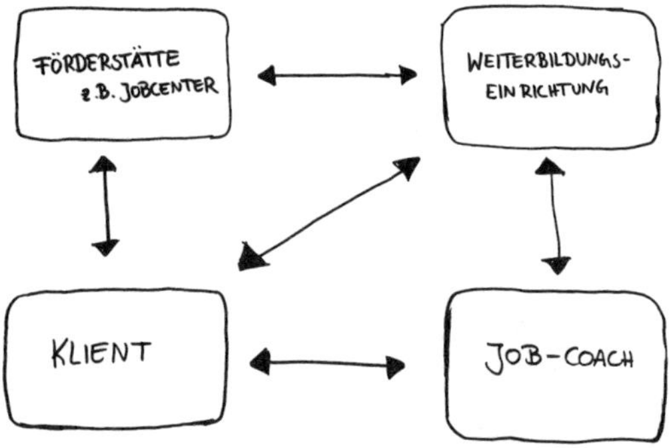

Wo zwei Parteien beteiligt sind, lässt sich die gewünschte Qualität vielleicht herstellen. Doch wer ist an einem Job-Coaching beteiligt? Hier rühren in der Regel viele Köche in der Suppe. Direkt am Prozess beteiligt sind: die auftragsgebende Behörde, die durchführende Einrichtung, der Klient und der Job-Coach. Auf mehreren Ebenen werden miteinander und untereinander Verträge geschlossen. Diese regeln nicht nur die Rechte und die Pflichten der einzelnen Parteien, sondern werfen auch eine Reihe logistischer und ethischer Fragen hinsichtlich der Kommunikation und des Vertrauensverhältnisses zwischen Coach und Klienten auf. Für einen gelungenen Beziehungsaufbau zwischen Klient und Job-Coach stellt sich hier vor allem die Frage: Wer kommuniziert mit wem welche Inhalte? Im geförderten Job-Coaching ist es eher schwierig, eine gemeinsame, einheitliche und transparente Kommunikation zwischen allen Beteiligten zu gewährleisten.

Im Idealfall ziehen Behörde, Klient und Job-Coach an einem Strang, doch birgt gerade die spezielle Konstellation im Job-Coaching die größten Fallstricke. Da wäre einmal die Frage nach der Vertraulichkeit. Welche Inhalte im Coaching erarbeitet und wie sie umgesetzt werden, hängt maßgeblich von der Kooperationsbereitschaft des zuständigen Sachbearbeiters ab. Trotzdem ist der Job-Coach nicht grundsätzlich verpflichtet, der Arbeitsagentur oder dem Jobcenter im Detail zu offenbaren, was konkret an zum Teil privaten Inhalten im Coaching bearbeitet wurde. Fragt ein Sachbearbeiter entsprechend nach, sollte der Job-Coach diesem Ansinnen eine diplomatische, aber klare Absage erteilen und die direkte Kommunikation mit dem Klienten empfehlen.

Jobcenter und Arbeitsagentur werden lediglich relevante Ergebnisse des Prozesses, etwa die Anzahl der versandten Bewerbungen oder das Ergebnis eines Vorstellungsgespräches, mitgeteilt, was mitunter sogar zu einer verbesserten Kommunikation zwischen Klient und Behörde führt. Vermittlungsvorschläge des Sachbearbeiters an den Klienten können beispielsweise aufgrund der Ergebnisse des Coaching-Prozesses angepasst werden. Auch eine ins Auge gefasste Weiterbildung ist ein möglicher und willkommener Gesprächsanlass zwischen Klient und dem behördlichen Auftraggeber. Deshalb sind ein regelmäßiger Abgleich und Informationsaustausch unerlässlich.

Das besondere Geflecht von bilateralen Vereinbarungen im Job-Coaching lässt sich nach folgenden Beziehungen strukturieren:

1.2 Die Beziehungs-Tetrade im Job-Coaching

1. *Beziehung zwischen Coach und Auftraggeber (Behörde):* Für den Job-Coach gilt es zu klären, welche Ziele der Auftraggeber hat und an welchen Kriterien er den Erfolg des Coachings messen wird. Eventuell hat der Auftraggeber klare Vorgaben für den Job-Coach, *was* gemacht werden soll. Das ist eine erste Stolperfalle für den Job-Coach, der zwar diplomatisch auf die Vorstellungen des Sachbearbeiters eingehen, diese aber im Anschluss mit den Wünschen des Klienten abgleichen sollte. Der Job-Coach muss im Austausch mit der Behörde stets die Prozessoffenheit betonen und das *Wie* in seinem Verantwortungsbereich belassen.

2. *Beziehung zwischen Coach und Weiterbildungseinrichtung:* Die Weiterbildungseinrichtung stellt in der Regel die Räumlichkeiten und das Arbeitsmaterial zur Verfügung und beauftragt den Job-Coach mit der Durchführung des geförderten Einzelcoachings. Hier gilt es, die vertraglichen Konditionen zu besprechen, denn Job-Coachs können sowohl freiberuflich als auch fest angestellt arbeiten.
   Der Träger hat sich für bestimmte Maßnahmen zertifizieren lassen. Entsprechend gibt es inhaltliche Vorgaben und feste Zeitintervalle für die Sitzungen. Die Rahmenbedingungen und Vorgaben variieren je nach Einrichtung und auch die finanzielle Vergütung ist unterschiedlich geregelt. Wie der Job-Coach durch den Prozess führt, bleibt in der Regel ihm überlassen. Die Weiterbildungseinrichtung freut sich immer über handfeste Ergebnisse, z. B. über einen unterschriebenen Arbeitsvertrag.
3. *Beziehung zwischen Coach und Klient:* Welche Ziele und Erwartungen hat der Klient? Diese Frage steht hier im Vordergrund, genauso wie der Kontrakt über das gemeinsame Arbeitsbündnis, beispielsweise zu Punkten wie Vertraulichkeit, Offenheit, Selbstverantwortung usw.

Der Job-Coach ist ein Mittler zwischen allen Parteien und deshalb manchmal in einer misslichen Lage. Er arbeitet in erster Linie in einem Vertrauensverhältnis mit dem Klienten, doch auch die Vertreter der Jobcenter / Arbeitsagenturen möchten Informationen zum Verlauf des Prozesses und wollen eingebunden sein. Auch der Träger, der den Job-Coach beschäftigt, möchte seine Interessen vertreten. Als offizieller Auftragnehmer will er sich bei den Behörden mit erfolgreichen Prozessen nachhaltig auf dem Job-Coaching-Markt platzieren und sein Auftragsvolumen sichern. Es gibt also durchaus unterschiedliche Interessen und Ansprüche, die für den Job-Coach manchmal schwer auszubalancieren sind. Gerade im Hinblick auf das geforderte Berichtswesen oder die vorgeschriebene Dokumentation der Einzeltermine braucht der Job-Coach Fingerspitzengefühl im Umgang mit allen Beteiligten.

Hilfreich für den Job-Coach ist es hier vor allem, diese komplexe Situation mit dem Klienten zu thematisieren und ihn mit einzubeziehen. Coach und Klient können also ihr Vorgehen gemeinsam besprechen und abstimmen. Wenn geklärt ist, wer wem welche Inhalte kommuniziert, sorgt der Job-Coach für die nötige Transparenz im Prozess und sichert so das Vertrauensverhältnis zu seinem Klienten ab. Erleichternd kommt hinzu, dass die Sachbearbeiter sich in der Regel gar nicht für die persönlichen Belange der Klienten interessieren. Ihr Fokus liegt vor allem auf den im Hinblick auf eine Vermittlung erzielten Ergebnissen des Prozesses und den daraus resultierenden Folgen für das weitere Vorgehen. Ermutigen Sie als Job-Coach durchaus Ihren Klienten zu einem direkten Austausch mit seinem Sachbearbeiter und unterstützen Sie ihn, sich und seine Anliegen gut zu vertreten. Sollte es zu Konflikten kommen, dann ist der Job-Coach mitunter auch gefragt, diese zwischen den Parteien mit seinem Klienten lösungsorientiert zu bearbeiten.

1.3 Virtuelle und reale Job-Coaching-Räume

Bis 2019 fanden Job-Coachings fast ausnahmslos vor Ort statt und Anbieter stellten freien und festangestellten Job-Coachs eigens dafür eingerichtete Räumlichkeiten zur Verfügung. Bedingt durch die Pandemie und die Kontaktbeschränkungen wurde es jedoch nötig, neue, digitale Wege zu gehen. Job-Coaching-Anbieter haben deshalb inzwischen ihre Angebote oftmals an diese neue Situation angepasst und sie um die Varianten Telefon- und audiovisuelles Coaching in virtuellen Räumen erweitert. Die meisten Job-Coachs arbeiten deshalb heute sowohl analog als auch digital und es zeichnet sich ab, dass das virtuelle Coaching auch weiterhin eine gängige Durchführungsform im geförderten Job-Coaching bleiben wird.

Virtuelles Coaching ist für uns ein Sammelbegriff für das Coachen mithilfe von Medien, die eine Interaktion zwischen Job-Coach und Klient ermöglichen, die – anders als beim analogen Coaching – nicht mehr an einen gemeinsamen Ort gebunden ist. Viele Merkmale, die für analoges Coachen gelten, sind auf das virtuelle Coaching übertragbar. Ebenso können in beiden Durchführungsformen Tools und Medien für die Bearbeitung der individuellen Coaching-Anliegen genutzt werden. Im Idealfall bewegt sich ein Job-Coach sicher in der virtuellen Welt und kann sich, trotz der veränderten Rahmenbedingungen, gut auf den Coaching-Prozess konzentrieren. Ob analog oder virtuell: In beiden Fällen vollzieht sich ein interaktiver, methodengestützter Prozess, der den Klienten bei der Bearbeitung seiner Anliegen unterstützen soll.

Für den Klienten hat ein virtueller Job-Coaching-Prozess übrigens auch einen Vorteil. Er sammelt nämlich schon hier erste Erfahrungen mit digitaler Kommunikation, die ihm später in den virtuell stattfindenden Anteilen des Bewerbungsprozesses zugutekommen. Er lernt ganz basale Dinge,

z. B., sich in eine Videokonferenz einzuwählen und die Menüfunktionen zu nutzen. Dabei gewinnt er auch die nötige Sicherheit, sich über einen Bildschirm zu präsentieren und hier souverän aufzutreten.

Ein virtuelles Coaching bringt, im Vergleich zum Präsenz-Coaching, auch einige Nachsteile mit sich. Auf dem Bildschirm sieht man sein Gegenüber meist maximal bis zur Brust. Viele nonverbale Signale fallen somit im wahrsten Sinne des Wortes unter den Tisch. Wenn beispielsweise die Hände des Klienten zittern oder er mit den Füßen wippt, dann sieht der Job-Coach das in den meisten Fällen nicht.

Beim Telefon-Coaching fehlt der visuelle Eindruck komplett und dem verbalen Austausch kommt eine immens wichtige Rolle zu. Hier ist der Job-Coach aufgefordert, noch mehr als im analogen Coaching auf seine Kommunikation zu achten. Gutes und genaues Zuhören sowie gezieltes Nachfragen bei Unklarheiten sind am Telefon besonders wichtig.

Als Job-Coach virtuell arbeiten

Neben einer guten Internet- oder Telefonverbindung benötigt ein virtuell arbeitender Job-Coach auch verstärkt digitales Know-how, um die Möglichkeiten, die das virtuelle Coaching bietet, überhaupt nutzen zu können. Das beginnt mit ganz einfachen Dingen wie dem professionellen Eindruck auf dem Bildschirm und der richtigen **Kameraeinstellung**. Um im wahrsten Sinne des Wortes die Augenhöhe zu ihrem Klienten herzustellen, platzieren Sie die Linse der Kamera in Höhe Ihrer Augenpartie. Sprechen Sie direkt in die Kamera, damit Ihr Klient das Gefühl hat, dass Sie direkt zu ihm sprechen. Das mag sich zunächst unnatürlich anfühlen, doch aus eigener Erfahrung können wir sagen: Es ist eine Frage der Übung und mit der Zeit werden Sie mit dieser Form des Miteinandersprechens vertraut.

Ein kleiner Trick im Umgang mit der Kamera: Minimieren Sie das Kamerabild Ihres Gegenübers und positionieren Sie es direkt unter die Kameralinse Ihres Computers. So können Sie Ihren Klienten im Blick haben, während Sie selbst in die Kamera schauen.

Im Präsenz-Coaching arbeiten wir methodisch mit **Gegenständen**, mit dem Flipchart, mit Moderationskarten, Bildern, Kartensets und vielen anderen „greifbaren" Elementen. Im Telefon- oder Online-Coaching müssen wir uns andere Möglichkeiten für den Einsatz unseres Methodenkoffers erschließen. Einige Videokonferenz-Plattformen, mit denen Träger im

Online-Coaching arbeiten, verfügen über ein **digitales Whiteboard**, das gut als Ersatz für das Flipchart und die Moderationswand dienen kann. Sie können hier zeichnen, Ideen sammeln, sortieren und priorisieren. Auch methodisch können Sie auf dem Whiteboard z. B. die Lebenslinie visualisieren oder das Innere Team darstellen. Über die Chatfunktion der Plattform können Sie Links versenden, Fragen stellen oder Gesagtes protokollieren.

Auch die **Arbeit mit Gegenständen und Symbolen** ist möglich, wenn Sie z. B. den Klienten auffordern, die Dinge zu nutzen, die sich in seiner Umgebung finden. Lassen Sie sich zeigen, was er auswählt, wenn Sie ihn z. B. um ein Symbol für eine bestimmte Ressource bitten. **Wichtig:** Wenn Sie sich etwas vom Klienten zeigen lassen wollen, sollte dieser keinen virtuellen Hintergrund nutzen, da sonst alles verschwommen angezeigt wird. Auch hier können Sie den Chat nutzen, etwa um Fotos oder Dateien hochzuladen, die Sie sich dann gemeinsam anschauen.

Das **Telefon-Coaching** ist ausschließlich auf den verbalen Austausch beschränkt, was in mancher Hinsicht eine Hürde darstellt. Insbesondere die Konzentrationsfähigkeit leidet darunter und es ist schwieriger, den Fokus zu halten. Hier haben wir gute Erfahrungen mit **Arbeitsbögen** gemacht, die wir dem Klienten im Vorfeld zuschicken konnten. Wenn Sie diese Möglichkeit nicht haben, kann das Arbeitsblatt aber auch Ihnen selbst als Strukturhilfe dienen. Sie können Gesagtes mitschreiben und es Ihrem Klienten im Anschluss als Protokoll zukommen lassen. So können Sie beide später noch einmal das Besprochene reflektieren. Ein transparenter Austausch mit dem Klienten darüber, welche Vorgehensweise für ihn gut funktioniert, ist ausgesprochen hilfreich.

In digitalen Coachingformen können wir mit Situationen zu tun haben, die im Präsenz-Coaching schlicht nicht möglich wären. Es kann z. B. vorkommen, dass der Alltag des Klienten Einfluss auf das Coachinggespräch nimmt. Vielleicht erledigt er zwischendrin seinen Abwasch, spricht mit den Kindern, versorgt die Katze oder macht dem Nachbarn bzw. Postboten die Tür auf. Hier sind Job-Coachs besonders gefordert, Grenzen zu setzen und den professionellen Rahmen zu halten. Gleichzeitig gilt es, diese „gefühlte Missachtung" nicht an sich heranzulassen. Geben Sie Ihrem Klienten ein Feedback, wie es Ihnen mit diesen Begleitumständen geht. Besprechen Sie mit ihm Regeln des Umgangs und klären Sie die Rahmenbedingungen, sodass auch Sie sich wohlfühlen.

	Digitales Coaching	Telefon-Coaching	Präsenz- bzw. analoges Coaching
Vorteile	**Für Job-Coach und Klient:** ■ ortsunabhängiges Arbeiten ■ kein Zeitverlust durch lange Anfahrtswege ■ Termine lassen sich individueller planen ■ Termine sind auch bei leichten Erkrankungen und Immobilität des Klienten möglich ■ Dokumente, wie Bewerbungsanschreiben und Lebenslauf können über den geteilten Bildschirm von beiden gesehen und bearbeitet werden **Für den Job-Coach:** ■ Raumplanung entfällt – keine Absprachen vor Ort nötig ■ Wahrung der professionellen Distanz fällt mitunter leichter **Für den Klienten:** ■ Rahmen wird möglicherweise als „geschützter" empfunden	**Für Job-Coach und Klient:** ■ überall möglich ■ intime Gesprächssituation ■ Reduktion auf Stimme fordert u. U. eine höhere Konzentration, die dem Prozess zugutekommt ■ Termine lassen sich individueller planen ■ Termine auch bei leichten Erkrankungen und Immobilität des Job-Coachs oder Klienten möglich **Für den Job-Coach:** ■ Raumplanung entfällt – keine Absprachen vor Ort nötig **Für den Klienten:** ■ Rahmen wird möglicherweise als „geschützter" empfunden	**Für Job-Coach und Klient:** ■ Präsenz im selben Raum / am selben Ort ermöglicht umfassende Kommunikation, Wahrnehmung und Interaktion ■ Gute Umsetzungsmöglichkeit für alle analogen Interventionen des Methodenkoffers ■ Coaching-Effekte auf der Gefühlsebene werden nachhaltiger erlebt ■ Job-Coach und Klienten gehen durch Anwesenheit im selben Raum stärker miteinander in Resonanz **Für den Klienten:** ■ Fahrzeiten geben u. U. mehr Zeit, die Inhalte des Job-Coachings besser vor- und nachzubereiten ■ Tapetenwechsel – Kopf wird frei für Neues; mehr Bereitschaft, sich auf Experimente und Ungewohntes einzulassen ■ Der Fokus liegt klar auf dem Coaching-Termin

	Digitales Coaching	Telefon-Coaching	Präsenz- bzw. analoges Coaching
Nachteile	Für Coach und Klient: ■ Bei Technikversagen kann kein Coaching stattfinden ■ Bei Technikproblemen gestaltet sich der Prozess mitunter sehr zäh ■ Technisches Wissen ist nötig	Für Coach und Klient: ■ Kein unmittelbarer visueller Eindruck des Gegenübers – wertvolle Beobachtungsebene steht nicht zur Verfügung ■ Sehr eingeschränkte Möglichkeiten nonverbaler Kommunikation	Für Coach und Klient ■ Schwierigkeiten bei der Terminfindung Für den Klienten: ■ geringere Möglichkeiten für persönlichen Schutzraum Für den Job-Coach: ■ mehr Professionalität nötig, um Distanz zu wahren

Tabelle 3: Vor- und Nachteile von Coachingformen

Ob Face-to-Face-, Telefon- oder Online-Coaching: In vielen Fällen finden die Job-Coaching-Sitzungen in allen drei Varianten statt. Die Durchführungsform kann innerhalb der Maßnahme variieren und zwischen Job-Coach und Klient individuell besprochen und den Bedürfnissen anpasst werden. Doch Achtung: Job-Coachs, die in den geförderten und durch eine Zertifizierungsstelle zugelassenen Maßnahmen arbeiten, müssen sich hier stets an die von den Trägern vorgegebenen Kommunikationskanäle halten. Während ich als Karriere-Coach selbst entscheiden kann, welche Plattform und Kommunikationskanäle ich nutze, gibt es im geförderten Einzelcoaching klare Vorgaben des Trägers, die es auch aus Datenschutzgründen unbedingt zu beachten gilt.

Nicht alle Job-Coaching-Klienten haben einen PC oder ein Tablet zur Verfügung und es fehlen somit die notwendigen Voraussetzungen, um digital mit ihnen zu arbeiten. Deshalb spielt das Telefon, das im Karriere-Coaching maximal als Ergänzung genutzt wird, im Job-Coaching eine etwas wichtigere Rolle, wenn ein Präsenz-Termin nicht möglich ist.

Beim Telefon-Coaching fehlt der visuelle Eindruck komplett. Eine umso wichtigere Rolle kommt deshalb dem verbalen Austausch zu. Der Job-Coach ist aufgefordert, noch mehr als im analogen Coaching auf seine Kommunikation zu achten. Hier ist gutes und genaues Zuhören sowie gezieltes Nachfragen bei Unklarheiten besonders wichtig.

Exkurs: Dokumentation und Berichtswesen

Sie sind als freier oder fest angestellter Job-Coach bei vielen Trägern für die Dokumentation der Arbeitsprozesse und das Berichtswesen verantwortlich. Wie groß der Umfang dieser Tätigkeit ist, variiert von Anbieter zu Anbieter. So verlangen einige von Ihnen, dass Sie kontinuierlich die Teilnehmer im Rahmen des Berichtswesens beurteilen und den Maßnahmenverlauf dokumentieren. Andere lassen Ihnen weitestgehend „freie Hand" und verlangen nur am Ende des Job-Coachings einen Informations- oder Empfehlungsbogen.

Auch wenn Sie virtuell oder telefonisch coachen, werden Sie in der Regel vom Träger gebeten, diese Termine zu dokumentieren. Auch der Klient muss ggf. auf einen Link klicken oder auf andere Art bestätigen, dass der Termin stattgefunden hat. Hier variieren die Regelungen von Träger zu Träger. Dennoch sollten Sie darauf achten, dass Sie sorgfältig vorgehen und auf eine saubere Dokumentation der An- und Abwesenheiten achten.

Aufgrund unserer Erfahrungen empfehlen wir, nach Möglichkeit die Dokumentation und das Berichtswesen in den Job-Coaching-Prozess zu integrieren. Fassen Sie mit Ihrem Klienten gemeinsam zusammen, was sie „bewegt" haben, welche Ergebnisse sie erarbeitet haben und welche Informationen davon an die Behörde kommuniziert werden sollen. Manche Informationen werden die Kommunikation des Klienten mit dem Jobcenter oder der Arbeitsagentur erleichtern. Andere Inhalte sind Ihrem Klienten vielleicht zu intim und privat. Gemeinsam können Sie das Für und Wider abwägen und entscheiden, was weitergegeben wird.

Vermeiden Sie, in Ihren Berichten zu Ihrem Klienten „Diagnosen" über mögliche psychische Erkrankungen abzugeben – auch wenn der Auftraggeber gern wissen möchte, „was mit dem Kunden los ist". Wenn Sie den Prozess aus der Rolle des Beobachters heraus dokumentieren, geben Sie sich durch diese Perspektive selbst Sicherheit. Wenn Ihr Klient alle Termine eingehalten hat und auch zwischen den Sitzungen für den Job-Coaching-Prozess aktiv war, bescheinigen Sie ihm Pünktlichkeit und eine hohe Motivation. Besprechen Sie mit ihm, wie Sie ggf. schwierige Prozesspunkte kommunizieren wollen.

Ihr Ziel könnte es sein, die Kommunikation zwischen Klient und Behörde zu verbessern oder in Gang zu bringen, denn oft sitzt dort z. B. ein Sachbearbeiter, der Ihrem Klienten durchaus wohlgesonnen ist. Gern wird er bereit sein, ihn bei seinen Bemühungen zu unterstützen, auf dem Arbeitsmarkt Fuß zu fassen. Wenn Sie zu dritt Wege finden, die den Klienten befähigen und voranbringen, dann haben Sie eine „lösungsorientierte Triade" installiert, die Raum für Zukünftiges eröffnet.

Es gibt Träger, die der Behörde im Detail „beweisen" möchten, dass ihre Job-Coachs die Prozesse gut führen. Sie verlangen von ihnen deshalb eine hohe Transparenz und wollen den Prozess mit Fotos der Flipcharts aus den Coaching-Sitzungen dokumentiert wissen. Sie schreiben ihren Mitarbeitern vor, diese Fotos in die Berichte an die Behörde mit einzufügen. Aus unserer Sicht wird hier die Privatsphäre des Klienten verletzt. Vermeiden Sie diese Form der Berichterstattung. Sie verstößt sowohl gegen Coaching-Grundwerte als auch gegen Datenschutzbestimmungen. Der Job-Coach kann hier leicht zwischen die Fronten geraten.

2. Den Anfang und den Schluss gestalten

2.1 Der Anfang des Prozesses

Dem Anfang und dem Ende eines Job-Coachings sollte besondere Bedeutung beigemessen werden. Doch wieso ist das so entscheidend?

„Jedem Anfang wohnt ein Zauber inne“, diesem Ausspruch von Hermann Hesse stimmen nicht alle Klienten zu. Einige sehen das Job-Coaching von Anfang an als mögliche Chance und sind sehr dankbar für die Zusammenarbeit. Für andere hingegen ist das Job-Coaching eher ein notwendiges Übel. Sie absolvieren diese Pflichtveranstaltung, um ihre Bezüge zu sichern.

Egal mit welcher Motivation ein Klient kommt: Der Beginn des Prozesses bestimmt zu einem großen Teil den weiteren Verlauf. Er bereitet das Fundament für die kommende Zusammenarbeit. Doch wie kann ein positiver Anfang gestaltet werden?

- Geben Sie als Job-Coach einige persönliche Informationen über sich preis. Ermöglichen Sie dem Klienten somit, einen ersten Eindruck über Sie zu gewinnen.
- Gestalten Sie den Rahmen des Arbeitsbündnisses zusammen mit Ihrem Klienten – das schafft Vertrauen.
- Hat der Klient das Gefühl, dass seine Anliegen von Ihnen ernst genommen werden und Sie ihnen Aufmerksamkeit schenken, wird er sich Ihnen öffnen können.
- Gestalten Sie eine angenehme Atmosphäre, zu der neben Wertschätzung und Respekt auch die äußeren Rahmenbedingungen gehören. So können Sie beispielsweise die vorhandenen Räumlichkeiten durch frische Luft, Blumen und Getränke positiv beeinflussen.

Wenn Sie online arbeiten, sollten Sie Ihrem Klienten im Vorfeld eine Checkliste zur Vorbereitung zukommen lassen. Das erleichtert Ihnen beiden, an wichtige Punkte zu denken und unterstützt zudem einen guten Start. Die Inhalte einer Checkliste können wie folgt aussehen:

- ☐ Bitte installieren Sie das Programm XYZ einmalig auf Ihrem Handy / PC. Es ist keine Anmeldung oder Registrierung nötig. Sie bekommen vorab von mir einen Link per Mail zugeschickt, über den Sie in unseren virtuellen Raum gelangen.
- ☐ Bitte sorgen Sie dafür, dass Sie während unseres Gesprächs ungestört sind. Schalten Sie Ihr Telefon bitte auf lautlos und deaktivieren Sie ggf. auch Ihre PC-Benachrichtigungstöne.
- ☐ Schließen Sie am besten alle Programme / Anwendungen, um eine optimale Bild- und Tonübertragung zu haben. Wenn Sie über ein LAN-Kabel ins Internet gehen, ist die Verbindung weniger störanfällig als über WLAN.
- ☐ Das im Handy / PC eingebaute Mikrofon sowie die eingebauten Lautsprecher sind für unser Gespräch meist ausreichend. Gerne können Sie auch ein externes Headset benutzen. Prüfen Sie dieses bitte ggf. im Vorfeld auf Funktionstüchtigkeit.
- ☐ Versorgen Sie sich mit einem Getränk und legen Sie ggf. Ihre Notizen bereit.

(Diese Beispiels-Checkliste für Ihre Klienten steht Ihnen auch online zur Verfügung.)

Achten Sie selbst bitte darauf, welchen Bildausschnitt Ihre Kamera zeigt und richten Sie Ihren Sitzplatz so ein, dass Sie mit der Kamera auf Augenhöhe sitzen.

Machen Sie sich vor dem Coaching bitte auch Gedanken dazu, vor welchem Hintergrund Sie sitzen. Er sollte nach der Devise „weniger ist mehr" gestaltet sein. Wenn Ihnen in Ihrer Umgebung kein Hintergrund geeignet scheint, können Sie bei den meisten Videokonferenzanbietern einen neutralen virtuellen Hintergrund auswählen. Dieser überdeckt dann Ihren realen Hintergrund und sorgt in der Regel für ein angenehmes Coaching-Setting. Für die optimale Bildqualität eines virtuellen Hintergrunds empfehlen wir die Nutzung eines „Green Screens" (= grüne Rückwand) in Form eines Vorhangs oder einer anderen Pop-up-Lösung, die Sie vor Ort installieren können.

Wie lange dieser erste Prozessabschnitt des Vertrauensaufbaus dauert und wie er inhaltlich ausgestaltet wird, ist von Klient zu Klient unterschiedlich. Da die Bundesagentur für Arbeit oder das Jobcenter die Auftraggeber sind und der Klient sich in der Regel nicht aktiv und bewusst für das Job-Coaching entscheidet, sondern „hineinrutscht", ist die Atmosphäre zu Beginn des Prozesses häufig angespannt und reserviert. Deshalb sollte der Job-Coach zunächst klären, ob der Klient sich für die Idee eines Coachings überhaupt erwärmen kann.

Im Job-Coaching hat der Klient in der Regel keinen Einfluss darauf, welcher Coach ihm zugeteilt wird bzw. er kann seinen Job-Coach nicht frei wählen. Auch deshalb ist es für den Job-Coach eine besondere Herausforderung, eine vertrauensvolle Atmosphäre zu schaffen und die Bereitschaft zur Zusammenarbeit zu fördern. Entsteht keine tragfähige Arbeitsbasis, sollte der Träger in jedem Fall einen Wechsel des Job-Coachs ermöglichen.

Weitere wichtige vertrauensbildende Maßnahmen zu Beginn eines Job-Coachings sind Informationen über Inhalte und den Ablauf des Coachings sowie über die Arbeitsweise des Job-Coachs. Dieser sollte seinem Klienten auch zusichern, dass über private Belange Verschwiegenheit herrscht und dass das Coaching prozessoffen durchgeführt wird.

2.2 Rapport, Pacing und Leading

Das Wort Rapport beschreibt den zwischenmenschlichen Kontakt. Im NLP (Neurolinguistisches Programmieren) wird dem Rapport zwischen Coach und Klienten sehr viel Bedeutung zugemessen. Ein guter Kontakt ist essenziell für eine gute Kommunikation. Doch wie kann man Rapport aufbauen? Eine geeignete Möglichkeit ist das Pacing, was nichts anderes bedeutet, als dass der Coach versucht, die Welt seines Klienten so zu sehen, wie dieser sie selbst wahrnimmt.

Holen Sie also Ihren Klienten in seiner Welt ab: Passen Sie sich mit Ihrer Stimme, Tonlage, Lautstärke, Ihrem Sprachrhythmus und Ihrer Wortwahl an Ihren Klienten an. Signalisieren Sie ihm auch durch Ihre Körperhaltung Zugewandtheit. Aber Achtung: Nicht einfach alles „kopieren", das ist kontraproduktiv. Lassen Sie sich wirklich auf ihn ein, versuchen Sie, die Welt mit seinen Augen zu sehen, und begeben Sie sich somit in seine Welt. So holen Sie ihn genau dort ab, wo er sich gerade befindet. Erst wenn der

Klient sich an der Stelle abgeholt fühlt, an der er sich befindet (Pacing), ist es ihm möglich, Ihnen durch den Prozess zu folgen (Leading).

Oder, um es mit Atticus Lee, dem Helden in Harper Lees Roman *Wer die Nachtigall stört* zu sagen: „Ich werde dir jetzt einen schönen Trick verraten. Damit kommst du mit allen möglichen Leuten viel besser aus. Du verstehst einen Menschen erst richtig, wenn du die Dinge, oder was es gerade ist, auch mal von seinem Standpunkt aus betrachtest. Wenn du mal in seine Haut kriechst und darin herumspazierst."

2.3 Das Ende des Prozesses

Auch dem Abschluss eines Prozesses sollten Sie Bedeutung und Zeit beimessen. Mit Abschluss ist nicht nur das formale Ende des Coachings gemeint, sondern es geht auch um den Abschluss Ihres gemeinsamen Arbeitsbündnisses. Ein Coaching erstreckt sich meistens über einen längeren Zeitraum, und in dieser Zeit entsteht eine Bindung. Nicht selten werden Sie für Ihren Klienten zu einem Vertrauten, der durch die enge Zusammenarbeit manchmal mehr über sein Innenleben weiß als Familienangehörige oder gute Freunde.

Wenn das Coaching sich dem Ende nähert, muss Ihr Klient lernen, in (privaten) Konfliktsituationen künftig ohne Ihre Unterstützung auszukommen. Darauf sollten Sie ihn vorbereiten, indem Sie z. B. Gespräche mit ihm simulieren. Auch Vorstellungsgespräche lassen sich in Form von Rollenspielen einüben. Durch diese Intervention erhält Ihr Klient die notwendige Sicherheit, die nächsten Schritte auch ohne Sie zu gehen.

Wie kann ein gelungener Abschluss gestaltet werden?

- Planen Sie für den Abschluss explizit Zeit ein.
- Reflektieren Sie mit Ihrem Klienten gemeinsam den Job-Coaching-Prozess.
- Unterstützen Sie Ihren Klienten, die Ergebnisse und erreichten Ziele zu würdigen.
- Werfen Sie mit ihm einen Blick in die Zukunft.
- Arbeiten Sie mit ihm daran, Erreichtes nachhaltig zu integrieren.
- Erarbeiten Sie ggf. einen „Erste-Hilfe-Koffer" für die ersten Tage und Wochen nach dem Coaching.

Evaluierung

Da nicht alle Träger mit vorgefertigten Evaluierungsbögen arbeiten, stellen wir Ihnen eine Vorlage für das Abschlussgespräch als Download zur Verfügung.

Ein Fragebogen zur Evaluierung des Job-Coaching-Prozesses hat folgende Vorteile:

- Es wirkt professionell, wenn Sie Ihren Klienten zum Feedback auffordern.
- Ihr Klient kann mithilfe des Fragebogens seinen eigenen Job-Coaching-Prozess und seine Zielerreichung reflektieren.
- Sie haben die Chance, Ihr Vorgehen zu überprüfen, und erhalten wertvolle Hinweise zur Verbesserung Ihrer Arbeitsweise.

3. Leinen los für das Job-Coaching

Nehmen wir an, Sie und Ihr Klient sind zu einer Zusammenarbeit bereit und wollen gemeinsam Fahrt aufnehmen. Dann gilt es als Erstes, eine Bestandsaufnahme durchzuführen: Wie ist die berufliche Reise des Klienten bislang verlaufen? In welcher psychischen Verfassung befindet er sich gerade, wie sind seine momentanen Lebensumstände?

Ihre Aufgabe als Job-Coach besteht in dieser Phase vor allem darin, die berufliche Reise Ihres Klienten und seine bisherigen Reiserouten im Detail zu erfassen und seine jeweiligen Leistungen und Fähigkeiten zu benennen und zu würdigen. Wer Schicksalsschläge verkraften musste, sieht oft gar nicht, dass er etwas erreicht hat und was konkret es ist. Wenn Sie als Außenstehender die Anstrengungen benennen und anerkennen, tut das gut.

3.1 Die Schiffsreise des Job-Coachings

Um beruflich wieder in Fahrt zu kommen, muss Ihr Klient für sich in seiner Welt umsetzbare Lösungen finden. Erarbeiten Sie deshalb mit ihm Ansätze für seine berufliche Entwicklung, die sich für ihn nachhaltig, stabil und sicher anfühlen. Hierfür möchten wir Ihnen die ANKER-Prozessführung vorstellen.

1. **Anfangen – Erfassung des Ist-Zustandes**
   Sie kommen an Bord und lernen den Klienten und sein berufliches Schiff kennen.
   Wie ist das Schiff in den derzeitigen Hafen gekommen? Seit wann liegt es dort? In welchem Zustand ist das Schiff? In welcher Verfassung ist der Klient?

2. **Nachfassen – Aktivierung der Ressourcen, Potenziale und Werte**
   Gemeinsam mit Ihrem Klienten tauchen Sie in seine Biografie ein und lernen ihn kennen.
   Um was für ein Schiff handelt es sich überhaupt? Was hat der Klient bereits geleistet? Welche Hindernisse hat er in der Vergangenheit erfolgreich gemeistert? Welche Fähigkeiten und Erfahrungen zeichnen den Klienten aus?

3. **Konkret werden – Zielfindung**
   Eruieren Sie mit Ihrem Klienten seine Möglichkeiten. Der Klient wird methodisch von Ihnen darin unterstützt, eigene Kriterien für die nächste berufliche Station zu entdecken, zu benennen und zu gewichten. In einem strukturierten Entscheidungsverfahren wählt der Klient nach seinem individuellen Kriterienkatalog aus und bestimmt, welche Ziele für ihn attraktiv und realistisch umsetzbar sind.
4. **Ermitteln – Strategie- und Konzeptarbeit**
   Erarbeiten Sie gemeinsam mit dem Klienten konkrete Schritte für seine zukünftige Reiseroute und begleiten Sie ihn bei den Vorbereitungen zu seiner Reise.
5. **Reisen – Trainingsphase**
   Stapellauf und „Leinen los" – Ihr Klient wird aktiv und macht die ersten Schritte. Sie motivieren ihn, auf Kurs zu kommen und Fahrt aufzunehmen.

3.2 Der Prozess im Detail

3.2.1 Den Ist-Zustand erfassen

Zur Erfassung des Ist-Zustandes ist es sinnvoll, sich zunächst mit den beruflichen Qualifikationen und Erfahrungen des Klienten zu beschäftigen. Hier bewegen sich Job-Coach und Klient meist auf emotional sicherem Terrain, denn es geht darum, Zahlen, Daten und Fakten zu sammeln und einzuordnen. Hilfreich für den Prozess ist es, wenn bereits ein Lebenslauf vorliegt. Ist dies nicht der Fall, kann im Job-Coaching die chronologische Erfassung von beruflichen Tätigkeiten ein erster gemeinsamer Schritt sein. Wir arbeiten in dieser ersten Phase ganz konkret mit unserem Klienten am Flipchart und halten jede berufliche Station im Detail fest.

Erfragen Sie genau die Aufgabengebiete jeder beruflichen Station und fixieren diese schriftlich. Hilfreich können hier Zeugnisse, alte Stellenprofile oder Jobbeschreibungen sein. Oft liegen die beruflichen Erfahrungen schon länger zurück und Sie müssen nach „versunkenen Schätzen" suchen und diese bergen. Fragen Sie akribisch nach und erinnern Sie Ihren Klienten an seine Kompetenzen und Fähigkeiten. Machen Sie ihm bewusst, über wie viel Know-how er bereits verfügt. Je mehr Sie finden, desto besser ist es für Ihren Prozess. Ihr Vorgehen ermöglicht einen wohlwollenden Blick auf bisher Geleistetes und führt in aller Regel zu einer Besinnung auf das, „was da" ist.

Um die richtigen Fragen zu stellen, können Berufsportale im Internet für Sie als Job-Coach zu einer nützlichen Quelle werden, denn sie liefern Informationen zum Berufsbild und den Arbeitsinhalten. Sie können unmöglich für alle Berufe die notwendigen Fähigkeiten und Fertigkeiten kennen. Nehmen wir an, Sie als Job-Coach sind studierter Geisteswissenschaftler und vor Ihnen sitzt ein gelernter Schweißer: Vermutlich wissen Sie nicht genau, was ein Schweißer tut und können sollte. Doch mithilfe von Informationen aus einschlägigen Internetportalen können Sie sehr gut Fachfragen stellen, ohne selbst Schweißer zu sein.

Hier ein paar Beispiele für das Berufsbild Schweißer:

- Können Sie Schweiß- und Montagepläne lesen?
- Haben Sie schon einmal isometrische Zeichnungen angefertigt oder damit gearbeitet?
- Können Sie Bauteile zum Schweißen vorbereiten – säubern, fixieren, nach Maß und Winkligkeit ausrichten und mit dem vorgeschriebenen Verfahren verschweißen?
- Können Sie Gasschweißen, Lichtbogenhandschweißen, Wolfram-Inertgasschweißen oder Metallschutzgasschweißen, z. B. MIG-Schweißen und MAG-Schweißen?
- Haben Sie Arbeitsplätze auf Montagebaustellen eingerichtet?
- Haben Sie schon einmal mit einem Schweißroboter gearbeitet?

Während der Klient Ihre Fragen beantwortet, wird ihm vielleicht bewusst, dass er nicht nur verschiedene Schweißtechniken sicher beherrscht, sondern diese auch den Lehrlingen und neuen Kollegen zeigen sollte, weil er so gut erklären kann. Solche Fähigkeiten sind für die Ausgestaltung von Lebenslauf und Anschreiben hilfreich. Sie können Impulsgeber für weitere zukünftige Tätigkeitsfelder sein. Um bei unserem Beispiel zu bleiben: Sie könnten Ihren Klienten fragen, ob es für ihn attraktiv sein könnte, sein Wissen möglicherweise als Berufsschullehrer weiterzugeben.

Ihre Findigkeit als Job-Coach, korrekte berufliche Daten zu erheben, ist insbesondere dann gefragt, wenn Ihr Klient keinen Lebenslauf vorlegen kann, wenn es sprachliche Barrieren gibt oder wenn er seine Arbeitserfahrung vor allem in einem anderen Land gesammelt hat Die gängigen Suchmaschinen wie Google und Bing sind hier sehr hilfreich, um ehemalige Arbeitgeber im Ausland aufzuspüren. Job-Coach und Klient können sich hier gemeinsam auf die Suche begeben. Viele ausländische Firmen verfügen – neben derjenigen in der Landessprache – auch über eine englischsprachige Internetpräsenz, aus der das Portfolio des Unternehmens hervorgeht. So können Sie den Klienten fragen, an welcher Stelle er im Unternehmen tätig war.

Manchmal kommen Klienten an sprachliche Grenzen, wenn sie genauer klären sollen, worin ihre frühere Tätigkeit bestanden hat. Als Job-Coach sollten Sie beharrlich nachfragen und mithilfe von Wörterbüchern, Fotos und zum Beispiel anhand von Erklärfilmen auf Berufsportalen die Klienten dabei unterstützen, die ehemaligen Tätigkeiten zu beschreiben. Die Mühe, einen detaillierten Lebenslauf zu erstellen, lohnt sich in jedem Fall. Die beruflichen Stationen Revue passieren zu lassen hilft den Klienten, sich an ihre „versunkenen Schätze" zu erinnern. Am Ende wird sichtbar: Sie haben bereits zahlreiche berufliche Erfahrungen gemacht – das ist meistens das Ergebnis Ihrer Nachfragen.

3.2.2 Ressourcen, Potenziale und Werte aktivieren

Bereits das Eintauchen mit Ihrem Klienten in seine Berufswelten und Betätigungsfelder hat möglicherweise einige Ressourcen erfolgreich aktiviert. Doch bleiben Sie am Ball und haken Sie genauer nach: Bitten Sie ihn, die einzelnen beruflichen Stationen nach seinen persönlichen Kriterien zu bewerten:
„Was war gut?"
„Was hat Ihnen gar nicht gefallen?"
„Was konnten Sie besonders gut?"
„Womit hatten Sie Schwierigkeiten?"

Die Antworten auf Ihre Fragen geben Ihnen Aufschluss über das Erleben Ihres Klienten, über seine Vorlieben und möglicherweise auch über seine Entwicklungsfelder. Diese Phase ist sehr wichtig und zugleich ein facettenreicher Prozess. Gemeinsam und minutiös erfassen Sie die Qualifikationen Ihres Klienten und fordern ihn gleichzeitig dazu auf, seine Erfahrungen emotional zu bewerten. Sie fischen also auf mehreren Ebenen in seiner Biografie und neben beruflichen Qualifikationen gehen Ihnen auch Softskills, Werte und Bedürfnisse ins Netz.

Ein Beispiel:

JOB-COACH: Was war denn genau Ihre letzte berufliche Tätigkeit?

KLIENT: Ich war Sachbearbeiter.

JOB-COACH: Was genau gehörte zu Ihren Aufgaben?

KLIENT: Ich habe Reklamationen bearbeitet.

JOB-COACH: Wie genau muss ich mir das vorstellen?

KLIENT: Ich habe die Anrufe von Kunden entgegengenommen, habe sie in unser Ticket-System eingetragen, hab auf eine Antwort von der Fachabteilung gewartet und mir den Rückruf nach der Bearbeitung auf Wiedervorlage gelegt.

JOB-COACH: Sie sind also erfahren im Umgang mit Kunden, haben Kenntnisse im Beschwerdemanagement und sind vertraut mit der Dokumentation von Vorgängen?

KLIENT: Ja. Gerade mit besonders aufgebrachten Kunden kam ich gut zurecht. Ich konnte sie gut beruhigen.

JOB-COACH: Wie genau haben Sie das gemacht?

KLIENT: Ich habe sie erst mal reden lassen und dann habe ich ihnen gesagt, dass ich ihre Aufregung verstehen kann. Es macht mir einfach Spaß, mit Menschen zu sprechen, egal wie sie drauf sind. Und wenn man anderen sagt, dass man sie versteht, werden sie gleich ruhiger.

JOB-COACH: Das halten wir mal fest. Für mich hört sich das so an, als können Sie sich gut in andere hineinversetzen. Sie haben die Erfahrung gemacht, wenn Sie anderen zuhören und Verständnis für die Situation zeigen, kommen Sie miteinander ins Gespräch?

KLIENT: Ja, mir ist es wichtig, möglichst viel Kontakt mit den Kunden zu haben. Und genau das war mir dort viel zu wenig. Ich saß alleine in einem Büro und mein einziger Kontakt war das Telefon. Keine Kollegen, mit denen man sich mal austauschen konnte.

JOB-COACH: Für mich klingt das so, als würden Sie neben dem Kundenkontakt auch gern im Team arbeiten?

KLIENT: Das ist eine gute Frage. Also, wenn zu viele Leute auf einem Fleck sind, nervt mich das schnell, dann ist es laut und unruhig. Aber so ein kleines Team finde ich besser, als alleine zu sitzen. Da wo man sich kennt und miteinander vertraut ist.

JOB-COACH: Auf einer Skala von 0 bis 10, wenn 0 sehr schlecht und 10 perfekt ist – wo würden Sie diese Tätigkeit bei diesem Arbeitgeber einordnen?

KLIENT: Bei 6.

Job-Coach: Wie kommen Sie zu dieser Einschätzung? Was macht es, dass Sie 6 sagen und nicht 5?

Klient: Der Arbeitgeber war schon o.k., die Bezahlung war pünktlich, ich hatte 30 Urlaubstage, aber die Überstunden wurden nicht bezahlt. Da würde ich jetzt 8 sagen. Aber der konkrete Arbeitsplatz war mies. Alte Möbel, es roch muffig und ich war allein. Und die Technik war veraltet. das war eher eine 4. Und die Kunden haben sich eigentlich immer nur beschwert. Das war mir manchmal auch zu viel. Das gehörte halt zum Job, aber schöner wäre es, wenn auch mal zufriedene Kunden einfach nur eine Auskunft wollen würden. Insgesamt sag ich deshalb 6. Das mit der pünktlichen Bezahlung finde ich echt wichtig.

Job-Coach: Das halten wir jetzt mal fest. Was haben Sie beruflich davor gemacht?

Klient: Da war ich …

In kurzer Zeit hat der Job-Coach mit nur wenigen Fragen eine Fülle an Informationen erhalten. Er hat etwas über die Fähigkeiten seines Klienten erfahren (Kommunikationsstärke, Empathievermögen), es gibt Hinweise auf die Bedürfnisse und das Wertesystem dieser Person (kleines Team, Kontakt mit Menschen, angenehme Umgebung, pünktliche Bezahlung). ldealerweise hat der Job-Coach die Informationen bereits während des Gesprächs visualisiert.

Der Job-Coach kann:

- Verhaltensweisen als mögliche Ressourcen prüfen.
  Beispiel: Der Klient erzählt: „Also, in neuen Teams komme ich schnell mit den Kollegen in Kontakt."
  Der Job-Coach hakt nach: „Wie machen Sie das genau?"
  Der Klient erwidert: „Ich gehe einfach auf die Leute zu und stelle mich vor."
  Der Coach erwidert: „Würden Sie über sich sagen, dass Sie offen und kontaktfreudig sind?"
- Dem Klienten persönliche Eigenschaften spiegeln und erkennen lassen.
  Beispiel: Der Coach nimmt wahr, dass der Klient bislang immer pünktlich war und stets seine Hilfe beim Aufräumen anbietet.
  Der Job-Coach gibt dem Klienten dies als Feedback: „Wenn ich mir die letzten Sitzungen noch einmal anschaue, dann erlebe ich Sie hier als zuverlässig und aufmerksam."

- Den Klienten dazu anleiten, Schwachstellen in mögliche Stärken umzudeuten.
  Beispiel: Der Klient berichtet: „Ich habe in den letzten drei Jahren eigentlich nur meine Mutter gepflegt."
  Der Job-Coach erwidert: „Welche Ihrer Eigenschaften waren in dieser Zeit für Sie besonders hilfreich?"
- Mit dem Klienten negative Glaubenssätze überprüfen und bearbeiten.
  Beispiel: Der Klient klagt: „Ich bin zu alt für den Arbeitsmarkt."
  Der Job-Coach fragt: „Was könnte gut daran sein, ein bestimmtes Lebensalter erreicht zu haben?"
- Den Klienten dabei begleiten, nach Ausnahmen zu suchen.
  Beispiel: Der Klient bedauert, in bestimmten Situationen sich nicht abgrenzen zu können.
  Der Job-Coach fragt: „In welchen Situationen ist es Ihnen denn gelungen, sich gut abzugrenzen, und wie haben Sie das gemacht?"

Ermutigen und bestärken Sie Ihren Klienten darin, in dieser Phase möglichst die Aufmerksamkeit für eine Weile von seinen Problemfeldern abzuziehen. Durch eine Sensibilisierung für Möglichkeiten und berufliche Alternativen erteilen Sie ihm „die Erlaubnis zu träumen" und für sich zunächst einmal hypothetisch andere berufliche Optionen in Erwägung zu ziehen.

Auf der Suche nach einer geeigneten beruflichen Tätigkeit entziehen sich viele Möglichkeiten der eigenen Aufmerksamkeit, weil sie nicht im persönlichen Fokus liegen. Alles, was sich seiner eigenen Aufmerksamkeit entzieht, bleibt für Ihren Klienten so lange unsichtbar, bis Sie den Spot darauf richten. Setzen Sie diesen Spot und leuchten Sie mit Ihrem Klienten die unbekannten oder vergessenen Ecken an und aus.

Erinnern wir uns an das Beispiel des Schweißers: Nur wenn bei Ihrem Klienten das Gefühl von Fülle und Möglichkeiten wächst, wird Veränderung für ihn überhaupt erst vorstellbar. Inhaltlich geht es nicht darum, sich gleich auf eine Option festzulegen. Stattdessen sollen zunächst möglichst viele Alternativen benannt werden, ohne gleich deren Durchführbarkeit und Realitätsnähe zu berücksichtigen. Schaffen Sie ein entsprechend angstfreies Klima und entkräften Sie negative und einschränkende Vorannahmen („Es geht nicht", „Zu teuer", „Keine Zeit" u. v. m.). Beseitigen Sie die Schranken im Kopf, indem Sie z. B. fragen: „Was wäre, wenn …?", und halten Sie schließlich jede Idee – und sei sie scheinbar noch so widersinnig – schriftlich fest.

3.3 Zielfindung

Die Definition von konkreten Zielen – das ist im Job-Coaching der Kern des Prozesses. Um Ziele zu erfassen und an ihrer Umsetzung arbeiten zu können, bieten wir Ihnen in Kapitel 15.2 eine Vielfalt an Möglichkeiten an. So erläutern wir die Formeln SMART, PURE und ZIEL. Des Weiteren ist die Affektbilanz eine sehr gute Intervention, um das formulierte Ziel emotional zu überprüfen. Für das strukturierte Umsetzen von gesteckten Zielen hat sich die Methode GROW von Sir John Whitmore (2014) als gute und vor allem strukturierende Möglichkeit erwiesen, die sich anschaulich visualisieren lässt.

3.3.1 *Sammeln, Bündeln, Priorisieren und Entscheiden – die ersten Schritte zum Ziel*

Analytische Methoden allein reichen nicht aus. Um sie erfolgreich einzusetzen, müssen Sie bereits im Vorfeld die Weichen stellen. Mit Ihrem Klienten haben Sie sich erfolgreich auf Spurensuche in seiner beruflichen und/oder privaten Biografie begeben. In aller Regel haben Sie seine Fähigkeiten, Potenziale, Kenntnisse und Interessen schriftlich fixiert und bewertet. Eventuell gibt es sogar schon erste Ideen, welche Berufsbilder oder -felder vielleicht noch infrage kommen oder von Interesse sein könnten. Die Recherche zum Thema „In welchen Berufsfeldern passt Ihr Profil möglicherweise gut?“ ist ein spannender und erkenntnisreicher Prozess für Sie beide. Ihr Klient erkennt, dass er „Einsatzgebiete“ für sich finden kann, die er vorher gar nicht im Blick hatte, und Sie erweitern in diesen Prozessen beständig Ihr persönliches Fachwissen über Jobprofile und verfeinern Ihre Recherchefähigkeiten.

An diese Phase des Brainstormings zu der Frage „Was könnte Ihnen noch passen oder Spaß machen?“ schließt sich das Bündeln der gesammelten Inhalte an: Ideen und Informationen werden visualisiert und zusammengefasst. Sie übernehmen jetzt die Aufgabe, zusammen mit Ihrem Klienten einen persönlichen Kriterienkatalog zusammenzutragen und schriftlich zu fixieren: Was ist ihm außer den Arbeitsinhalten noch wichtig? Sie fragen ihn zum Beispiel nach Gehaltsvorstellungen, sozialen Rahmenbedingungen, Vorstellungen über Arbeitszeiten, Bereitschaft zur Schicht- und Wochenendarbeit. Wie sieht es mit einem möglichen Wohnortwechsel aus? Diese individuellen Eckpfeiler überprüfen Sie dann gemeinsam auf ihre „Realitätsnähe".

Der Prozess des Bündelns, Überprüfens, Priorisierens und Entscheidens hilft Ihren Klienten, das Wesentliche vom Unwesentlichen zu trennen. So entsteht der nötige Raum, sich künftig nur noch auf eine engere Auswahl an passgenauen beruflichen Perspektiven zu fokussieren. Diese Optionen gilt es nun mit Ihrem Klienten noch einmal zu überprüfen und mit den individuellen Bedürfnissen und Lebensrealitäten abzugleichen, um dann eine Endauswahl zu treffen und ein konkretes Ziel für den Klienten zu erarbeiten. Hilfreich ist hier eine Entscheidungsmatrix – die individuell auf den jeweiligen Klienten zugeschnitten ist. Die Anleitung zu dieser Matrix finden Sie in Kapitel 14.2.

3.3.2 Der Prozess der konkreten Zielfindung und -formulierung

Wir haben die Erfahrung gemacht, dass es für den Klienten wichtig ist, vor allem zeitnah ein erstes Erfolgserlebnis zu haben. Das könnte beispielsweise die Entdeckung eines neuen Berufsfeldes sein. Auch das Wissen, jetzt ein konkretes Ziel und etwas Umsetzbares vor Augen zu haben, motiviert und macht Mut, auch die nächsten Herausforderungen zu meistern.

Setzen Sie sich mit Ihrem Klienten intensiv mit der *Zielarbeit* auseinander und begleiten Sie ihn behutsam und empathisch durch dieses „Nadelöhr". Viele Ziele scheitern in der Umsetzung, weil sie aus dem Moment heraus formuliert werden. Für eine kurze Zeitspanne wird ihnen Aufmerksamkeit gewidmet – dann geraten sie schnell in Vergessenheit. Zurück bleiben ein schaler Geschmack und das Gefühl, es „wieder einmal nicht geschafft zu haben". Als Job-Coach macht es Sinn, sich zu vergegenwärtigen, auf welchen Ebenen man im Job-Coaching von Zielen spricht. In unseren Job-Coaching-Prozessen gehen wir deshalb immer von drei Arbeitsebenen aus:

1. Arbeitsebene: Lebensziele (Visionsziele):
   Zur Gesamtheit der Lebensziele des Klienten gehören zum Teil noch unbewusste Gefühle, Träume und Visionen. Für Ihren Job-Coaching-Prozess kann es hilfreich sein, Ihren Klienten nach seinen Lebenszielen zu fragen. Diese liegen meist in der Ferne. Um sie zu erreichen, kann man ein Coaching-Prozess-Ziel finden und formulieren.

Beispiel für ein Lebensziel, das für Klienten in Job-Coaching-Prozessen motivierend und attraktiv sein kann: „Ich lebe in finanzieller Sicherheit von meiner Arbeit als Angestellter / Verlagsmitarbeiter."

2. Job-Coaching-Prozessziele (Ergebnisziele):
   Hier geht es um einen konkreten Schritt im gesamten Coaching-Prozess. Im Rahmen einer geförderten Maßnahme ist es für die weiteren Sitzungen ratsam, sich – wenn möglich – auf Ziele zu fokussieren, die Berufliches betreffen.
   Beispiel: „Bis zum 31.12. diesen Jahres finde ich eine Festanstellung im Verwaltungs- oder Verlagswesen in Teilzeit mit maximal 30 Wochenstunden im Großraum Stuttgart."
3. Ziele für die einzelnen Sitzungen (Handlungsziele):
   Für jedes Zusammentreffen wird zu Beginn ein Ziel vereinbart. Job-Coach und Klient klären, worum es heute geht und was in dieser Sitzung erreicht werden soll. Diese Handlungsziele sind sehr konkret umsetzbar. Sie sind praxisnah und definieren, welche Teilschritte zeitnah gegangen werden.
   Beispiel: „Ich suche heute fünf passende Stellenausschreibungen aus dem Internet heraus und formuliere ein erstes Muster-Anschreiben."

So konkret sich diese Formulierungen auch lesen, sind sie bis jetzt kaum „emotional gefüttert". Diese Sätze treffen keinerlei Aussagen über Motivation, Lust, Wertigkeiten – sie haben noch keine „Magnetwirkung".

3.3.3 Haltungsziele als „emotionaler Verstärker"

Als ausgesprochen attraktiv für die Klienten hat sich für uns die ergänzende Arbeit mit Haltungszielen erwiesen, wie sie u. a. das Zürcher Ressourcen Modell (ZRM®) beschreibt, das von der Schweizer Psychologin Maja Storch und ihrem Team entwickelt und gelehrt wird.

Ursprünglich als Selbstmanagement-Methode für Gruppentrainings konzipiert, eignet sich das Zürcher Ressourcen Modell auch als Instrument für das Job-Einzelcoaching. Das Modell basiert auf neurowissenschaftlichen und motivationspsychologischen Grundlagen. Emotionen sind, als wesentliche Träger von Motivation, ein tragendes Element im ZRM. Gesundheitsfördernde neuronale Netze sollen aktiviert und gestärkt werden. Das ZRM fußt auf der Theorie, dass alle Erfahrungen, die ein Mensch im Laufe seines Lebens macht, in einem „emotionalen Erfahrungsgedächtnis" gespeichert werden. Jede Erfahrung erhält eine simple Bewertung: „Positiv = wiederholen“ oder „negativ = künftig vermeiden“. In Millisekunden sendet unser Körper die Botschaften „hin zu“ oder „weg von“. Unser individuelles Erfahrungsgedächtnis informiert uns über diese Bewertungen durch die „somatischen Marker“ (soma: griech. für Körper), körperlichen Signale, die wir extrem schnell empfangen. Somatische Marker bewerten nur mit Ja und Nein; beides kann jedoch stärker oder schwächer ausgeprägt sein. Für den Klienten besteht der erste Schritt darin, seine somatischen Marker überhaupt wahrzunehmen. Ist er dazu in der Lage, lassen sie sich sehr gut als Hilfsmittel nutzen, um Ziele emotional mit einer positiven inneren Haltung zu unterfüttern.

Haltungsziele beziehen sich auf eine innere Einstellung, mit der der Klient sich wohlfühlt. Sie werden intuitiv zum Beispiel durch die Auswahl eines Bildes oder eine positive Assoziation formuliert. Die Arbeit mit Bildkarten-Sets kann den Zielfindungsprozess unterstützen. Hier setzen wir im Unterschied zu den analytischen Zielfindungsmethoden auf der unbewussten Ebene des Klienten an. Der Klient entwickelt als Ergebnis einen emotional positiv gefütterten Satz oder ein Bild, der oder das die positive innere Haltung widerspiegelt. Deshalb klingen Haltungsziele oft etwas merkwürdig und blumig. Wenn der Klient einen Job haben möchte, der ihn gut ernährt und angemessen herausfordert, könnte er sich vielleicht ein Bild aussuchen, das einen lachenden Mann zeigt, der an einem sonnigen Sandstrand ein Baby auf seinen Schultern trägt. Mit dem Job-Coach sammelt er alle positiven Formulierungen, die beiden zu dem Bild einfallen. Der Klient sucht sich dann die Assoziationen heraus, die bei ihm das stärkste Wohlgefühl auslösen. Aus diesen Fragmenten kreiert und formuliert er sein Haltungsziel.

Möglicherweise würde unser Klient dann als Haltungsziel folgende Aussage wählen: „Ich lache mit leichten Schultern in kindlicher, goldener Fülle.“ Haltungsziele aktivieren ein positives inneres Bild, das unglaublich motivierend wirkt.

Aus eigener Erfahrung wissen wir, dass Veränderungen häufig an der fehlenden positiven inneren Haltung scheitern. Schenken Sie deshalb den Haltungszielen in Ihren Job-Coaching-Prozessen die nötige Aufmerksamkeit, denn sie sind emotionale Verstärker in Hochpotenz für alle Zielformulierungen. Das ausgewählte Bild kann sich Ihr Klient z. B. als Hintergrundbild auf das Handy laden oder als Lesezeichen verwenden. So wird er nachhaltig und emotional an sein Ziel erinnert.

3.4 Ins Tun kommen – Prozessziele entwickeln und umsetzen

Sind das intuitive Haltungsziel und das bewusste Ziel formuliert, spielen im Job-Coaching in der Regel die Prozessziele eine zentrale Rolle. Aktuelle Ereignisse, z. B. ein gerade anstehendes Vorstellungsgespräch, werden im Prozess selbstverständlich berücksichtigt und integriert.

In der Umsetzungsphase wechselt der Job-Coach je nach Bedürfnislage des Klienten zwischen verschiedene Rollen hin und her, unter Beibehaltung seiner inneren Haltung.

Praktische Basis-Übungen wie die Recherche und Auswertung von Stellenanzeigen, die Unterstützung beim selbstständigen Verfassen von Bewerbungsanschreiben und Lebensläufen, das Vermitteln von grundlegenden PC-Kenntnissen oder das Anlegen eines Email-Kontos gehören zum Berufsbild des Job-Coachs. Er wird deshalb phasenweise zum Trainer oder Berater mit Fachkenntnissen im Bereich „Verfassen von Bewerbungsschreiben". Für den Job-Coach kann das herausfordernd sein, weil er seinen bekannten Rahmen verlässt.

3.5 Coaching vs. Training

Die Begriffe Coaching und Training werden oft synonym verwendet bzw. verwechselt. Beide Begriffe sind jedoch klar voneinander zu unterscheiden. Zum Job-Coaching-Prozess gehören sowohl Coaching als auch Training, aber Coach und Trainer sind für den Job-Coach sehr unterschiedliche Rollen:

Trainings dienen dem gezielten Auf- und Ausbau bestimmter Fähigkeiten und Verhaltensweisen. Im Vordergrund steht also das Erlernen. Typische Beispiele: Kommunikationstrainings und Bewerbungstrainings. Der Job-Coach geht hier auf die individuellen Bedürfnisse und Möglichkeiten des Klienten ein, setzt jedoch Schwerpunkte auf die Vermittlung des nötigen Wissens.

Besonders charakteristisch für Trainingsphasen ist das Üben. Der Job-Coach leitet an, gibt Feedback und korrigiert. Ein Training mit dem Klienten ist dann sinnvoll, wenn der Wunsch besteht, erkannte Verhaltensdefizite zu optimieren. Die Trainingsphasen sind für den Klienten eine gute Möglichkeit, seine Fähigkeiten aufzubauen und zu verbessern.

Gerade im Job-Coaching sind Trainingselemente durchaus nötig und wichtig und lassen sich gut mit den Coaching-Einheiten kombinieren. Es macht jedoch Sinn, den Formatwechsel vom Coaching zum Training mit dem Klienten zu thematisieren und zu benennen.

Insbesondere durch die sinnhafte Analyse der Struktur von Bewerbungsgesprächen und Assessment Centern kann der Job-Coach dem Klienten die Abläufe des Bewerbungsmanagements vermitteln und Ängste abbauen. Eine wichtige Intervention durch den Job-Coach ist hier der Perspektivwechsel: Verfügt der Job-Coach über einschlägiges Wissen als Führungskraft aufgrund seiner eigenen beruflichen Erfahrungen, kann er „aus dem Nähkästchen plaudern" und seine Erfahrungen und Erwartungen einbringen und die „andere Seite" im Bewerbungsprozess erläutern. Ist der Klient sensibilisiert für die Herangehensweise der Arbeitgeberseite, kann er seinen Zugang für den Ablauf von Bewerbungsphasen möglicherweise überdenken und neu definieren. Bestehen Unsicherheiten beim Klienten, trainiert der Job-Coach mit ihm Schritt für Schritt die herausfordernden Situationen und kann hier auf verschiedene Trainingsmethoden zurückgreifen: Kostenfreie Online-Eignungstests, Rollenspiele, das Erstellen von Leitfäden für Telefongespräche und -interviews sind jetzt Bestandteile des Job-Coaching-Prozesses. Auch Kurzpräsentationen zur Selbstdarstellung und insbesondere das Beantworten schwieriger Fragen werden gemeinsam geübt und vorbereitet. Es können Checklisten erarbeitet werden, Anfahrtswege und Gesprächspartner recherchiert und Kleiderfragen besprochen werden.

Im Methodenteil werden einzelne Interventionen wie der Elevator Pitch (19.2.3) oder die Ausformulierung von Antworten auf „Killerfragen" (19.2.5) vorgestellt.

4. | Herausforderungen und Grenzen

Eine der wesentlichen Herausforderungen für Job-Coachs besteht darin, dass die Rahmenbedingungen in einem Job-Coaching-Prozess nicht immer erfolgsfördernd sind. Auch die üblichen Coaching-Grundwerte sind zum Teil nicht vorhanden.

Was aber sind Grundwerte im Coaching? 2004 wurden sie von Christopher Rauen folgendermaßen zusammengefasst:

- Anliegen kommt vom Klienten
- Ziel- und Leistungsorientierung werden gemeinsam im Coaching-Prozess gefunden
- Diskretion, Neutralität und Vertrauen werden vom Coach gewährleistet
- Freiwilligkeit des Klienten ist gegeben
- Selbstmanagement des Klienten ist gegeben
- Gegenseitige Akzeptanz von Coach und Klient liegt vor
- Offenheit und Transparenz prägen den Coaching-Prozess
- Veränderungsbereitschaft des Klienten liegt vor

Die meisten dieser Eckpfeiler sind im geförderten Job-Coaching nicht gegeben, was natürlich die Durchführung eines erfolgreichen Prozesses erschwert. Deshalb möchten wir im Folgenden besonders auf die Grundwerte eingehen, gerade weil sie im Job-Coaching herausfordernd sein können und manchen Job-Coach massiv zweifeln lassen. Doch meist lohnt es sich, dranzubleiben.

4.1 Grundwerte im Coaching

4.1.1 Das Anliegen kommt vom Klienten

Job-Coachs müssen mit Frustration und Resignation aufseiten ihrer Klienten rechnen und damit, dass diese Enttäuschungen vorbauen. Viele Menschen, die nicht auf dem ersten Arbeitsmarkt tätig sind und von der öffentlichen Hand leben, wollen zunächst einmal vor allem „in Ruhe gelassen" werden. Nach dem Motto: „Besser den ‚Hartz-IV-Spatz' in der Hand als die ‚Einkommens-Taube' auf dem Dach" kann der Klient überzeugt sein, gar kein Anliegen zu haben, sondern sich nur dem Druck des Sachbearbeiters beugen zu müssen. Also nicht der Klient selbst möchte wieder auf dem ersten Arbeitsmarkt Fuß fassen; das will der Sachbearbeiter des Klienten, und dafür bedient er sich eines Job-Coachings.

Die Gründe für die Verweigerungshaltung sind vielfältig: Besondere Aufmerksamkeit verdienen die psychosozialen Auswirkungen von Arbeitslosigkeit. Der fehlende Zugang oder der Verlust von Arbeit ist für die meisten Menschen eine belastende Erfahrung mit einer Vielzahl von Folgen für das subjektive Wohlbefinden. Sinnstiftende Rituale gehen verloren, die Teilhabe am gesellschaftlichen Leben wird schwieriger und soziale Kontakte lösen sich auf. Schon seit vielen Jahren werden diese Phänomene in der Arbeits- und Organisationspsychologie intensiv untersucht, wie ein Essay von Michael Frese (2008) eindrucksvoll belegt. Lang anhaltende Arbeitslosigkeit kann u. a. zu Depressionen und psychosomatischen Beschwerden führen. Der Antrieb, Dinge anzupacken, lässt nach, das Selbstwertgefühl leidet und schließlich fehlt der Mut, Herausforderungen anzunehmen. Viele Arbeitslose haben sich in ihrer Situation eingerichtet und deshalb scheint es so, als hätten sie zu Beginn des Prozesses kein Anliegen.

Hier gibt es keine besonderen methodischen „Kniffe“. Vielmehr ist unsere Geduld gefragt: Akzeptanz, Verständnis, Ausdauer, Beharrlichkeit und das Betonen der möglichen Perspektiven einer Zusammenarbeit öffnen in aller Regel beim Klienten doch die Türen.

4.1.2 Ziel- und Leistungsorientierung werden gemeinsam im Coaching-Prozess gefunden

Solange die Bereitschaft zur Zusammenarbeit nicht gefestigt ist, bleibt eine Arbeit an Zielen oberflächlich und wirkungslos. Im Unterschied zum klassischen Coaching kann deshalb im Job-Coaching zu Beginn des Prozesses der Austausch mit dem Klienten wenig zielgerichtet verlaufen. Diese Phase nutzen wir als Job-Coachs, um eine tragfähige Arbeitsbeziehung zum Klienten aufzubauen. Uns ist es wichtig, eine vertrauensvolle Basis herzustellen, um im Anschluss gemeinsam die Ziele zu erarbeiten.

4.1.3 *Diskretion, Neutralität und Vertrauen werden vom Coach gewährleistet*

Die Gemengelage im Job-Coaching – Jobcenter als Auftraggeber, Job-Coach als Auftragnehmer – ist den Klienten meist bewusst. Deshalb muss der Coach damit rechnen, dass ihm sein Klient anfangs nur wenig Vertrauen entgegenbringt. Möglicherweise fürchtet er, dass Details aus seinem Leben, die er der Behörde vielleicht bislang verschwiegen hat, hinter seinem Rücken verraten werden. Erst wenn zwischen Coach und Klient eine Vertrauensbasis entstanden ist, werden die Gespräche offener und die wirklichen Beweggründe, Motive und Muster des Betroffenen sichtbar. Nicht immer gehen diese mit den Wünschen der jeweiligen Behörden konform.

Auf welcher „Seite“ steht der Job-Coach? Das ist für den Klienten nicht immer leicht einzuschätzen. Die meisten Job-Coachs geben sich neutral. Trotzdem stehen sie gegenüber der Behörde in der Pflicht zu berichten, vielfach in Form von Entwicklungsblättern oder Empfehlungsbögen. Hier ist Transparenz gefragt und Job-Coachs sollten deutlich machen, wie sie mit den Informationen ihrer Klienten umgehen. Welche Inhalte werden an die Behörden übermittelt, welche nicht? Das sollten Coach und Klient gemeinsam besprechen.

Für den Verlauf des Prozesses ist es besonders förderlich, wenn der Klient selbst aktiv wird und die Kommunikation mit der Behörde übernimmt. Als Job-Coach können Sie Ihren Klienten unterstützen, eine erfolgreiche Kommunikationsstrategie zu entwickeln.

4.1.4 *Freiwilligkeit aufseiten des Klienten*

Bei diesem Grundwert zeigt sich – zumindest am Anfang des Prozesses – ein maßgeblicher Unterschied zwischen Job-Coaching und klassischem Coaching. Generell gilt, dass ein Coaching vom Kunden ausdrücklich gewünscht wird (Radatz 2009 a, b). Im Job-Coaching sollte man Freiwilligkeit jedoch nicht voraussetzen. Und wer den Coaching-Prozess nicht aus eigenem Antrieb will, wird weniger aus der Arbeit mit einem Coach ziehen und eher geneigt sein, ein Coaching abzubrechen. Diese Problem-Auftrags-Paradoxie kann also die Erfolgsaussichten eines Coachings mindern. Backhausen und Thommen (2006) gehen noch weiter und bezeichnen bereits die Idee zu einer Beratung seitens einer übergeordneten Instanz für einen Klienten als eine Intervention. Die Problemdefinition obliegt der Behörde und nicht dem Klienten selbst. Ihrer Ansicht nach wird das Selbstbild des Klienten infrage gestellt. Widerstand und geringe Motivation seitens des Klienten können die Folgen sein.

Wird das eigentliche Anliegen des Klienten mit dem Anliegen der Behörde überdeckt, kann das Job-Coaching zu einem „Anpassungs-Coaching" mutieren. Der Auftraggeber – die Behörde – sucht im Job-Coach einen Verbündeten, genauso wie der Klient. Wir können leicht zwischen die Fronten geraten und ungewollt eine Konfliktsituation provozieren.

Was kann man tun, um den negativen Beigeschmack einer Verpflichtung abzuschwächen? Wir betonen verstärkt die Chancen und den Nutzen eines Job-Coachings und ermutigen unsere Klienten, es zumindest „probehalber" zu versuchen. Gelingt es uns, den Klienten zu einer grundsätzlichen Bereitschaft zu motivieren, steigen die Erfolgsaussichten für den Job-Coaching-Prozess.

4.1.5 Selbstmanagement

Eine weitere Voraussetzung im Coaching ist, dass die Klienten in der Lage sind, sich selbst zu managen. Bei Beschäftigungslosen ist diese Voraussetzung jedoch häufig nicht gegeben. Als Job-Coachs haben wir die Aufgabe, unsere Klienten dahingehend zu unterstützen, ihre Selbstwirksamkeit (wieder) zu entdecken.

Für Job-Coachs ohne fundierte Coaching-Ausbildung kann dieser Punkt zur Stolperfalle werden und sie aus der Balance bringen. Doch gerade in prekären Situationen muss der Job-Coach seine Rolle wahren und darf nicht zum „Kümmerer" werden und sich aller Probleme seines Klienten annehmen. Damit der Klient überhaupt eine Chance hat, seine Fähigkeiten zum Selbstmanagement zu aktivieren, müssen wir sehr achtsam sein und ihm seine Eigenverantwortung lassen, damit er seine Erfolgserlebnisse genießen kann.

Es gibt Job-Coachs, die sich ausschließlich am offiziellen Auftrag der Behörde orientieren und persönliche Anliegen und Probleme des Beschäftigungslosen hintenanstellen oder ihnen nur dann Aufmerksamkeit schenken, wenn es sich um eine wirkliche Notsituation handelt. Persönliche

Probleme sind aus ihrer Sicht nicht der gewünschte Inhalt von Job-Coaching-Gesprächen, schließlich geht es um die Arbeitssuche. Diese Herangehensweise verhindert einen Beziehungsaufbau zwischen Job-Coach und Klient und behindert das Selbstmanagement des Klienten. Doch eine Arbeitssuche kann nur dann erfolgreich sein, wenn auch andere Lebens- und „Grundsicherungsthemen" bearbeitet und die Klienten in ihrer Ganzheit wahrgenommen werden. Alle Lebensbereiche hängen zusammen und haben Einfluss aufeinander. Diese systemtheoretische Annahme ist grundlegend für erfolgreiche Prozesse.

4.1.6 Gegenseitige Akzeptanz von Coach und Klient

Wie jeder andere Coaching-Prozess wird auch der Job-Coaching Prozess nicht unwesentlich von der „Chemie" zwischen dem Coach und Klienten mitbestimmt. Die Zuweisung eines Job-Coachs durch den durchführenden Träger der Maßnahme kann deshalb Widerstand hervorrufen, insbesondere dann, wenn der Coach aus irgendwelchen Gründen dem Betroffenen nicht zusagt. Vielleicht ist er zu jung, wirkt unsympathisch oder hat das „falsche" Geschlecht. Eine freie Wahl des Job-Coachs wäre also auch im Job-Coaching wünschenswert, allerdings sehen nicht alle Träger diese Wahlmöglichkeit vor.

4.1.7 Offenheit und Transparenz prägen den Coaching-Prozess

Auch beim Grundwert Offenheit und Transparenz unterscheidet sich ein Job-Coaching in vielen Bereichen von einem klassischen Coaching. Dazu gehören:

- die willkürliche Zuteilung von Job-Coach und Klient (s. 4.1.6),
- in den Sitzungen die Vermischung ganz unterschiedlicher Tätigkeiten – Coaching, Training und Beratung
- sowie eine oft schlechte Kommunikation nach außen (was Coaching kann, welchen Nutzen es hat und welche Spielregeln dort gelten).

Zu den wichtigen Rahmenbedingungen des Prozesses gehört für uns, zu klären, was Coaching leisten kann und was auch nicht. Weiterhin gehört für uns dazu, die Erwartungen des Klienten zu erfragen und sich als Job-

Coach mit seinem beruflichen Hintergrund vorzustellen. Das sind Interventionen, die Offenheit und Transparenz erzeugen. Wir treffen mit dem Klienten eine klare Abgrenzung, welche Inhalte dokumentiert und weitergegeben werden und welche Themen wir streng vertraulich behandeln. Auch im Job-Coaching hat der Klient das Recht auf Schutz seiner Privatsphäre. Es ist unsere Aufgabe, diesen Schutz zu garantieren.

4.1.8 Veränderungsbereitschaft des Klienten

Oft geht der Wunsch nach Veränderung primär von der Behörde aus, die dem Klienten das Job-Coaching bezahlt. Das kann beim Klienten zu einer ablehnenden Haltung führen oder zu Passivität. Beides wird für den Job-Coach zu einer Herausforderung.

Die Gründe für die Arbeitslosigkeit des Klienten können vielfältig sein. Nicht wenige empfinden sie als von „außen herbeigeführt" und fühlen sich deshalb ohnmächtig und ferngesteuert. Der Zustand der Arbeitslosigkeit kann aber auch zur gewohnten und vertrauten Komfortzone werden, die man gar nicht so gerne verlassen möchte. Um einen Erkenntnisprozess anzuregen, kann der Job-Coach z. B. nach dem „versteckten Gewinn" des aktuellen Zustandes fragen: „Was ist denn gut daran, dass Sie in dieser Situation sind?" Aufbauend auf der Idee des Konstruktivismus, dass jeder Mensch sich seine Lebensrealität selbst erschafft, kann man dem Klienten beispielsweise vermitteln, dass die Welt, in der er lebt, sich durch die Art und Weise der Betrachtung der Dinge verändern kann. Möglicherweise schließt sich hier ein Gespräch über Ängste, Befürchtungen und Scham an, welches eine Zone der möglichen Veränderungsbereitschaft freilegt.

„Die größte Entscheidung deines Lebens liegt darin, dass du dein Leben ändern kannst, indem du deine Geisteshaltung änderst". Dieses Zitat von Albert Schweitzer kann Thema einer Job-Coaching-Sitzung sein. So kommt der Impuls zum Nachdenken über Veränderungsbereitschaft vom Job-Coach und der Klient kann für sich entscheiden, ob er sich als „Experte seiner Welt" auf diesen Impuls einlassen kann und möchte.

4.2 Der Umgang mit Hemmnissen im Job-Coaching

In Broschüren der Behörden, die Coaching-Angebote fördern, ist immer wieder die Rede davon, dass im Job-Coaching individuelle Vermittlungshemmnisse gezielt und systematisch abgebaut werden sollen.

Der Fokus auf ein Hemmnis ist eine defizitorientierte Sichtweise, nach dem Motto: Was fehlt? Was steht im Weg? Wir sind davon überzeugt, dass der Blick auf das, was fehlt, weder im Job- noch im Karriere-Coaching zielführend ist. Die Konzentration auf seine Hemmnisse macht es dem Klienten unmöglich, „in seine Kraft zu kommen“. Zu sehr drückt der defizitorientierte Blick auf das Selbstwertgefühl des Klienten. Gerade im Job-Coaching geht es vor allem um Ressourcenaktivierung. Hat der Klient seine Selbstwirksamkeit erkannt, wird sein Blick offen und die Vorstellung, neue Wege zu gehen, kann Gestalt annehmen. Dies gelingt mit Sicherheit nicht, wenn der Fokus des Job-Coachs sofort auf dem „Mangel“ des Klienten liegt.

Sicher gibt es „Vermittlungshemmnisse“, die offensichtlich sind: Ein ungepflegtes Äußeres oder mangelnde Deutschkenntnisse mindern die Chancen, einen Arbeitsplatz zu finden. In unserem Arbeitsalltag hat sich immer wieder gezeigt, dass Hemmnisse so vielfältig sind wie die Menschen, mit denen wir zu tun haben. Manchmal lassen sich Hemmnisse beseitigen, oft gehören sie aber auch zur Persönlichkeit eines Menschen. Sie wachsen und nehmen sich Raum, wenn alle Aufmerksamkeit auf sie gerichtet ist.

Hemmnisse sind etwas allgemein Menschliches, wir alle haben welche: Wir sind zu alt oder zu jung, überqualifiziert oder zu wenig qualifiziert, zu dick oder zu dünn, zu forsch oder zu schüchtern. Wir tragen einen ausländischen Namen, sind eine Frau oder ein Mann oder vielleicht transsexuell, haben zu viele oder noch keine Kinder, sind alleinerziehend, alleinstehend oder haben eine große Familie, um die wir uns kümmern müssen. Wir besitzen vielleicht keinen Führerschein oder wir haben einen, fahren aber kein Auto. Wir waren krank oder kämpfen mit einer Lücke im Lebenslauf, wir haben zu wenig berufliche Erfahrungen oder eine zu bewegte Biografie. Ob Schüchternheit, Alter, Herkunft, Bildungsschicht, biografische Ereignisse, psychische oder körperliche Beeinträchtigungen oder besondere Charaktereigenschaften – in jedem von uns stecken Hemmnisse, die uns hindern oder behindern, Dinge zu erreichen. Wir alle sind von irgendetwas „zu wenig“ oder „zu viel“.

Stellen wir uns einmal vor: Wir nehmen diese Hemmnisse und hängen sie wie einen Mantel an die Garderobe, bevor wir den „Raum der Möglichkeiten" betreten. Der Mantel bleibt draußen hängen – wir können ihn später wieder anziehen und mit ihm nach Hause gehen. Doch den Raum der Möglichkeiten betreten wir ohne seinen schweren Stoff am Körper.

Den schweren Mantel ablegen – das ist ein Bild, das den Ansatz der Positiven Psychologie verdeutlicht. Hier kümmert man sich nicht um eine defizitäre Sichtweise, sondern erforscht, was Menschen stärkt. Es geht um Themen wie Glück und Zufriedenheit, Optimismus und Vertrauen, Geborgenheit und Vergebung. Die Positive Psychologie beschäftigt sich mit positiven Emotionen und Strukturen, Dingen und Handlungen, die das Wohlbefinden steigern und das Leben lebenswerter machen. Sie knüpft an Ideen der Humanistischen Psychologie an und viele ihrer Aspekte sind bereits in der ressourcenorientierten Psychotherapie zu finden.

Was aber heißt das für unsere Arbeit mit Klienten im Job-Coaching? Wollen wir „Defizite" unschädlich machen und Dinge in Bewegung bringen, ist es wichtig, sie zu entpathologisieren. Wir entfernen also das Etikett mit dem Totenkopf und „entgiften" den Inhalt der Flasche. Das Defizit wird zu etwas Alltäglichem, indem wir freundliche und aushaltbare Bezeichnungen und Einordnungen finden. Das macht es uns wesentlich leichter, mit unseren Klienten über Herausforderungen ins Gespräch zu kommen.

Einige Beispiele für „Umetikettierungen": Schwierigkeiten Ihrer Klienten können sie z. B. als „Phase" bezeichnen und Aussagen wie „ich kann das nicht" lassen sich durch Hinzufügen des Wörtchens „noch" entkräften. Sie können die Befürchtungen und Sorgen Ihres Klienten ernst nehmen und sie gleichzeitig als Bestandteil des normalen menschlichen Erlebens behandeln. So nehmen Sie ihnen ihren Charakter, monströs, furchtbar oder fehlerhaft zu sein.

Was einem Menschen passiert, passiert auch anderen, zumindest so ähnlich. Das verdeutlichen wir als Job-Coachs unseren Klienten mithilfe von Erzählungen oder Fallbeispielen und zeigen so, welche Handlungsmuster aus der Sackgasse führen können. Metaphern und Geschichten eignen sich gut, um Impulse zu geben. Albtraumhafte Monster wie „Defizit" und „Hemmnis" werden auf Normalmaß zurückgestutzt und entstigmatisiert. Dann entdecken wir zusammen mit dem Klienten die positive Seite der

Medaille. Mit dem „Reframing“ als Methode wird aus dem halb leeren ein halb volles Glas. Und schon stecken Sie mitten im ressourcenorientierten Job-Coaching-Prozess.

In unseren eigenen Job-Coachings haben wir wiederholt ratlose und verzweifelte Menschen kennengelernt, die sich für eine geraume Zeit um einen erkrankten Familienangehörigen gekümmert haben. Die Klienten schämten sich sehr, weil sie keine Karriere vorweisen konnten, und fühlten eine große Angst vor dieser Lücke im Lebenslauf. Mithilfe des Reframings und der Frage: „Was haben Sie in dieser Zeit gelernt?“, „Welche Ihrer Fähigkeiten kam in dieser Zeit zum Tragen? “Oder: „Was können Sie jetzt, was Sie vorher nicht konnten?“ änderte sich ihre Sichtweise. Ihnen wurde bewusst, dass sie sehr wohl etwas „geleistet“ und in dieser Phase ihres Lebens auch Fertigkciten und Fähigkeiten erworben hatten. Viele dieser Antworten ließen sich sogar in Lebensläufen und Anschreiben verwenden, als es darum ging, die „fehlende Zeit“ zu füllen.

4.2.1 Widerstände

Wenn wir von Job-Coachs hören, dass sie vom Widerstand ihrer Klienten sprechen, dann hört sich das oft nach einer recht kämpferischen Arbeitsbeziehung an. Irgendwas muss „geknackt“ und „ausgefochten“ werden und wir haben ein Bild vor Augen, das Job-Coach und Klient in Kampfstellung zeigt: Beide haben ihre Waffen gezückt und es kann nur einen Sieger und einen Verlierer geben. Auf eine derartige verbale oder nonverbale Kampfansage des Job-Coachs reagiert der Klient wahrscheinlich gestresst und macht von einer der folgenden Möglichkeiten Gebrauch:

- Flucht: Er hält sich nicht an Absprachen, kommt nicht mehr und entzieht sich der Situation.
- Kampf: Er steigt mit dem Job-Coach in den Ring und teilt aus. Streit, Diskussionen und Beschuldigungen sind die Begleiterscheinungen des Kräftemessens.
- Tot-Stellen: Er wird passiv und schiebt dem Job-Coach die Verantwortung zu. Soll der doch entscheiden, wie es weitergeht.

Einen besseren Zugang bekommen wir, wenn wir dem Klienten vertrauen und ihm zugestehen, dass sein Verhalten sehr wahrscheinlich ein Ausdruck innerer Not ist. In unseren Prozessen haben wir die Erfahrung gemacht, dass wir eine Stressreaktion gar nicht als Widerstand auffassen müssen. Wenn wir uns kooperativ und wertschätzend auf die Seite des Klienten begeben, finden wir mit ihm gemeinsam heraus, was den Zustand der „inneren Not“ auslöst. Wir können z. B. feststellen: „Frau XY, ich nehme bei Ihnen wahr, dass Sie auf meinen Vorschlag nicht eingehen möchten. Ich frage mich, welche Gründe Sie dafür haben könnten. Ich bin mir sicher, dahinter steckt eine positive Absicht oder eine gute Motivation. Ich finde das sehr spannend und könnte mir vorstellen, dass wir da zusammen mal genauer draufgucken. Was meinen Sie, könnte das auch für Sie interessant sein? “In der Regel nehmen Klienten dieses Beziehungsangebot dankbar an und der Prozess entwickelt sich. Der „Widerstand“ löst sich auf.

Die Psychologen und Dozenten Stephan Druckrey und Matthias Reese empfehlen im Umgang mit Störungen und Stagnation in Seminaren drei Tools, die sich sehr gut auf das Job-Coaching übertragen lassen. Sie stellen sich folgende Fragen: Handelt es sich bei dem Widerstand um ein „Ich-kann-nicht-“, „Ich-weiß-nicht-“ oder um ein „Ich-will-nicht-“Problem?

Ein „Ich-kann-nicht-Problem“ ist ein Hindernis, dass den Klienten davon abhält, aufmerksam und aktiv den Prozess zu gestalten, etwa eine akute Überlastung oder physische Erschöpfung. Hunger, Schmerzen, das Bedürfnis nach frischer Luft oder Bewegung können zu ebenfalls Auslösern werden. Hier sind also ganz grundlegende Bedürfnisse nicht erfüllt.

Ein „Ich-weiß-nicht-Problem“ tritt auf, wenn der Klient nicht folgen kann. Vielleicht fehlen ihm wichtige Informationen oder er konnte gedankliche Zwischenschritte nicht machen. Für den Job-Coach heißt das, sich „zurück auf den Informationsstand“ des Klienten zu begeben, um von hier aus noch einmal gemeinsam zu starten.

Wenn der Klient einfach nicht das macht, was der Job-Coach von ihm oder für ihn will, dreht es sich um ein „Ich-will-nicht-Problem“. Bei zu stark auseinandergehenden Vorstellungen darüber, was zu tun und zu erreichen ist, kommt es zu einem Vertrauensbruch in der Beziehung zwischen Klient und Job-Coach. Der Klient verweigert sich, weil er sich nicht gesehen und verstanden fühlt. Kann der Job-Coach sich reflektieren, erkennt er, dass er übergriffig war. Wenn er den Kurs korrigiert und den Klienten fragt, was der sich denn wünscht, löst sich der Knoten meist: Fragen Sie z. B.: „Wenn Sie *das* hier nicht wollen, was wollen Sie stattdessen?“

Auch gegen die Möglichkeit, Coaching-Sitzungen online durchzuführen, kann sich manchmal Widerstand entwickeln. Menschen, denen digitale Kompetenzen fehlen, scheuen sich oft aus Angst oder Unsicherheit, das „Neue" für sich zu testen. Gibt es eine Vertrauensbasis und haben Job-Coach und Klient eine gute Arbeitsbeziehung, ist meist eine behutsame Annäherung an ein digitales oder telefonisches Coaching möglich. Hier kann es hilfreich sein, bereits bei einem Präsenztermin die Online-Variante zu besprechen, anzuleiten und auch auszuprobieren. So fällt es dem Klienten oft leichter, in einem zweiten Schritt von zu Hause aus an einem digitalen Coaching-Termin teilzunehmen. Bleibt der Job-Coach also freundlich und wertschätzend, legt sich der Widerstand meist schnell. Der Klient fasst Mut, in Begleitung erste Schritte in Richtung digitale Zusammenarbeit zu gehen.

Bei Widerständen bietet sich im Austausch mit dem Klienten grundsätzlich sehr gut die Arbeit mit dem Lernzonenmodell an (siehe Kapitel 5). Gemeinsam kann erörtert werden, wie groß sich die aktuelle Herausforderung des Online-Coachings für den Klienten anfühlt.

Liegen die Ursachen des Widerstandes in einer grundsätzlichen Ablehnung der Maßnahme, dann helfen ein klärendes Gespräch und die Frage, ob es für den Klienten überhaupt Sinn macht, den Prozess fortzusetzen. Eventuell kann man, je nach Möglichkeit, dem Klienten auch einen Wechsel des Job-Coachs anbieten. Vielleicht kann er zu einer anderen Person ein besseres Vertrauensverhältnis aufbauen. Die Fragen „Was genau ist hier in diesem Rahmen schwierig für Sie?", „Was hindert Sie daran, hier weiterzumachen?" oder „Was kann ich dafür tun, dass Sie sich auf den Prozess einlassen können?" dienen in jedem Fall der Beziehungspflege und können atmosphärische Störungen bereinigen.

4.2.2 Krisensituationen

Viele Klienten sind nicht in Arbeit, weil sie sich in einer akuten Krise befinden oder erst kürzlich eine solche überstanden haben. Ein Verlust (des Arbeitsplatzes, einer geliebten Person …) kann Menschen so lähmen, dass sie zunächst Stabilisierung benötigen, bevor sie sich überhaupt auf einen intensiven Coaching-Prozess einlassen können.

Wie können wir eine Krise erkennen? Der Begriff Krise kommt aus dem Griechischen und bezeichnet eine „entscheidende Wendung", also „eine schwierige Situation, die den Höhe- und Wendepunkt einer gefährlichen Entwicklung darstellt". Der Arzt und Familientherapeut Thomas Hülshoff (2017, S. 12) spricht von Krisen, „wenn wir mit einem bis dato zumindest in dieser Ausprägung unbekannten Ereignis konfrontiert sind, das eine Entscheidung verlangt und ein Problem darstellt, für dessen Lösung wir keine hinlänglichen Erfahrungen und bewährten Lösungsstrategien haben oder zu haben meinen."

Was bedeutet das für uns als Job-Coach? Hier können wir mit dem Ansatz arbeiten, die „Krise als Chance" zu sehen. Eine Metapher kann diese Idee verdeutlichen: Im Chinesischen besteht das Wort „Krise" aus zwei Zeichen. Das Zeichen *Wey* steht für Gefahr, das Zeichen *Ji* hingegen für Chance. Für einen Klienten an einem Wendepunkt im Leben kann dies auch bedeuten, dass sich ab jetzt die Dinge für ihn zum Besseren wenden. Wer die Erfahrung macht, wie belebend es sich anfühlt, eine schwierige Situation gemeistert zu haben, geht aus diesem Prozess gestärkt heraus. Im späteren Verlauf des Job-Coachings kann es sinnvoll sein, sich darüber auszutauschen, wie zukünftig ähnliche Krisen angegangen werden können.

Befindet sich unser Klient in einer kritischen Situation, verlangt das von uns als Job-Coach viel Feingefühl. Im Gegensatz zu unserer sonst „begleitenden Arbeitsweise", werden wir jetzt auch als Berater gebraucht. Eine Erste-Hilfe-Intervention kann darin bestehen, Informationen zu Beratungsstellen oder Therapeuten zu recherchieren und weiterzugeben. Auch konkrete Handlungsempfehlungen wie beispielsweise: „Ich würde Ihnen empfehlen, sich zunächst einmal mit einem Schuldenberater darüber auszutauschen" können nützlich sein, um den Klienten zu entlasten. Wir müssen vor allem herausfinden, was ihn stabilisiert. Wir bestärken ihn darin, vorhandene Ressourcen zu nutzen, und machen ihn darauf aufmerksam, dass er selbst Anteil an einer möglichen Lösung hat und die Situation zum Positiven wenden kann.

Haben wir uns einen Überblick über die aktuelle Lage verschafft und stellen dabei fest, dass es sich um einen gravierenden Einschnitt im Leben des Klienten handelt (z. B. Todesfall), klären wir mit ihm, ob der Job-Coaching-Prozess zu diesem Zeitpunkt überhaupt Sinn macht.

4.3 Grenzen: Wann macht ein Job-Coaching keinen Sinn (mehr)?

Jedes Coaching kann an Grenzen stoßen, so auch ein Job-Coaching. Lassen sich die im Vorhergehenden genannten Herausforderungen nicht überwinden, ist eine Zusammenarbeit nicht sinnvoll. Bringt Ihr Klient dauerhaft nicht die notwendige Bereitschaft und Offenheit mit, ist ein Job-Coaching nicht möglich. Das kann der Fall sein, wenn Ihr Klient sich geschickt fühlt und/oder für sich – trotz Ihrer Interventionen – keinen Vorteil durch die Teilnahme am Coaching erkennt. Sie können eine Diskussion anstoßen mit Formulierungen wie: „Ich stelle mir die Frage, ob dieser Prozess hier für Sie überhaupt sinnhaft ist. Wie ist Ihre Sicht dazu?" Weisen Sie den Klienten auf die Möglichkeit hin, den Prozess zu beenden, und besprechen Sie etwaige damit einhergehende Konsequenzen.

Sollte auch das zu keiner Veränderung führen, ist es für Sie an der Zeit, den Prozess abzubrechen und den Träger sowie den zuständigen Sachbearbeiter der Arbeitsagentur oder des Jobcenters darüber zu informieren. Auch das ist in der Regel ein Balanceakt, der viel Fingerspitzengefühl und vor allem Neutralität verlangt. Die Behörde möchte Auskunft über die Gründe des Abbruchs erfahren. Sie können als kommunikative Schnittstelle in diesem Fall nur versuchen, dass sich die Fronten zwischen Sachbearbeiter und Klient nicht verhärten und zu einem klärenden Gespräch ermutigen. Sprechen Sachbearbeiter und Klient über die Gründe der mangelnden Bereitschaft, kann so in Einzelfällen doch eine Brücke gebaut werden, um den Coaching-Prozess fortzusetzen.

Auch psychische Beeinträchtigungen können das Ende des Job-Coachings bedeuten. Von psychischen Störungen kann man laut Maderthaner(2008) dann ausgehen, wenn der Klient nicht in der Lage ist, seine alltägliche Lebenssituation zu bewältigen, eine Selbstgefährdung vorliegt oder Abweichungen von gesellschaftlichen Regeln, Normen oder Wertvorstellungen zu beobachten sind. Auch die Einnahme von Psychopharmaka oder Drogen können ein gemeinsames Arbeiten unmöglich machen.

Als Job-Coachs brauchen wir ein gutes Gespür und eine hohe Aufmerksamkeit für die mentale und psychische Verfassung unserer Klienten. Was können wir hier mit Coaching-Methoden erreichen und ab wann ist eine psychotherapeutische Behandlung angezeigt? Für psychisch stark belastete und instabile Klienten ist ein (Job-)Coaching nicht der richtige Ansatz;

mit ihnen zu arbeiten ist sowohl ethisch als auch rechtlich höchst fragwürdig und sollte zwingend von Ihnen als Job-Coach abgelehnt werden.

In unserer Praxis hat sich im Gespräch mit Klienten folgende Frage als sehr hilfreich erwiesen: „Haben Sie möglicherweise schon einmal darüber nachgedacht, im Hinblick auf Ihre Ängste (Panikattacken, Suchtproblematik …) fachkundige Unterstützung in Anspruch zu nehmen?“ Je nachdem wie die Antwort ausfällt, kann der Job-Coach Adressen nennen oder gemeinsam mit dem Klienten Anlaufstellen recherchieren, die ihm weiterhelfen. Ist der Klient bereits in psychotherapeutischer Behandlung, ist es für die gemeinsame Arbeit sehr wichtig, dass der Job-Coach genau abklärt, wie eine Zusammenarbeit aussehen kann. Wie stellt sich der Klient eine Unterstützung konkret vor und welche Bereiche gehören in den therapeutischen Prozess? Den Auftrag hier genau zu besprechen und am besten schriftlich zu fixieren erleichtert es dem Job-Coach, sich im Verlauf des Arbeitsprozesses an den vereinbarten Rahmen zu halten.

5. Hilfreiche Denk- und Arbeitsmodelle

Im Folgenden soll es um Denk- und Arbeitsmodelle gehen, denen eines gemeinsam ist: Sie beziehen sich alle auf verschiedene Zeitebenen und haben sich in unseren Job-Coaching-Prozessen als gute theoretische Basis erwiesen. Wir arbeiten im Job-Coaching mit dem Klienten daran, den gegenwärtigen Ist-Zustand zu erfassen, blicken mit ihm in die Vergangenheit und entwickeln eine Vision für die Zukunft.

Die Vergangenheit: Hier liegen sowohl die Ursachen für Schwierigkeiten und Probleme als auch die Ressourcen und Fähigkeiten zur Lösung und Veränderung.

Die Gegenwart: Hier kann aktiv gehandelt und verändert werden.

Die Zukunft: Hier liegt u. a. die Motivation zur Veränderung.

Sind Veränderungsprozesse gewollt, schauen wir stets auf alle drei Zeitebenen. Doch nun zu den Modellen im Einzelnen.

5.1 Systemisches Denken und Kybernetik

Weit über die Betrachtung einfacher Ursache-Wirkungs-Zusammenhänge hinaus beschäftigt sich systemisches Denken mit größeren Komplexitäten, um diese anschließend wieder zu reduzieren. Oftmals finden wir auch das Attribut „ganzheitlich“ vor bzw. die Bezeichnung ganzheitliches Denken. Diese Herangehensweise soll uns dabei unterstützen, die komplexe soziale Situation unseres Klienten besser zu erfassen und zu verstehen. Bei diesem Blick über den „Tellerrand hinaus“ richten wir unsere Aufmerksamkeit nicht auf einzelne Teile eines Systems, um sie zu analysieren, sondern wir schauen, welche Wechselwirkungen es zwischen verschiedenen Einzelteilen gibt, und versuchen, diese in einen Gesamtzusammenhang zu stellen.

Für das Job-Coaching heißt das konkret: Wir beschäftigen uns nicht nur mit unserem Klienten als singulärem Individuum, sondern wir beziehen auch seine übergeordneten Systeme mit ein, z. B. Familie, Organisationen oder die Gesellschaft. Für ein Job-Coaching ist es besonders hilfreich, auch alle langfristigen Konsequenzen und Auswirkungen auf andere beteiligte Personen(-kreise) mit zu berücksichtigen.

Im Zusammenhang mit systemischem Denken fällt häufig der Begriff „Kybernetik" (griechisch kybernētikḗ = Steuermannskunst), die Theorie der Regelung und Steuerung dynamischer Systeme. In einer zunehmend komplexen Welt hilft sie, komplexere Zusammenhänge zu begreifen und auf sie einzuwirken.

Es gibt eine Kybernetik erster und zweiter Ordnung. Was es damit auf sich hat, können Sie mithilfe eines einfachen Experiments ergründen, das viele von Ihnen vielleicht schon kennen; es stammt von Paul Watzlawick.

Aufgabe: Verbinden Sie diese neun Punkte mit vier geraden Linien.

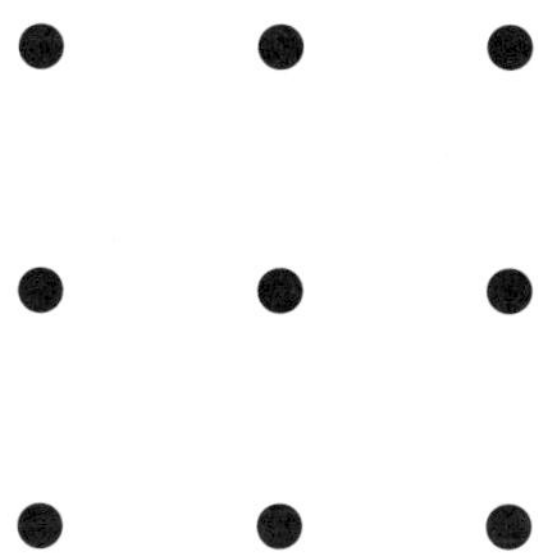

(Die Lösung finden Sie auf Seite 242.)

Wenn es Ihnen gelungen ist, die Aufgabe zu lösen (oder wenn Sie sich die Auflösung angeschaut haben), erkennen Sie: Sie mussten „über das System hinaus" zeichnen. Mit anderen Worten: Die Kybernetik erster Ordnung reicht hier nicht, nur mithilfe der Kybernetik zweiter Ordnung lässt sich die Aufgabe lösen.

Doch was hat all das mit unserem Thema zu tun? Auch wir müssen im Coaching häufiger über die einzelne Person hinausdenken und komplexere Zusammenhänge beachten. Nur dann kommen wir zu zufriedenstellenden Lösungen. Stellen wir uns zur Verdeutlichung den Coaching-Prozess als Haus vor, in dem die einzelnen Stockwerke der Kybernetik erster und zweiter Ordnung entsprechen (vgl. Henning & Knödler 2017):

- Im Erdgeschoss (Kybernetik erster Ordnung) sind wir auf der personalen Ebene und begreifen den Klienten als isoliertes Individuum. Er beschreibt, deutet und bewertet sein Problem bzw. Anliegen.
  Selten finden wir auf dieser Ebene schon die passenden Lösungsansätze.
- Im ersten Stock (Übergang zur Kybernetik zweiter Ordnung) erhalten wir auf der interpersonalen Ebene Aufschluss über die Interaktion des Klienten mit einzelnen Menschen aus seinem System. Wir fragen, wie sich der Partner oder andere Familienangehörige dem Problem gegenüber verhalten. Wir lassen unseren Klienten seine Beziehungen zu anderen beschreiben. Das gibt eventuell Aufschluss über Faktoren, die das Problem lebendig halten oder vergrößern.
  Auf dieser Ebene erkennen wir oft Muster und können häufig hier schon befriedigende Lösungen entwickeln.
- Im zweiten Stock schließlich, auf der Systemebene (Kybernetik zweiter Ordnung), reflektiert sich der Klient in seinem Kontext: Wie ist es zu seinen persönlichen Lebensumständen gekommen? Wie hat sich seine Karriere entwickelt? Usw.
  Spätestens hier finden sich auch für komplexere Probleme passende Lösungsansätze.

5.2 Der Deming-Kreis

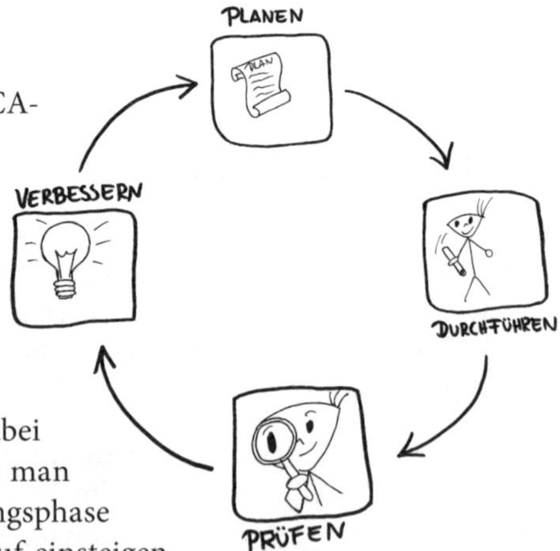

Der Deming-Kreis – auch PDCA-Zyklus genannt – lässt sich sehr gut in der aktiven Bewerbungsphase des Klienten als hilfreiches Denkmodell einsetzen, denn er beschreibt einen Weg der fortwährenden Verbesserung. Man plant, handelt und sieht sich an, was dabei herauskommt. Dann verbessert man und kann über eine neue Planungsphase erneut in einen solchen Kreislauf einsteigen. Das Modell verdeutlicht dem Klienten: Nichts ist in Stein gemeißelt. Nach jedem Bewerbungskreislauf ist er frei, seine Unterlagen und seine Vorgehensweise in Bewerbungsgesprächen zu verändern, anzupassen und zu optimieren.

William Edwards Deming entwickelte 1950 dieses Modell und stellte infrage, dass eine Organisation einen „gesetzten "Status quo habe. Er ging vielmehr von einem Regelkreis an Verbesserungen von Abläufen und Prozessen aus, was bis heute den Ansatz des Qualitätsmanagements prägt. Für den Deming-Kreis gilt nicht das Motto „Never touch a running system", sondern ganz im Gegenteil: „Always touch a running system." Flexibilität im Denken und das Erkennen von Optimierungsmöglichkeiten – das sind die ausdrücklich erwünschten Qualitäten.

In der weiteren Entwicklung übernahmen Demings japanische Schüler das Modell und verbanden es mit fernöstlichen Konzepten, z.B. der Philosophie der kleinen Schritte und des lebenslangen Weges. Unter dem Namen „Kaizen" (= Veränderung zum Besseren) wurde dieser „Mix" als Managementphilosophie weltbekannt.

Die Idee der kleinen Schritte lässt sich sehr gut auf den Prozess des Job-Coachings herunterbrechen. Jede noch so kleine Verbesserung auf dem (unendlichen) Weg vom Ist- zum Idealzustand einer Bewerbung oder eines Bewerbungsgesprächs ist eine Drehung des Deming-Kreises. Sie bringt den Klienten ein Stück auf seinem Weg voran und darf gewürdigt werden.

Wir können den Klienten in seinem Anspruch an sich selbst möglicherweise sehr entlasten, wenn wir ihm klarmachen, dass auch der Bewerbungsprozess, zu dem als Einzelschritte die Auswahl von Stellenanzeigen, das Verfassen von Anschreiben und Lebenslauf, der Versand der Bewerbung und schließlich ein Vorstellungsgespräch gehören, kein starres Vorgehen ist. Der Klient kann und wird seine Vorgehensweise anpassen und optimieren, denn durch seine Erfahrungen im Bewerbungskreislauf wird er immer genauer erkennen, welche Stellschrauben er drehen kann, damit er Erfolg hat.

So könnte ein PDCA-Zyklus für Ihren Klienten aussehen:

PDCA = Plan – Do – Check – (Re-)Act

Plan: Sie gehen zusammen mit Ihrem Klienten strategisch vor und planen eine möglichst optimale Bewerbungsstrategie. Sie recherchieren Stellen und Unternehmen, die für den Klienten attraktiv sind, analysieren gemeinsam Inhalte und Anforderungen der Stellenbeschreibungen. Stellen Sie Ihrem Klienten folgende Fragen:

- Was passt hier besonders gut zu mir?
- Wo decken sich meine fachlichen und menschlichen Stärken mit dem Stellenprofil?
- Wie baue ich daraufhin mein Anschreiben und meinen Lebenslauf auf?
- Welchen Fokus setze ich?
- Welche Stationen meiner bisherigen Laufbahn passen besonders gut zu der ausgeschriebenen Position / zu dem Unternehmen? Was sollte ich unbedingt erwähnen?

Do: Der Klient erstellt – mit oder ohne Ihre Unterstützung – auf das Stellenprofil spezifisch zugeschnittene Bewerbungen und versendet sie. Dabei achtet er auf Formales ebenso wie auf die inhaltliche Gestaltung seiner Bewerbung. Je nach Vermögen des Klienten trainieren Sie mit ihm, Word- oder PDF-Dokumente zu erstellen, legen ein E-Mail-Konto an, scannen Zeugnisse ein, fügen Dateien zusammen und laden sie in Bewerberportalen hoch oder versenden sie per E-Mail.

Check: Sie erstellen mit Ihrem Klienten Listen, die den Verlauf und den Erfolg der Bewerbungsaktivitäten dokumentieren.

Es ist wichtig zu erfassen, wie viele Bewerbungen ein positives Feedback bekommen. Wird der Empfang bestätigt? Werde ich angerufen oder eingeladen? Auch in dieser Phase können Sie mit Ihrem Klienten seine Fähigkeiten trainieren und ihn dabei unterstützen, Selbstwirksamkeit zu erfahren. Je nach Bedarf können Sie gemeinsam Telefonleitfäden für Anrufe bei den Unternehmen erstellen. Sie können mit dem Klienten auch telefonisches oder persönliches Nachfassen bei den zuständigen Stellen üben. So kann er sich über den Stand der Dinge informieren und Feedback zu seiner Bewerbung einholen und auswerten.

(Re-)Act: Sprechen Sie über Absagen, bereiten Sie Vorstellungstermine vor und analysieren Sie diese, verfassen Sie neue Bewerbungen.

Während dieses Kreislaufs gewinnt der Klient an Sicherheit und festigt seine Selbstpräsentation: Möglichkeiten der Selbstdarstellung werden erörtert, Fragestellungen diskutiert und Antworten auf empfindliche Fragen formuliert. Immer wieder wechselt der Coach in der Bewerbungsphase seine Rollen und wird zum Trainer und punktuell auch zum Berater. Unter Umständen verfügt der Job-Coach über Führungserfahrung und kann dem Klienten die „andere Seite“ nahebringen. Der Perspektivwechsel macht dem Klienten bewusst, warum manche Fragen gestellt werden oder welche Kriterien möglicherweise zu einer Entscheidung für oder gegen ihn führen können.

Anders als ein festgefügtes Ablaufschema führt dieser evolutionäre Regelkreis zu konzeptionellen und operativen Optimierungen im Bewerbungsverfahren. Sie unterstützen Ihren Klienten auf der Grundlage von Erfahrungen und Ergebnissen und können zukünftigen Unsicherheiten entgegenwirken.

5.3 Die Logischen Ebenen

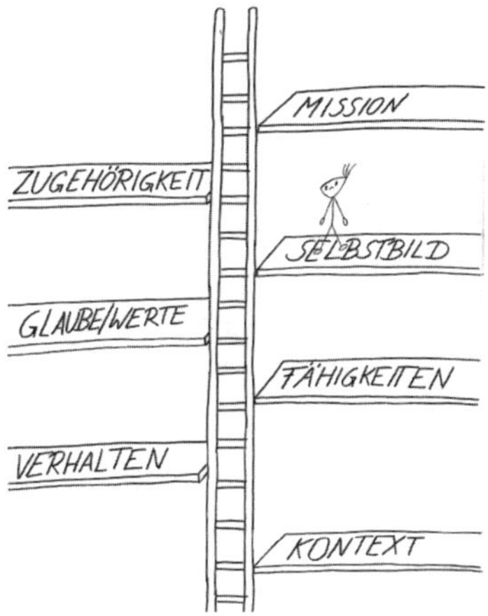

Die Logischen Ebenen nach Robert Dilts stellen eine Denkhierarchie dar, deren einzelne Stufen sich wechselseitig beeinflussen. Jede Ebene hat die Funktion, die Information auf der darunterliegenden Ebene zu organisieren. Wenn Veränderungen auf einer höheren Ebene stattfinden, so haben diese notwendigerweise auch Veränderungen auf darunter liegenden Ebenen zur Folge. Die darüber liegenden Ebenen sind von Veränderungen nicht unbedingt betroffen.

Im Coaching gibt es vielfältige Einsatzmöglichkeiten für das Modell, das die Ebenen der Veränderung beschreibt. Wenn klar ist, auf welcher Ebene z. B. ein Problem oder ein Ziel verortet ist, kann die Veränderungsarbeit des Klienten in der Regel auf der nächsthöheren Ebene ansetzen. Wenn wir also wissen, auf welcher Ebene das Anliegen des Klienten sich befindet, wissen wir auch, welche Interventionen wir nutzen können.

Beispiel:

Der Klient kommt ins Job-Coaching und berichtet von einer Situation mit seinem Sachbearbeiter. Er ärgert sich über das Verhalten des Mannes, der ihn aus seiner Sicht nicht genügend unterstützt. Seinem Ansprechpartner gegenüber hat der Klient seine Unzufriedenheit jedoch nicht geäußert. Jetzt ärgert er sich über sein Schweigen.

Aus der Perspektive der Logischen Ebenen betrachtet, ist die Geschichte auf der Ebene „Verhalten" einzuordnen. Der Klient möchte sich gerne anders verhalten und die Situation ansprechen. Für uns als Job-Coach bedeutet das, dass wir mit dem Klienten auf der darüber liegenden Ebene „Fähigkeiten" arbeiten. Wir können z. B. mit ihm eine konstruktive Möglichkeit zur Ansprache der Konfliktsituation entwickeln und ggfs. trainieren.

Die Logischen Ebenen lassen sich vielfältig einsetzen und eignen sich ebenfalls zur Überprüfung von Zielen und zur Ressourcenaktivierung (siehe Kapitel 12).

Die einzelnen Ebenen im Überblick:

7. Ebene Spiritualität / Mission / Vision

Auf der höchsten Ebene der Spiritualität, der Visionen und der Mission stellt sich die Frage nach dem Sinn. Es geht um die Vorstellungen und Gedanken des Klienten und seinen Glauben an etwas, das seine eigene Individualität überschreitet, die Zugehörigkeit zu etwas Größerem oder Höherem.

Im Coaching geht es auf dieser Ebene um die „großen" Fragen: Warum leben wir? Warum sind wir hier? Was ist der Sinn des Lebens?

Zum Thema **Spiritualität**, das den Glauben an einen Schöpfer oder höhere Mächte anspricht, könnten Sie Ihren Klienten fragen: „Was denkt Gott über Sie?"

Oder: „Was wird Ihnen entgegengebracht?"

Unter **Vision** ist das Bild zu verstehen, das jemand sich von der oder seiner Umgebung macht. Wie sieht sie idealerweise aus?

Fragen an Ihren Klienten: „Was ist der Sinn des Lebens?" Oder: „Was ist der Sinn des Ganzen hier?"

Die **Mission** beschreibt den Lebenssinn, die Lebensaufgabe bzw. die Botschaft, die eine Person lebt.

Frage: „Welchen Sinn hat Ihr Tun für Ihr Leben?" Oder: „Was ist Ihre Aufgabe?"

6. Ebene Zugehörigkeit

Mit wem oder mit was fühlen wir uns verbunden? Mit unserer Familie, mit Freunden, der Firma, der Nation, dem Kontinent?

Frage: „Wem oder was fühlen Sie sich zugehörig?"

Oder: „Mit wem oder was fühlen Sie sich verbunden?"

5. Ebene Selbstbild / Identität

Hier geht es darum, wie wir uns selbst sehen oder wahrnehmen.

Frage: „Wer sind Sie?“

Oder: „Was, glauben Sie, denken andere über Sie?“

Typische Satzanfänge: „Ich bin ...“; „Ich bin der ... Ich bin wie ...

4. Ebene Glaubenssätze / Werte

Werte sind unsere Richtungsgeber und Motivatoren.

Frage: „Wofür?“

Oder: „Wozu machen Sie das?“

Typische Satzanfänge: „Ich will ...“, „Ich habe ...“, „Mir ist wichtig, dass ...“, „Es bringt mir ...“; „Davon habe ich ...“; „Ich erreiche damit ...“

Glaubenssätze sind Überzeugungen, die wir für wahr halten. Sie sind Interpretationen und Verallgemeinerungen aus früher gemachten Erfahrungen. Glaubenssätze bestimmen unsere Handlungen und beeinflussen unsere Entscheidungen.

Frage: „Wieso?“

Oder: „Was heißt das für Sie?“

Typische Satzanfänge: „Ich muss ...“, „Ich darf nicht ...“, „Das ist richtig / falsch“, „Man sollte ...“

Glaubensätze können sich auch in Wenn-dann Satzkonstruktionen zeigen. Die Kausalitäten sollten im Coaching idealerweise aufgelöst werden.

Beispiel 1:
KLIENTIN: „Weil mir mein Mann keine Blumen mehr mitbringt, liebt er mich nicht mehr.“
JOB-COACH: „Können Sie sich vorstellen, dass Ihr Mann sie auch liebt, wenn er Ihnen keine Blumen mitbringt?“

Beispiel 2:
KLIENT: „Wenn sie damit einverstanden gewesen wäre, hätte sie sich gemeldet.“
JOB-COACH: „Könnten Sie sich vorstellen, dass sie damit einverstanden ist, und es einen Grund dafür geben könnte, weshalb sie sich nicht gemeldet hat?“

3. Ebene Fähigkeiten / Strategien Unter Fähigkeiten verstehen wir hier innere Strategien, die äußerlich nicht sichtbar und wahrnehmbar sind. Das können kognitive (Denken) und emotionale Prozesse (Fühlen) sein. Beide sind Voraussetzungen für ein bestimmtes Verhalten. Frage: „Wie genau machen Sie das?“ Oder: „Welche inneren Strategien aktivieren Sie?“ Typische Satzanfänge: „Ich kann …“, „Ich habe …“
2. Ebene Verhalten Auf dieser Ebene geht es um unser konkretes Handeln, das für alle äußerlich sichtbar und wahrnehmbar ist. Frage: „Was tun Sie?“ Oder: „Was könnte jemand von außen an Ihnen beobachten?“ Typische Satzanfänge: „Ich mache / tue …“
1. Ebene Kontext / Umwelt Hier ist das Umfeld gemeint, in dem etwas geschieht. Dazu gehören alle äußeren Bedingungen, die auf eine Person einwirken. Fragen: „Wo?“, „Wer?“, „Wann?“ „Was?“ Typische Satzanfänge beginnen mit Personen, Orten oder anderen konkreten Umfeldfaktoren.

Tabelle 4: Logische Ebenen nach Robert Dilts

Was verrät die Sprache über die Logischen Ebenen, auf denen Ihr Klient sich gerade bewegt? Das möchten wir an einem nicht ganz untypischen Satz zeigen: „Ich kann das jetzt hier nicht machen!“

Ich	kann	das jetzt hier	nicht	machen.
5. Ebene, Identität	3. Ebene, Fähigkeiten	1. Ebene, Kontext	4. Ebene, Glaubenssätze	2. Ebene, Verhalten

Je nach Betonung liegt die Hauptaussage auf einer anderen Ebene. Diese Feinheiten zu hören ist wichtig für ein effektives Coaching!

Ich kann das jetzt hier nicht machen.
Ich **kann** das jetzt hier nicht machen.
Ich kann **das jetzt hier** nicht machen.
Ich kann das jetzt hier **nicht** machen.
Ich kann das jetzt hier nicht **machen**.

5.4 Das triadische Konzept

Was kann man unter Karriere verstehen?

Karriere – dieser Begriff ist in der Regel mit beruflichem Werdegang und Aufstieg verbunden. Dabei ist es ein viel komplexeres Phänomen, für das Edgar Schein (2005) bereits Mitte der 1980er-Jahre das Konzept der „Karriereanker" (siehe Kap. 10.2.3) entwickelte. Schein unterscheidet zwischen „innerer und äußerer Karriere". Die äußere Karriere entspricht mehr dem o. g. klassischen Verständnis: durch Professionen, Unternehmen oder Verwaltungslaufbahnen vorgegebene Karrierewege. Bei der inneren Karriere geht es darum, inwieweit persönliche Werte und Arbeit im Einklang sind. Ist bei der äußeren Karriere der Erfolg am beruflichen Aufstieg zu messen, so sieht es bei der inneren Karriere ganz anders aus. Für jemanden, der beispielsweise sehr gern fachlich kompetent und korrekt seine Arbeit leistet, kann ein Schritt auf der Karriereleiter zum Desaster werden. Als Führungskraft hat er vielleicht überwiegend administrative Aufgaben und nur noch wenig mit seinem Fachgebiet zu tun, und deshalb erlebt er möglicherweise diesen äußeren Aufstieg innerlich als Abstieg. Doch nicht nur am Arbeitsplatz sollte die Bilanz „Wertvorstellungen – Arbeit" ausgeglichen sein; auch das Verhältnis Arbeit, Familie und Freizeit (Work-Life-Balance) sollte gut ausbalanciert sein.

Diesen Zusammenhang – biografische Entwicklung des Einzelnen, Laufbahnen in Organisationen und Unternehmen und die Entwicklung in der eigenen Profession – hat Rappe-Giesecke (2007) als Triadisches Konzept bezeichnet. In einer Triadischen Karriereberatung werden Daten zu allen drei Dimensionen erhoben und die beruflichen Optionen daraufhin untersucht, welche Auswirkung sie auf die Person und ihre Lebensgestaltung haben werden.

Nutzt man das Triadische Konzept im Job-Coaching, so fragt der Coach hier gezielt nach, wie sich bestimmte Entscheidungen auf Laufbahn, Position, Status, Identität und die (berufliche) Rolle des Klienten auswirken könnten. Der Job-Coach hat dafür Sorge zu tragen, dass alle Dimensionen beachtet werden. Gerät eine aus dem Blick, sollte er dies thematisieren. Das Ziel im Job-Coaching ist erreicht, wenn es gelingt, mehrere Handlungsoptionen zu finden, die die Lebensgeschichte, die Laufbahn und den professionellen Werdegang voraussichtlich positiv beeinflussen werden.

5.5 Die Theorie des Wandels

Wer sich für ein Coaching entscheidet, ist in der Regel bereit, etwas zu verändern. Zwar haben wir bereits mehrfach erwähnt, dass im Job-Coaching die Initiative meist nicht vom Klienten ausgeht, aber auch im Job-Coaching-Prozess geht es um Wandel und Veränderung. Deshalb wollen wir im Folgenden kurz auf die drei Dimensionen des Wandels nach Rappe-Giesecke(2007) eingehen: Bewahren, Akkumulation und Substitution.

Bewahren: In Prozessen des Wandels wird nicht alles verändert, das zeigen empirische Untersuchungen. Vieles bleibt auch beim Alten. Niemand verändert sich vollständig. Die Entscheidung zu „Bewahren“ kann erfolgen, wenn das Job-Coaching die positiven Effekte überwiegt, dann entscheidet man zugunsten des Bewahrens. Doch das ist kein völlig unreflektiertes „Weiter-So“. Aussöhnungsprozesse mit der eigenen Lebensgeschichte und den eigenen Stärken und Schwächen gehören beispielsweise zur Dimension des Bewahrens.

Akkumulation: Dinge schneller und effektiver zu machen, möglichst wenige Ressourcen einsetzen, um einen größtmöglichen Output zu erreichen – das versteht Rappe-Giesecke unter Akkumulation. Man könnte hier auch von Reform oder von Fortschritt sprechen. Es geht nicht um eine radikale Veränderung, sondern darum, Dinge auf der Basis des Bestehenden zu verbessern.

Substitution: Wie der Name schon sagt (Substitution = etwas ersetzen), handelt es sich hier um eine radikale Veränderung. Gesellschaftlich könnte man von Revolution sprechen, weniger politisch von Innovationen. Briefe werden durch E-Mails ersetzt, Schreibmaschinen durch Computer. Auch in der Berufswelt spüren wir die Veränderung: Beschäftigungssicherheit ist nicht mehr so wichtig, ebenso Loyalität zum Unternehmen und gute Arbeit. Stattdessen spricht man vom „new career contract". Wichtig sind derzeit: die Vermittelbarkeit auf dem Arbeitsmarkt sowie maximale Arbeitsleistung und Selbstverantwortung.

Der Nutzen des Modells im Job-Coaching

Gerade im Job-Coaching kann uns die Theorie des Wandels dabei helfen, mit unseren Klienten herauszufinden welche der drei Dimensionen für sie besonders bedeutsam ist. Das Modell zeigt, dass Wandel etwas Komplexes ist und differenziert betrachtet werden sollte. Das gilt insbesondere bei Klienten, die glauben, sich grundlegend verändern zu müssen. Ihnen können wir zeigen, dass Wandel mehrere Gesichter hat und verschiedene Optionen beinhaltet.

5.6 Das Lernzonenmodell

„Raus aus der Komfortzone!" – ein Satz, den wir vermutlich alle kennen. Und was hat es damit auf sich? Wenn wir etwas Neues lernen wollen, wenn wir weiterkommen möchten, müssen wir den Bereich verlassen, der uns gut vertraut ist und in dem wir uns zu Hause fühlen. Unter welchen Umständen Menschen etwas lernen können, beschreibt Tom Senninger (2000) in seinem Lernzonenmodell, das die folgenden drei Zonen umfasst.

Komfortzone: Der Bereich, in dem wir schon alles können und wissen. Wir kennen unsere Stärken und Fähigkeiten und agieren selbstsicher und routiniert.

Wachstumszone: Dieser Bereich umfasst alles, was wir noch nicht kennen oder wissen und was für uns eine Herausforderung ist. Es kostet Mut und Überwindung, die Wachstumszone zu betreten, für die Weiterentwicklung ist das aber unumgänglich. Angstgefühle und Herzklopfen können Signale sein, dass man sich nicht mehr sicher fühlt und seine bisher bekannte Komfortzone verlässt.

Unsicherheit und Angst empfinden die meisten Menschen als unangenehm. Unbewusst wehren sie sich gegen das Neue und versuchen so, eine Situation unter Kontrolle zu bekommen. Doch wer alte Verhaltensmuster infrage stellt und neue Optionen hinzufügt, wird am Ende belohnt: Man wächst über die bisherige Komfortzone hinaus und gewinnt im Idealfall gleich zweifach: Lernerfolg und Angstverlust.

Nicht jeder ist jedoch in der Lage, sich aus der Komfort- in die Wachstumszone zu begeben. Man muss sich sicher fühlen, sowohl körperlich als auch emotional, und man muss bereit sein, etwas Neues zu riskieren.

Panikzone: In diesem Bereich macht uns alles Angst und wir glauben, die Anforderung nicht bewältigen zu können. Alles, was für uns „zu groß", unserer Persönlichkeit fremd ist und wir nicht kontrollieren können, nehmen wir als Gefahr wahr. In diesem Bereich ist Lernen für uns nicht möglich.

Die Relevanz des Modells für das Job-Coaching

Wer seine Komfortzone ausweiten kann, wem es gelingt, neue Kompetenzen zu erlangen und gleichzeitig seine Ängste zu reduzieren, vergrößert seine Flexibilität. Im Job-Coaching ergeben sich daraus für den Klienten vielfältige Möglichkeiten, auf die Anforderungen des Alltags zu reagieren.

5.7 Die Phasen der Veränderung

Die Sterbeforscherin Elisabeth Kübler-Ross beschrieb ursprünglich für den Trauerprozess sechs Phasen der Bewältigung. Dieses Sechs-Phasen-Modell ist inzwischen für viele verschiedene Veränderungskontexte übernommen worden. Auch im Job-Coaching hilft es uns, denn wenn wir verstehen, in welcher Phase der Veränderung sich der Klient befindet, können wir unsere Interventionen darauf abstimmen.

Phase 1 – Schock: Etwas Unerwartetes tritt ein und der Klient reagiert darauf wie gelähmt. Das gilt selbst dann, wenn das Ereignis abzusehen war. Erst wenn es tatsächlich passiert, entfaltet es seine volle Wirkung.

Tipp: Hören Sie Ihrem Klienten aufmerksam zu und zeigen Sie Empathie. Blicken Sie gemeinsam auf das Alte und Verlorene und geben Sie ihm Zeit, es zu betrauern.

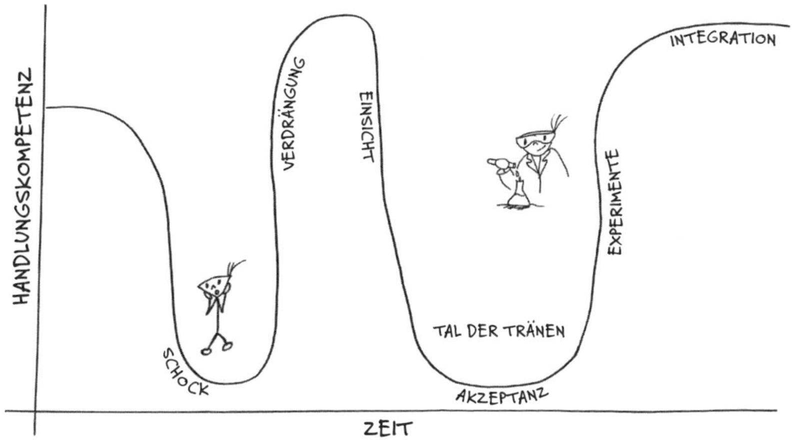

Phase 2 – Verdrängung: Das Ereignis mit seinen Auswirkungen wird verleugnet, getreu dem Motto: „Was nicht sein darf, kann nicht sein."

Tipp: Entwickeln Sie mit Ihrem Klienten Möglichkeitsräume und verhelfen ihm so zu neuen Perspektiven. Stellen Sie hypothetische Fragen wie: „Stellen Sie sich doch einmal vor, die Situation hätte noch eine andere Perspektive: Welche könnte das sein?"

Trifft Ihr Klient verallgemeinernde Aussagen wie: „Das schaffe ich nie", können Sie mit lösungsorientierten Fragen zu einer anderen Sichtweise anregen. Suchen Sie mit ihm gemeinsam nach Ausnahmen: „Wann gab es schon einmal eine Situation, in der Sie unvermutet etwas geschafft haben?"

Auch die Frage: „Was passiert, wenn nichts passiert und Sie weiterhin vor der Tatsache die Augen verschließen?" kann zu einem Perspektivwechsel beitragen.

Phase 3 – Einsicht: Der Klient begreift, dass er das Ereignis nicht weiter von sich wegschieben kann. Er nimmt die Situation rational wahr und erkennt sie für sich an. Ihm ist klar, dass eine Veränderung ansteht. Er sucht Lösungen, aber rein pragmatisch und – zum eigenen Schutz – vorerst ohne emotionale Akzeptanz.

Tipp: Unterstützen Sie Ihren Klienten dabei zu verstehen, dass die nächste auf ihn zukommende Phase ein wichtiger Teil in seinem Prozess ist, der nicht übersprungen werden kann. Erstellen Sie eine Zusammenfassung der bisherigen Lösungsversuche und machen Sie die Grenzen sichtbar.

Phase 4 – Akzeptanz: Im „Tal der Tränen" angekommen, wird dem Klienten nun bewusst, was eine Veränderung in vollem Umfang bedeutet. Dieser Schritt wird auch mit einer persönlichen Veränderung einhergehen.

Tipp: Ihr Klient braucht jetzt einen Rahmen, in dem der Schmerz um den Verlust einen Platz hat. Entwickeln Sie mit ihm kleine Handlungsstrategien und Rituale, die ihm helfen, den Alltag zu meistern und besonders wunde Punkte zu verarzten. Entwickeln Sie Zukunftsperspektiven. Auch das Wissen darum, dass diese Phase vorüber gehen wird, bietet Stabilität.

Phase 5 – Experimente: Nach Abschluss des Trauerprozesses und der Aktivierung erster Ressourcen für den Blick in die Zukunft geht es nun um die Umsetzung der erarbeiteten Ideen und Zukunftspläne.

Tipp: Kreativitätstechniken können bei der Suche nach einer geeigneten Strategie behilflich sein. Eine wohlwollende Grundhaltung zu Fehlern und eine Portion Experimentierfreude, gepaart mit einem nicht zu hohen Anspruch an sich selbst, unterstützen das Probehandeln.

Phase 6 – Integration: Wenn der Klient die Veränderung für sich verinnerlicht hat, ist ihm das Neue nicht mehr fremd und der Prozess ist abgeschlossen. Positive Referenzerfahrungen aus der Experimentierphase unterstützen bei der Integration in den Alltag.

Tipp: Würdigen Sie zusammen den Prozess und die Ergebnisse. Erarbeiten Sie gemeinsam einen Erste-Hilfe-Koffer für Notfallsituationen, den der Klient für sich nutzen kann.

5.8 Das Johari-Fenster – professionelles Feedback geben

Feedback ist ein zentrales Thema im Coaching, denn es fördert die Persönlichkeitsentwicklung des Klienten. Durch gezieltes Feedback des Job-Coachs kann der Klient seine Selbstwahrnehmung schulen und das eigene Verhalten besser steuern lernen. Die Entwicklung von Offenheit, Ehrlichkeit und Vertrauen in zwischenmenschlichen Beziehungen sind, als Voraussetzung für gesunde Beziehungen, ebenfalls die positiven Effekte von Feedback. Offene Kommunikation fördert transparentere zwischenmenschliche Beziehungen.

In einem Lehr- und Lernprozess ist kontinuierliches Feedback unerlässlich. Sieht man ein Coaching als ein Feld des Lehrens und Lernens, fällt dem Job-Coach die Aufgabe zu, seinem Klienten konstruktives Feedback zu geben. Im Zusammenspiel mit anderen beziehungsbezogenen und inhaltsreflektierenden Methoden kann so ein förderndes Kommunikations- und Arbeitsklima entstehen.

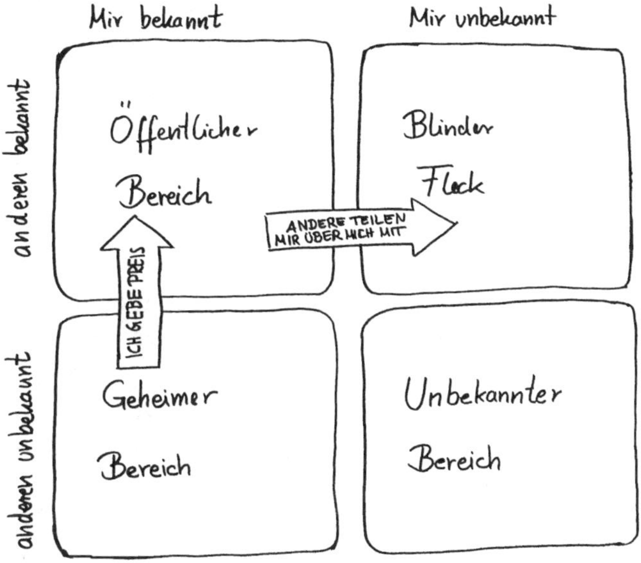

Das von Joseph Luft und Harry Ingham entwickelte Johari-Fenster hilft dem Job-Coach, seinem Klienten Entwicklungspotenziale zu veranschaulichen, insbesondere in den Feldern „geheimer Bereich" und „blinder Fleck". Das sind zwei von insgesamt vier Feldern, die jeweils einen bestimmten Verhaltensbereich einer Person darstellen.

Feld 1 – öffentliche Person: Darunter sind alle sichtbaren und wahrnehmbaren Aktivitäten des Klienten zu verstehen.

Beispiel: Der Klient schreibt Bewerbungen, geht Joggen, trifft sich mit Freunden. Diese Verhaltensweisen sind sowohl dem Klienten selbst als auch anderen bewusst.

Feld 2 – geheimer Bereich / Privatperson: Dieser Bereich ist nur dem Klienten selbst bekannt und bewusst; er teilt ihn nicht mit der Außenwelt.

Beispiel: Der Klient ist unsicher anderen gegenüber und möchte ihnen immer gefallen. Um aus der gehüteten Privatsphäre etwas preiszugeben, braucht es viel Mut und Vertrauen.

Feld 3 – blinder Fleck: Hier geht es um die fehlende Selbstwahrnehmung des Klienten. Dieser Bereich ist für andere sichtbar und offensichtlich, dem Klienten selbst jedoch unbekannt.

Beispiel: Der Klient fällt seinem Job-Coach ständig ins Wort.

In dieses Feld fallen auch Abgewehrtes, Vorbewusstes und nicht (mehr) bewusste Gewohnheiten. Gerade hier ist ein Feedback vom Job-Coach nötig.

Feld 4 – Unbekanntes / verborgene Talente: Hier geht es um Verhalten oder Fähigkeiten, die weder dem Klienten noch anderen bewusst und bekannt sind.

Beispiel: Der Klient kann nicht nur seinen schriftlichen Lebenslauf gut formulieren, sondern stellt im Coaching-Prozess sogar fest, dass er in der Lage ist, daraus eine gute Geschichte zu entwickeln.

Feedback ist eine wertschätzende und offene Rückmeldung seitens des Job-Coachs an den Klienten. Wichtig ist, dass der Coach sich bewusst ist, dass seine Rückmeldung nicht den Kern der Persönlichkeit infrage stellt, vielmehr geht es um die Wahrnehmung von Facetten des äußeren Erscheinungsbildes und die Wirkung von bestimmten Verhaltensweisen. Über das Feedback kann der Klient erfahren, wie er auf andere wirkt, wie er die Reaktionen der anderen besser verstehen und sein eigenes Verhalten gezielter steuern kann. Feedback ermöglicht einen oftmals überraschenden und klärenden Perspektivwechsel. Positive Eigenschaften können somit vom Klienten ausgebaut und störende Verhaltensweisen verändert werden. Der Klient kann die offenen Rückmeldungen nutzen und macht die Erfahrung, dass auch Kritik durchaus ein wertvoller Anstoß zu einer positiven Veränderung sein kann.

Tipp: Fragen Sie Ihren Klienten, ob er Ihre Sicht der Dinge hören möchte. Wenn der Klient dieses bejaht, beschreiben Sie konkret die von Ihnen wahrgenommenen Verhaltensweisen und laden ihn zu einem Perspektivenwechsel ein.

Beispiel: „Ich nehme wahr, dass ...“ „Wie, glauben Sie, ist es für ...?“

5.9 Selbstkonzept, Selbstaufmerksamkeit und Selbstreflexion

Der Psychologe Siegfried Greif (2008) hat sich intensiv u.a. mit den Themen Arbeits- und Organisationspsychologie, Migration, Coaching und Change-Management beschäftigt. Als ein Ergebnis seiner Studien hat er eine Theorie des Selbstkonzepts aufgestellt, die uns in der Arbeit als Job-Coachs unterstützen kann:

Im Laufe unseres Lebens entwickeln wir ein gewisses Bild von uns selbst und aufgrund seiner Erlebnisse und den gemachten Erfahrungen hat jeder Mensch eine Idee davon, was ihn ausmacht. Diese Vorstellung bleibt jedoch vage und ist vorwiegend im Unterbewusstsein präsent.

Diese Idee über „das, was uns ausmacht“, haben wir in zwei Schichten verinnerlicht. Wir haben eine ideale Vorstellung von uns und eine reale. Oft gibt es eine Diskrepanz zwischen dem Menschen, der wir sein wollen, und dem Menschen, der wir tatsächlich sind. Während das reale Selbstkonzept dem tatsächlichen, durch Selbstexploration bewusst gemachten Selbstbild einer Person entspricht, bezieht sich das ideale Selbstkonzept – wie der Name sagt – darauf, wie sich die betreffende Person in ihrer Idealvorstellung gemäß gerne sehen möchte.

Was können wir im Job-Coaching tun, um unsere Klienten darin zu unterstützen, ihr ideales und ihr reales Selbstkonzept zu justieren und beide einander anzunähern? Hier gibt es einen vierstufigen Prozess, der sich an den Überlegungen von Greif orientiert.

Stufe 1: Selbstreflexion durch Selbstexploration – die Erkundung des „Vertraut-Neuem“ in uns: Greif (2008) bezeichnet diese Bewusstmachung des vagen Selbstbildes als „Selbstexploration“ und beschreibt diese als „Erkundung von etwas zwar irgendwie sehr Vertrautem, aber gleichzeitig auch Neuem“. Gelingt einer Person diese Selbstexploration, ist sie anschließend in der Lage, ihr eher unbewusstes Selbstbild in Worten auszudrücken. Sie hat ein bewusstes Selbstkonzept entwickelt.

Folgende Fragen können für die Erkundung / Selbstexploration hilfreich sein:

- Welche Gedanken kommen Ihnen, wenn Sie über sich selbst nachdenken?
- Wie reden Sie über sich selbst? Haben Sie sich dabei schon einmal beobachtet?
- Wie enden Sätze, die mit „Ich bin … / Ich kann …“ anfangen, wenn Sie diese in Ihrem Kopf durchdenken? Sind Sie eher motivierend oder demotivierend?

Stufe 2: Selbstveränderung wird durch Selbstreflexion möglich, die im Coaching systematisch und intensiv gefördert wird: Das bewusste Selbstkonzept umfasst die Wahrnehmung und das Wissen um die eigene Person. Dazu gehört das Wissen über persönliche Eigenschaften, Fähigkeiten, Vorlieben, Gefühle und Verhalten.

Fragen, die selbstreflexive Prozesse auslösen können:

- Wie gehen Sie mit Lob um?
- Was verstehen Sie unter Glück-Haben?
- Wie reagieren Sie, wenn man Sie respektlos behandelt?
- Welchen Teilbereichen Ihres Körpers / Ihres Wesens widmen Sie Aufmerksamkeit?

Stufe 3: Unterscheidung zwischen realem und idealem Selbstbild – Auslösen der Selbstaufmerksamkeit

„Sehnsüchtig grüßt der, der ich bin, den, der ich sein möchte“ (Dostojewski)

Der Zustand der Selbstaufmerksamkeit kann z. B. durch Feedback oder den Einsatz einer Kamera angeregt werden. Auch ein Blick in den Spiegel und der Kontakt mit symbolhaften Gegenständen können Auslöser sein. In der Regel ist uns allen dieser Zustand eher unangenehm, denn er macht uns die Diskrepanzen zwischen unserem eigenen (realen) Handeln und dem favorisierten idealen Handeln bewusst. Die darauffolgende Selbstreflexion kann sowohl die Motivation zur Verhaltensänderung auslösen als auch Abwehr oder die Verteidigung und Aufwertung des realen Handelns zur Folge haben.

Beispiel:

Das Ideal-Ich postet auf Facebook einen „weisen Spruch“ über das Leben: „Für welchen Weg auch immer du dich entscheidest: Sorge dafür, dass er dich glücklich macht.“ Diese Weisheit entspricht dem Klienten und seinem Wertesystem.

Das Real-Ich passt sich im Alltag oft an Gegebenheiten an, die diese Person wenig glücklich machen. Schlagen andere Menschen aus seinem Umfeld auf der Suche nach dem Glück unkonventionelle Wege ein, reagiert der Klient mit Unverständnis.

Wie wir auf die unangenehmen Folgen von Selbstreflexion reagieren, hängt maßgeblich von unserem Selbstwertgefühl ab. Fühlen wir uns hier stabil, können wir zum einen unsere internen Ressourcen aktivieren und auch extern nach Kraftquellen und Unterstützung suchen. Ist unser Selbstwertgefühl angekratzt oder bedroht, dann fühlen wir uns überfordert, wenn wir die Diskrepanz zwischen realem und idealem Handeln entdecken. Wir glauben, schuldig zu sein und versagt zu haben. Also werden wir versuchen, diesen Erkenntnisprozess in Zukunft zu vermeiden und abzuwehren.

Stufe 4: Der Schlüssel – Ausbalancieren von negativen und positiven Emotionen: Stark negative Gefühle sind wichtig, um die Selbstreflexion zu aktivieren, erschweren jedoch gleichzeitig den Zugang zu einer Lösung. Deshalb kann eine Person kaum eine differenzierte Selbstreflexion zulassen, wenn sie sich in einem negativen affektiven Zustand befindet. Sind die Gefühle dagegen zu positiv, besteht kaum Anlass zur Selbstreflexion.

Beispiel:
Ein Klient, der gerade von einem sehr gut verlaufenen Vorstellungsgespräch kommt und entsprechend zufrieden oder gar euphorisch ist, wird kaum dazu bereit sein, sich genau in diesem Moment schon wieder Gedanken darüber zu machen, wie er seine Gesprächsvorbereitung in Zukunft noch weiter optimieren kann.

Ideal für eine ganzheitliche Selbstwahrnehmung ist demnach ein „gemäßigt positiver Affekt“. In diesem Zustand ist es dem Klienten sowohl möglich, die Verbindung zu dem mit vielen Emotionen besetzten Selbstkonzept herzustellen; gleichzeitig kann er die Situation gelassen analysieren und somit einen positiven Ausgleich zwischen Denken und Fühlen herstellen. Nur diese ergebnisorientierte Selbstreflexion macht laut Greif nachhaltige Veränderungen möglich. Das „Kalibrieren der Affekte“ erlaubt den Zugriff auf die sonst nur schwer zugänglichen Vorstellungen vom Selbstkonzept.

6. Selbstfürsorge für Coachs

6.1 Abgrenzung und Psychohygiene

Neben beruflichen Themen und dem Fokus auf den neuen Job werden Sie als Job-Coach meist auch mit anderen Themen Ihrer Klienten konfrontiert. So können beispielsweise Schicksalsschläge und traumatische Ereignisse im Leben des Klienten im Coaching eine Rolle spielen – Geschichten, die das Leben schreibt und die auch den Coach tief berühren können. Für die eigene Psychohygiene ist es ratsam, hier klare Grenzen für sich zu ziehen und keine Mitverantwortung für die Klienten zu übernehmen. Hier helfen kleine Rituale nach dem Coaching, um die vorhandenen „Resonanzpartikel“ zu entfernen.

Tipp:

Sieben schnelle Rituale, die sich in der Praxis bewährt haben.

1. Hände mit einer duftenden Seife waschen
2. Frische Luft – die schweren Themen rauslassen
3. Im Selbstcoaching: Ballast abwerfen. Bevor ich gehe, frage ich mich: „Was nehme ich mit, was lasse ich hier?“
4. Eine angenehme Zwischenstation auf dem Nachhauseweg einbauen
5. Kollegen anrufen, um sich kurz mitzuteilen
6. Persönliches Tagebuch der positiven und negativen „Coaching-Rekorde“ führen
7. Kurz schriftlich festhalten: Ich bin – ich kann – ich mache beim nächsten Mal besser

Auch die Teilnahme an einer Intervisionsgruppe oder der Gang zum Supervisor sind wirkungsvolle Möglichkeiten, Gehörtes zu verarbeiten und den professionellen Abstand wiederherzustellen.

6.2 Achtsamkeit

Der Begriff „Achtsamkeit“ beschreibt eine offene, bewusste, aufmerksame und akzeptierende Haltung im Hier und Jetzt, die alle bewussten Inhalte einbezieht. Die komplette Aufmerksamkeit ist auf den Augenblick gerichtet. Achtsamkeit ist eine grundlegende und jedem Menschen zugängliche Fähigkeit und Haltung, die sich durch Übung entfaltet. Abläufe, die im Alltagsbewusstsein oft unbewusst und automatisch ablaufen, können beobachtet und erforscht werden. Als Job-Coachs brauchen wir diese Fähigkeit, um uns selbst zu spüren und unsere eigenen Resonanzen wahrzunehmen.

Tipp: Wir können einen achtsamen Bewusstseinszustand herstellen, wenn wir Pausen nutzen und kleine Atemübungen machen. Wenn wir unsere Körpersignale als Frühwarnsystem wahrnehmen, können wir uns besser steuern.

Achtsamkeit vollzieht sich wie eine Aufnahme in Zeitlupe. Es ist ein gegenwärtiges Erleben mit allen Sinnen – umfassend, differenziert und intensiv. Die folgende ca. zweiminütige Übung wird im Sitzen durchgeführt und ermöglicht Ihnen, zu innerer Ruhe und Balance zu finden.

Atemübung (nach Schug 2016)

Nehmen Sie eine gerade Sitzposition ein, in der es Ihnen leichtfällt, ein- und auszuatmen. Ihre Hände liegen bequem auf Ihren Oberschenkeln. Schließen Sie sanft Ihre Augen oder richten Sie Ihren Blick auf einen Punkt vor sich, ohne aber etwas Bestimmtes zu fixieren. (…) Konzentrieren Sie sich auf Ihre Atmung. Spüren Sie, wie der Atem in Ihren Körper hinein- und wieder herausströmt. Bleiben Sie ganz bei Ihrem Atemfluss, ohne etwas zu bewerten. Begrüßen Sie Ihren Atem wie einen guten Freund oder eine gute Freundin. Beobachten Sie jeden Atemzug. (…) Nutzen Sie Ihren Atem als Anker und sagen Sie innerlich zu sich selbst: „Ein … aus.“ (einige Atemzüge in Ruhe).

Nun verändern Sie bewusst Ihre Atmung. Atmen Sie ein und halten Sie dann die Luft an. Sie werden bald den Impuls spüren, auszuatmen. Halten Sie den Atem noch ein wenig an, erst dann atmen Sie aus. Wiederholen Sie dies in Ihrem eigenen Atemrhythmus. (Einige Atemzüge in Ruhe, dann

Klangschale zum Tönen bringen). Kommen Sie mit Ihrer Aufmerksamkeit zurück in den Raum. Atmen Sie tief ein und aus und bewegen Sie dann Ihre Finger, Zehen, Hände und Füße.

Ruhe beginnt in mir

Wenn wir in Stress geraten, hätten wir oft gerne eine einfache Möglichkeit, uns in einen guten Zustand zurückzubringen. Eine solche Möglichkeit bietet unser kleines Mantra „Ruhe beginnt in mir“. Hier werden nicht nur bestimmte Worte ausgesprochen, sondern sie werden mit Fingerbewegungen kombiniert. Das kann dabei helfen, unsere Gedanken umzuleiten, den vorhandenen Stress zu minimieren und das allgemeine Wohlbefinden zu fördern.

Ablauf:

Beim Sprechen führen Sie bei jedem gesprochenen Wort den Daumen mit einem anderen Finger zusammen.

Wenn es angenehm für Sie ist, schließen Sie die Augen und atmen Sie tief ein und sprechen Sie dann beim ausatmen den Satz „Ruhe beginnt in mir“ aus, folgendermaßen mit Fingerbewegungen kombiniert:

Ruhe	=	Daumen und Zeigefinger
beginnt	=	Daumen und Mittelfinger
in	=	Daumen und Ringfinger
mir	=	Daumen und kleiner Finger

Sie können das Mantra mehrmals wiederholen.

Wenn Sie viel und über längere Zeit online arbeiten, achten Sie besonders darauf, regelmäßig Pausen zu machen und sich zu bewegen. Ein kleiner Reminder am Monitor kann helfen, sich daran zu erinnern.

Teil II

Methoden im Job-Coaching

7. | Gesprächstechniken

Das Gespräch von Angesicht zu Angesicht ist sicherlich die alltäglichste Form der Kommunikation und wahrscheinlich auch die bedeutsamste. Und gerade weil Gespräche so alltäglich sind, können schnell und unbewusst Missverständnisse entstehen. Hier braucht der Job-Coach besondere Kommunikationsfähigkeiten, um einen erfolgreichen Prozess zu gewährleisten. Deshalb stellen wir Ihnen in diesem Kapitel eine bewährte Auswahl an Gesprächstechniken zur Verfügung.

7.1 Aktives Zuhören, Paraphrasieren und Spiegeln

Aktives Zuhören: Wir hören unserem Klienten aufmerksam zu. Ein gelegentliches leichtes Nicken und ein „Mhh" signalisieren ihm, dass wir bei ihm sind.

Beim **Paraphrasieren** geben wir kurz mit eigenen Worten wieder, was der Klient unserer Meinung nach gesagt hat. Haben wir ihn missverstanden, kann er uns korrigieren. Durch diesen Abgleich kann er sicher sein, dass seine Worte bei uns so angekommen sind, wie er sie gemeint hat.

Spiegeln: Dieser Begriff kann irreführend sein, denn es geht nicht darum, etwas spiegelbildlich wiederzugeben oder dem Klienten gar „einen Spiegel vorzuhalten". Bei der Kommunikationstechnik Spiegeln geht es darum, sich in die Emotionen unseres Gegenübers hineinzuversetzen. Neben den gesprochenen Worten sind dafür auch seine nonverbalen Äußerungen wichtig. Wir gehen hier also auch auf Dinge ein, die nicht „auf der Tonspur" formuliert werden. Beginnt der Klient beispielsweise zu weinen, können wir ihm unsere Aufmerksamkeit und Empathie signalisieren. Wir teilen ihm unsere Wahrnehmung mit und fragen ihn: „Für mich sieht es so aus, als gehe Ihnen dieses Thema sehr nahe. Ist das so?"

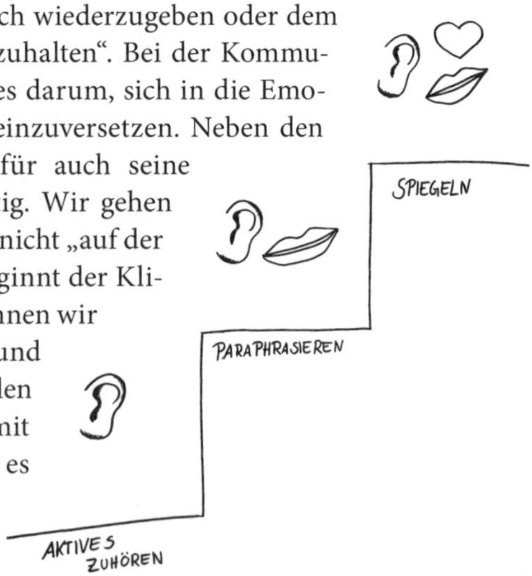

Das Spiegeln eröffnet uns die Möglichkeit, eigene Interpretation zu überprüfen und so zu einem echten Verständnis für den Klienten zu gelangen.

Tipps:

- Hören Sie aktiv zu, sprechen Sie nicht von sich und lassen Sie die Aussagen ohne Bewertung stehen.
- Finden Sie kurze und knappe Formulierungen.
- Überprüfen Sie, ob Sie Ihren Klienten richtig verstanden haben (Habe ich richtig verstanden, dass ...?)
- Versuchen Sie nicht, eigene Formulierungen für die gehörten Worte zu finden, die die Bedeutung hinter dem Gesagten erfassen.
- Versuchen Sie auch Gefühle, Wünsche und Bedürfnisse wahrzunehmen („Es war für Sie eine schwierige Situation, als ...?"; „Es hat Sie geärgert, dass ...?")

7.2 Utilisieren

Beim Utilisieren machen wir uns etwas bereits Vorhandenes nutzbar (utilis = lat. brauchbar). Die Technik geht auf Milton H. Erickson zurück, dem zufolge sich alles, was gerade geschieht, in irgendeiner Weise für den aktuellen Prozess nutzbar machen lässt. Paradoxerweise können das oft sogar „Störungen" sein, die man utilisieren und somit in einen förderlichen Prozess mit einbeziehen kann.

Beispiel: Während einer Sitzung klingelt das Telefon – es ertönt ein rhythmischer Rufton. Der Coach utilisiert: „... und wenn ich das höre, drängt sich mir die Frage auf, was Sie brauchen, um Ihren Rhythmus im Alltag wiederzufinden." Selbst Widerstand des Klienten kann auf diese Weise utilisiert werden.

7.3 Reframing

Das Reframing (= Neurahmung, Umdeutung) stammt aus der Systemischen Therapie und wurde von der Familientherapeutin Virginia Satir eingeführt. Auch im Neurolinguistischen Programmieren (NLP) sowie im provokativen Ansatz in Therapie und Beratung hat Reframing einen hohen Stellenwert.

Und wir funktioniert es? Eine Situation oder ein Geschehen wird mit einem neuen „Rahmen“ versehen, der ihm entweder eine andere Bedeutung oder einen anderen Sinn verleiht. Das metaphorische Bild des Rahmens bezieht sich darauf, dass ein Bilderrahmen entscheidend dafür sein kann, ob ein Kunstwerk dem Betrachter unscheinbar oder schön erscheint. Ziel ist es, dem Klienten aufzuzeigen, dass eine bestimmte Verhaltensweise in einigen Situationen unpassend, in anderen hingegen sehr hilfreich sein kann. Es lassen sich folgende Arten von Reframing unterscheiden:

Bedeutungs-Reframing: Das Verhalten oder ein Ereignis wird anders interpretiert. Der Job-Coach versucht eine passende Bedeutung für das unerwünschte Verhalten zu finden. Bedeutungs-Reframing kann eingesetzt werden, wenn in der sprachlichen Formulierung des Klienten eine Äußerung auftaucht, die die Form einer komplexen Äquivalenz hat: „Ich fühle mich x, wenn y passiert“.

Beispiel:

KLIENT: „Wenn meine Kinder zu Hause sind, habe ich einfach keine Ruhe. Sie nehmen auf mich keine Rücksicht und kommen immer wieder in mein Arbeitszimmer.“

JOB-COACH: „Ihre Kinder möchten also gerne Zeit mit Ihnen verbringen und wünschen sich Ihre Aufmerksamkeit?“

Kontext-Reframing: Der Job-Coach sucht nach einem Kontext, in dem das Verhalten oder das Ereignis sinnvoll erscheint. Diese Intervention unterstützt den Klienten darin, eine positive Sicht auf die abgelehnte Eigenschaft / Verhaltensweise zu entwickeln. Der Einsatz eines Kontext-Reframings lohnt sich, wenn in der sprachlichen Formulierung des Problems durch den Klienten ein Vergleich auftaucht. Dieser ist meist in Form von: „Ich bin zu x“ oder „A ist zu x“ hörbar. In diesem Fall handelt es sich um eine Generalisierung, da die abgelehnte Eigenschaft vom Klienten für alle denkbaren Kontexte gilt. Indem der Job-Coach einen Kontext findet, in dem die Eigenschaft angebracht und hilfreich ist, nimmt er die Generalisierung zurück und ersetzt sie durch eine kontextbezogene Äußerung.

Beispiel:

KLIENT: „Mein Sachbearbeiter ist mir zu schnell.“

JOB-COACH: „Stellen Sie sich vor, es geht um die Bearbeitung Ihrer Bezüge. Wäre es da nicht hilfreich, dass er dort schnell ist?“

7.4 Positive Gesprächsführung: Worte beeinflussen unser Denken

Positive Formulierungen beeinflussen erheblich die Gesprächsatmosphäre. Das heißt für uns, dass wir bewusst negative Formulierungen durch positive ersetzen. Beispiel: Statt „Es bleiben uns nur noch zehn Minuten für die Sitzung" sagen wir zu unserem Klienten: „Wir haben noch zehn Minuten, die wir nutzen können." Im Kern bleibt die Aussage dieselbe, doch der Fokus auf das Positive hat auf den Klienten eine andere Wirkung.

Tipps:

- „Aber" raubt Energie und wirkt einschränkend, denn der „Aber-Nebensatz" löscht das Positive des zuvor Gesagten sozusagen aus. Beispiel: „Es ist heute so strahlender Sonnenschein, aber der Wetterbericht hat Regenschauer angekündigt." Versuchen Sie deshalb, aber durch „und gleichzeitig" zu ersetzen.
- „Noch" schafft Energie und lässt Zuversicht aufkommen. Oft treffen wir absolute Aussagen wie: „Ich kenne diesen Beruf nicht." Fügen Sie in solche Sätze einfach mal das Wort „noch" ein. Der Satz „Ich kenne diesen Beruf *noch* nicht" klingt und wirkt viel positiver. Das Wort „noch" impliziert, dass diese Tatsache sich verändern kann oder wird.
- „Müssen" macht uns klein und erzeugt Druck. „Wir müssen heute pünktlich Schluss machen." Das Wort „müssen" gehört zur Gattung „demotivierender" Worte. Sagen Sie stattdessen „Ich will ...", „Ich möchte ..." oder „Ich werde ...". Dann fühlen Sie sich weniger fremdgesteuert. Dasselbe gilt auch für Ihre Klienten.

7.5 Klientenzentrierte Gesprächsführung

In der Literatur stößt man neben der Bezeichnung „Klientenzentrierte Gesprächsführung" auch auf „Personenzentrierte Gesprächstherapie"; beide Begriffe werden synonym verwandt. Der Begründer dieser Gesprächstechnik ist der Psychologe Carl Rogers. Er definierte drei elementare Voraussetzungen für einen erfolgreichen Gesprächsverlauf: Kongruenz, Empathie und eine bedingungslose positive Zuwendung.

Kongruenz: Rogers war überzeugt davon, dass ein Klient nur wachsen wird, wenn ihm der Berater so gegenübertritt, wie er wirklich ist.

Das heißt für den Job-Coach, dass Authentizität an erster Stelle steht. Wer sich im Prozess hinter einer Fassade versteckt, dem wird es nicht gelingen, mit seinem Klienten eine echte Beziehung einzugehen. Inkongruentes Verhalten zeigt sich z. B. darin, dass das gesprochene Wort nicht mit Mimik, Gestik oder Körpersprache übereinstimmt. Das wird dem Klienten nicht entgehen und er wird sich entsprechend verschließen oder dem Prozess verweigern.

Empathie: Unter Empathie versteht man das einfühlende Verstehen und das wertfreie Eingehen auf eine Person. Der Coach bemüht sich darum, die Ängste, Werthaltungen, Motive, Wünsche und Ängste seines Klienten zu verstehen, und taucht in seine Erlebenswelt ein. Kann sich der Job-Coach in dieser Beziehung kongruent verhalten, wird es ihm möglich sein, sich auf sein Gegenüber einzulassen und die Welt mit dessen Augen zu sehen.

Rogers beschrieb dieses einfühlsame Verstehen als einen Vorgang im Gespräch, bei dem die Gefühle und persönlichen Bedeutungen, die der Klient erlebt, erspürt werden. Es geht also darum, sich in den Klienten einzufühlen und nicht frei zu interpretieren oder zu bewerten.

Bedingungslose positive Zuwendung: „Das Akzeptieren, die Anteilnahme oder Wertschätzung“ gegenüber den Gefühlen und Äußerungen seines Klienten sind für Rogers (1981) eine weitere Grundvoraussetzung. Wird dem Klienten eine positive, akzeptierende Einstellung für seine Erlebniswelt entgegengebracht, dann wird es mit großer Wahrscheinlichkeit positive Auswirkungen auf den Veränderungsprozess haben. Dies bedeutet nicht, dass wir mit dieser Erlebniswelt einverstanden sein müssen, sondern lediglich das Gehörte wertfrei annehmen.

Ausstrahlen können wir diese Wertschätzung nur, indem wir den Klienten als eigenständiges Individuum respektieren, mitsamt seiner Gefühlswelt und den daraus resultierenden Handlungen. Wir versuchen demzufolge auch nicht, dem Klienten eigene Werte, Meinungen und Empfehlungen aufzuzwingen – auch wenn diese auf den ersten Blick gut gemeinte Ratschläge sind.

7.6 Motivierende Gesprächsführung

Die Motivierende Gesprächsführung wurde von den beiden Psychologen William R. Miller und Stephen Rollnick auf der Grundlage der klientenzentrierten Gesprächsführung entwickelt. Sie gehen von der Annahme aus, dass Menschen nicht änderungsresistent, sondern lediglich ambivalent sind. Zentrale Aufgabe ist es dabei, durch das Herausarbeiten und Auflösen von Ambivalenzen, beim Klienten eine Motivation zur Verhaltensänderung auf- und auszubauen.

Motivierende Gesprächsführung unterstützt das „Nachdenken über eine Änderung“ und die „Entscheidung für eine Änderung“. Besonders gewürdigt wird die Tatsache, dass es gute Gründe für, jedoch auch gegen eine Verhaltensänderung gibt. Der Umgang mit Widerstand und Ambivalenz steht im Zentrum des motivierenden Beratungsgesprächs. Ambivalenz wird als normale Phase einer Verhaltensänderung akzeptiert. Die Motivation zur Veränderung ist nicht Voraussetzung, sondern Ziel der Beratung.

Was verstehen wir unter Motivation?

Motivationsforschung ist ein Feld der Psychologie, auf dem nach den Beweggründen und Ursachen menschlichen Handelns gesucht wird. Theorien zur Motivationspsychologie gibt es viele, jedoch zeigen alle unterschiedliche Perspektiven der Thematik auf. In der pädagogischen Psychologie wird zwischen intrinsischer (innerer) und extrinsischer (äußerer) Motivation unterschieden. Diese Differenzierung ist v. a. im Hinblick auf die Erreichung des gesteckten Ziels von Interesse. So wird ein Klient, der intrinsisch motiviert ist, die im Job-Coaching erarbeiteten Inhalte gern und überzeugt umsetzen, weil es Freude macht, konkrete Schritte zu unternehmen. Der Klient begreift sein Handeln als sinnvoll, herausfordernd und interessant. Wird der Klient von außen (extrinsisch) motiviert, geht es ihm vor allem darum, eine Belohnung zu erlangen oder eine Bestrafung zu vermeiden.

Vor allem wenn das Ziel ist, Bestrafung zu vermeiden, wird die extrinsische Motivation in der Pädagogik als „Motivation durch Zwang“ kritisch betrachtet. Für Erwerbslose ist die Angst vor Kürzungen der Bezüge oft der ausschlaggebende Faktor für die Entscheidung, zu einem Job-Coaching zu gehen. Unsere Aufgabe ist es, gemeinsam mit dem Klienten herauszufinden, was ihn innerlich antreibt und zufriedenstellt. Die motivierende Gesprächstechnik kann genutzt werden, um eine Verbesserung der intrinsischen Motivation als Basis für eine Veränderungsbereitschaft zu erreichen.

Die motivierende Gesprächsführung hat vier Prinzipien:

1. **Empathie ausdrücken: Einfühlendes Verhalten und Akzeptanz des Klienten.**
   Empathie meint in diesem Zusammenhang den Versuch, die Gefühle, Sichtweisen und Standpunkte des Klienten zu verstehen, ohne sie zu bewerten oder sie zu kritisieren. Gezieltes Spiegeln („Sie sind verärgert, weil Sie seit drei Wochen auf ein Feedback warten?“) zeigt dem Klienten, dass der Job-Coach zugehört hat und sich in die Welt des Klienten einfühlt. Den Klienten zu verstehen heißt nicht, auch mit dem Gesagten einverstanden zu sein.
2. **Diskrepanzen entwickeln: Der Job-Coach erzeugt und verstärkt eine Diskrepanz zwischen dem gegenwärtigen Verhalten und seinen grundsätzlichen Zielen und Werten.**
   Diskrepanzen können grundsätzlich in allen Lebensbereichen sichtbar werden, im Zusammenspiel von Privatleben, beruflicher Tätigkeit und Freizeitbeschäftigung. Wenn der Job-Coach eine Diskrepanz im Prozess wahrnimmt, ist es an ihm, diese für den Klienten sichtbar zu machen und wenn nötig auch zu verstärken. Er kann z. B. bemerken: „Sie sagen, Sie möchten Karriere machen und viel Geld verdienen, befürchten jedoch, dass Ihnen dann nicht genug Zeit für Ihr Hundetraining bleibt?“
3. **Widerstand umlenken: Der Job-Coach redet die Veränderung nicht „schön“, sondern lädt den Klienten ein, Impulse wahrzunehmen und neue Perspektiven zu betrachten.**
   Wird ein Widerstand des Klienten wahrnehmbar, so ist dies für den Job-Coach ein Signal, möglicherweise sein Vorgehen zu ändern. Widerstand ist ein Phänomen, das in der Interaktion mit dem Job-Coach entsteht, und wird im Coaching nicht von vornherein als mangelnde Motivation interpretiert. Vielmehr gilt es als Hinweis auf unberücksichtigte, ambivalente Einstellungen. Das übergeordnete Ziel aller Strategien ist, den Kontakt zum Klienten zu halten und möglichst flexibel auf Widerstände zu reagieren. Hierbei ist es unter Umständen notwendig, zeitweise das „Tempo“ zu ändern, die Richtung zu überprüfen und sich auf vordergründige Nebenpfade zu begeben.

4. **Selbstwirksamkeit fördern: Der Job-Coach stärkt die Zuversicht des Klienten, eine Veränderung selbst herbeiführen zu können.** Selbstwirksamkeit fördert das eigene aktive Handeln. Die Motivierende Gesprächsführung zielt vor allem darauf ab, die Selbstwirksamkeit des Klienten zu stärken. Dies ist nach Auffassung von Miller und Rollnick (2004) am besten dadurch zu erreichen, dass ins Zentrum des Veränderungsprozesses vor allem die besonderen Fähigkeiten, Stärken und sozialen Ressourcen des Klienten gestellt werden.

8. Fragetechniken

Wenn wir miteinander sprechen, dann tauschen wir nicht nur Informationen aus – wir schaffen, erweitern und vertiefen auch die Beziehung zu unseren Gesprächspartnern. Richtig verstanden zu werden ist allen Menschen wichtig. Verstehen können wir unseren Klienten nur, wenn wir ihn in seiner Welt begreifen. Ein Verstehen-Wollen setzt voraus, dass wir das Weltbild anderer Menschen als Bereicherung ansehen. Wir Job-Coachs arbeiten mit dem Wissen, dass es mehr als eine gültige Perspektive auf Dinge, Situationen und Menschen gibt. Unterschiedliche Perspektiven stehen nicht in Konkurrenz zueinander, sondern erweitern die Möglichkeiten, die Welt wahrzunehmen, zu interpretieren und zu bewerten.

Da wir zunächst nur sehen können, was und wie wir selbst die Welt wahrnehmen, können andere Arten der Beobachtungen zu neuen Erkenntnissen führen oder eigene blinde Flecken aufdecken. Das Weltbild unseres Klienten, seine Meinungen, Einstellungen, Werte und Überzeugungen müssen von uns zunächst primär verstanden werden und für uns nachvollziehbar sein; hier geht es weder um Angriff noch um Verteidigung. Verständigungsorientierte Gespräche verlaufen immer ergebnisoffen, d. h., wir arbeiten erst gar nicht darauf hin, den Klienten von unserem eigenen Standpunkt zu überzeugen. Im Verständigungsprozess gewähren wir uns und dem Klienten Spielraum für einen Wandel der (eigenen) Ansichten. Sich zu verstehen heißt nicht, die Aussagen des anderen inhaltlich richtig zu finden. Auch wenn man den anderen verstanden hat, kann man unterschiedlicher Meinung sein.

Die Kunst des Verstehens entsteht aus der Kunst des Fragens. Fragen erzeugen Emotionen und lösen Denkprozesse aus. Sie können beruhigen, motivieren, Probleme einkreisen oder den Blick auf das Ziel richten. Fragen erwarten eine Antwort und ermöglichen dem Klienten, für sich neue Sichtweisen und Lösungen zu entdecken. In seinen Antworten auf unsere Fragen wird der Klient für sich selbst „hörbar" und kann mit seiner vielgestaltigen Tiefenstruktur in Kontakt kommen.

Fragen lassen ein Gespräch entstehen und öffnen uns die Tür zu unserem Gesprächspartner. Eine geschickte Fragetechnik verhilft dazu, eine positive Atmosphäre zu schaffen und mehr Informationen über den Gesprächspartner und dessen Ziele in Erfahrung zu bringen. Die Wertschätzung des Job-Coachs für den Klienten in seiner Welt drückt sich in den Fragetechniken aus, die er anwendet. Im Gegensatz zu machtorientierten Gesprächen nutzen wir in Coaching-Prozessen verständigungsorientierte Fragetechniken. Die folgende kurze tabellarische Zusammenfassung gibt die wesentlichen Unterschiede wieder:

Verständigungsorientierte Gespräche	Machtorientierte Gespräche
■ Ergebnisoffener Gesprächsverlauf ■ Primäre Gesprächsziele sind, verstehen / verstanden zu werden ■ Miteinander reden / Austausch ■ Aufmerksam zuhören ■ Nachfragen / Paraphrasieren ■ Offenheit ■ Wahrhaftigkeit ■ Empathie ■ Win-Win-Situation	■ Feste Meinung ■ Den eigenen Standpunkt verteidigen ■ Jemand überreden ■ Weghören / Ignoranz ■ Gegeneinander handeln ■ Die andere Meinung widerlegen ■ Manipulation ■ Gefühle oder Argumente als Druckmittel einsetzen ■ Win-Lose-Situation

Tabelle 6: Verständigungsorientierte vs. machtorientierte Gespräche

Fragetechniken sind die Nummer-eins-Methode im Online-Coaching und können methodisch dafür sorgen, dass ein Gespräch „besser" verlaufen kann. Nicht bei jeder Art von Gespräch werden alle Fragetechniken benötigt. Sie entscheiden, welche Fragetechniken Sie für Ihr Gespräch auswählen und wie Sie sie kombinieren.

8.1 Columbo oder Holmes? Zwei Haltungen – zwei Vorgehensweisen

Als Job-Coachs können wir die innere Landkarte unseres Klienten mit zwei unterschiedlichen Perspektiven erkunden. Wir gehen zielorientiert, fokussiert und gerichtet vor oder „ermitteln" intuitiv, ergebnisoffen und ungerichtet. Im Job-Coaching können wir uns zwei Krimihelden zum Vorbild nehmen. Wir können die innere Haltung und Vorgehensweise von Sherlock Holmes und Inspektor Columbo kopieren und wechselweise in ihre Rollen schlüpfen (Nevis 1983, zitiert nach Schlegel 2000).

Wie ermittelt der englische Meisterdetektiv? Sherlock Holmes ist ein genauer Beobachter, der Indizien und Beweise sammelt und aufgrund von Daten messerscharfe Schlussfolgerungen zieht. Er geht deduktiv vor, informiert sich systematisch und strukturiert und entwickelt so den Fall in seinem Kopf. Seine Aufmerksamkeit ist fokussiert, analytisches Denken und die eigenen Fachkenntnisse sind seine Werkzeuge. Er ist auf der Jagd nach entscheidenden Faktoren, um die richtigen Schlüsse ziehen zu können. Deshalb ist er akribisch, handelt direkt, ist aktiv und holt Informationen ein.

Wie ermittelt sein amerikanischer Kollege Columbo? Der hat vor allem zunächst einmal gar keinen Plan. Seine Aufmerksamkeit ist mal hier mal da, sein Vorgehen hat keine Struktur. Informationen sammelt er unsortiert, er verliert sich in Details und wartet ab, bis sich die wichtigen Informationen zeigen. Seine Erscheinung wirkt naiv, langsam, unbeholfen und zerstreut. Er redet wenig und hört zu, es ist ihm unwichtig, etwas zu diagnostizieren. Diffus verarbeitet er Informationen, bis „etwas" in seinem Inneren Gestalt annimmt. Columbo ist wie ein Schwamm, der alles aufsaugt. Irgendwelche wichtigen Hinweise werden schon dabei sein. Bis es so weit ist, taucht er in die Umgebung ein und nimmt kaum Gestalt an.

Wir haben die Erfahrung gemacht, dass ein Wechsel der beiden Vorgehensweisen den Prozess gut unterstützt.

8.2 Wie fragen Sie als Job-Coach? – Das Fragen-Sakko

Das Fragen-Sakko gibt Ihnen bildhaft eine Orientierung, wie Sie als Job-Coach fragen können.

Systemisch
anlassbezogen
Konkret
kurz
Offen

Auf den folgenden Seiten finden Sie Fragetechniken, die Sie im Gespräch mit Ihren Klienten gut nutzen können. Für den Einstieg in das Coaching-Gespräch haben wir Ihnen eine Auswahl an Fragen zusammengestellt, mit denen Sie die Energie des Gesprächs positiv beeinflussen können.

Aktivierende und energetisierende Fragen für den Einstieg:

- Was kann ich für Sie tun?
  Impliziert: Ich tue etwas für Sie.
- Was möchten Sie für sich tun?
  Impliziert: Sie möchten etwas für sich tun.
- Worum geht es?
  Fokus auf der Sache
- Was ist Ihr Anliegen?
  Fokus liegt auf dem Klienten
- Was ist Ihr Ziel für heute?
  kleiner Zielhorizont
- Was möchten Sie hier im Coaching erreichen?
  großer Zielhorizont

8.2.1 Offene und geschlossene Fragen

Offene Fragen werden auch W-Fragen oder Informationsfragen genannt, da sie immer mit einem Fragewort beginnen. Sie bezeichnet sie als „offen“, weil sie Ihren Gesprächspartner aktivieren und eine völlig offene Beantwortung der Frage ermöglichen. Sie ermutigen Ihren Gesprächspartner, zu erzählen sowie ausführlich das Problem und die Lösungsversuche zu beschreiben. Stellen Sie offene Fragen, bekunden Sie Interesse und neigen sich Ihrem Klienten zu.

W-Fragen sind für Journalisten die Arbeitsgrundlage und der Ausgangspunkt einer Recherche. Mit der Beantwortung der W-Fragen lässt sich ein Ereignis gänzlich rekonstruieren.

W-Fragen beginnen in der Regel mit einem Fragewort: Wer, wie, was, weshalb, wann, wo usw. Einzig die Warum-Frage ist in allen Coaching-Prozessen ein Tabu. Der Grund: „Warum“ ist in unserem Unterbewusstsein eher negativ besetzt – diese Frage bringt den Gefragten in eine Art „Verhörsituation“. Außerdem ist die Frage nach dem Warum häufig mit negativen Gefühlen aus unserer Kindheit verbunden („Warum hast du dein Zimmer nicht aufgeräumt?!“) und bewirkt, dass der Gefragte mit einer Verteidigung / Rechtfertigung antwortet.

Geschlossene Fragen schaffen eine kurze, straffe Gesprächsführung, bringen allerdings wenige Informationen. Diese Fragen heißen „geschlossen", weil sie der Gesprächspartner nur mit „Ja" oder „Nein" beantworten kann, und sollten im Coaching dann eingesetzt werden, wenn Entscheidungen anstehen oder eine klare Positionierung nötig ist. Eine „Überdosis" an geschlossenen Fragen birgt die Gefahr, im Prozess in einen Frage-Antwort-Dialog zu verfallen.

	Offene Fragen	**Geschlossene Fragen**
Inhalt	Was passierte? Was könnte dafür der Grund gewesen sein? Wie bewerten Sie die Situation? Welche anderen Faktoren spielten eine Rolle?	Sind Sie direkt dorthin gefahren? Waren sie dort alleine? Geht es Ihnen jetzt wieder gut? Sind Sie bis zum Schluss geblieben?
Gefühle	Wie fühlen Sie sich dabei? Was passiert in diesen Momenten mit Ihnen? Was geht in Ihnen vor? Wie empfinden Sie jetzt die Situation?	Sind Sie böse / sauer / wütend? Haben Sie das damals auch gleich gefühlt? Macht Sie das glücklich? Geht es Ihnen gut?
Absichten	Was haben Sie jetzt vor? Was wollen Sie damit erreichen? Wozu würden Sie „Nein" sagen? Was beabsichtigen Sie damit?	Wollen Sie dieser Vereinbarung nachkommen? Wollen Sie das alleine machen? War es Ihre Absicht, sich so zu verhalten? Möchten Sie sich für unser nächstes Gespräch darauf vorbereiten?

Tabelle 7: Offene und geschlossene Fragen im Vergleich

8.2.2 Weitere Frageformen

Alternativfragen lassen dem Gesprächspartner zwei Alternativen zur Beantwortung. Sie stellen eine Mischform zwischen offener und geschlossener Frage dar. Sie haben eine ähnliche Funktion wie die geschlossenen Fragen, eignen sich aber auch, um das Gespräch voranzubringen, aus vielen Möglichkeiten zwei zu benennen und diese gegeneinander abzuwägen.

Beispiele:
„Nehmen Sie Tee oder Kaffee?"
„Entscheiden Sie sich für den Teilzeit- oder den Vollzeitjob?"
„Möchten Sie am Freitag um 11 Uhr oder um 15 Uhr kommen?"
„Werden Sie das Gespräch telefonisch oder persönlich führen?"

Paraphrasieren / Kontrollfragen: Die Kontrollfrage dient der laufenden Überprüfung des Gesprächsverlaufs und der Vermeidung von Missverständnissen.

Beispiele:
Habe ich Sie richtig verstanden, dass Sie die dritte Variante bevorzugen?
Das heißt also, wenn Sie bei Ihrem Berater waren, setzen Sie sich wieder mit mir in Verbindung?

Gegenfragen: Was passiert, wenn uns unser Klient eine Frage stellt und wir darauf die Antwort wissen? Automatisch springt unser Gehirn an und formuliert bereits eine passende Antwort / Lösung. Doch bevor wir diese aussprechen, sollten wir kurz innehalten und eine hilfreiche Gegenfrage formulieren, um den Klienten zur Reflexion zu aktiveren. Sonst laufen wir Gefahr, Ratschläge zu erteilen.

Beispiel:
KLIENT: „Ich weiß nicht was ich tun soll. Was würden Sie an meiner Stelle machen?"
JOB-COACH: „Wie haben Sie denn in der Vergangenheit für sich gute Entscheidungen getroffen?"

Suggestivfragen: Im Coaching empfehlen wir, auf Suggestivfragen zu verzichten. Sie beeinflussen und nötigen den Klienten, denn in die Frage wird die Antwort bereits implizit eingebaut.

Beispiele:
„Herr / Frau ..., ich bin sicher, Sie sind genau wie Ihr Chef an einer schnellen Lösung interessiert."
„Da bietet sich für Sie wohl vor allem die erste Alternative an, weil Sie keine andere Wahl haben."

Ressourcenorientierte Fragen: Die Aktivierung der Ressourcen unterstützt die Klienten dabei, für sich Energie freizusetzen. Der Job-Coach kann zum Beispiel ...

- Symptome als mögliche Ressourcen prüfen: „Wie stark fühlen Sie sich, wenn Sie so wütend sind?"
- persönliche Eigenschaften erkennen lassen: „Für mich sieht das so aus, als ob Sie ausgesprochen ausdauernd ihre Ziele verfolgen. Was meinen Sie dazu?"
- Schwachstellen in mögliche Stärken umdeuten: „Sie sagen, Sie sind zu alt für diesen Konkurrenzdruck. Was können Sie denn besser, weil Sie älter sind?"
- nach positiven Dingen, die Bestand haben, fragen: „Was möchten Sie in Ihrem Verhältnis gern so bewahren, wie es ist?" „Was soll so bleiben, was soll Bestand haben?"
- nach Ausnahmen fragen: „Wann ist das Problem nicht aufgetreten?" „Gibt es Phasen, wo Sie das Problem nicht so wahrnehmen?"

8.2.3 VAKOG-Fragen

Besonders in Momenten, in denen es wichtig wird, die Gefühle des anderen anzusprechen, können die Techniken des Neurolinguistischen Programmierens (NLP) hilfreich sein. Die Sprache und das Verhalten eines Menschen geben Aufschluss darüber, wie dieser Mensch bevorzugt seine Informationen verarbeitet. Ein visueller Typ versteht besser, wenn in Sprachbildern kommuniziert wird. Auditive Typen hören gerne „klangvolle" Begriffe. Menschen, die stark im Gefühl leben, brauchen Gewissheit darüber, ob sich alles Gesagte auch passend anfühlt. Ebenso erleichtern Fragen nach dem Riechen und Schmecken manchen Personen den Zugang zu ihren vorhandenen Erinnerungen und Ressourcen.

Hinter dem Begriff VAKOG verbergen sich die fünf Sinne, die uns zur Verfügung stehen, um die uns umgebende Welt zu erfassen.

VAKOG – unsere fünf Sinne

Visuell (sehen)
Auditiv (hören)
Kinästhetisch (fühlen)
Olfaktorisch (riechen)
Gustatorisch (schmecken)

Wer mit VAKOG arbeitet, stellt seinen Klienten auf allen Sinneskanälen Fragen nach Erlebnissen und Wahrnehmungen. Damit erreichen wir, dass Geschehnisse aus der Vergangenheit ebenso wie Visionen erinnert werden bzw. entstehen und wahrhaftig und (wieder) erlebbar werden. VAKOG eignet sich auch insbesondere für den Wechsel von dissoziativen Zuständen (= Ich spreche über eine Situation) zu assoziativen Zuständen (= Ich bin in der Situation). Der Job-Coach stellt dem Klienten Fragen, die seine sinnlichen Erinnerungen aktivieren. Auch Wunschsituationen können mit VAKOG visioniert und erlebt werden.

Beispiele:

Visuell: Was haben Sie gesehen? Wie sah es dort aus?
Auditiv: Was haben Sie gehört? Welche Geräusche haben Sie wahrgenommen?
Kinästhetisch: Was haben Sie gespürt? Wie fühlte es sich an?
Olfaktorisch: Wie roch es dort? Gab es einen bestimmten Geruch, den Sie mit der Situation verbinden?
Gustatorisch: Gab es etwas, was sie geschmeckt haben?

Neben den Fragen nach den Sinneskanälen, nutzen wir das VAKOG-Modell im Job-Coaching auch, um den Informationsfluss mit sprachlichen Mitteln zu verbessern. Wir alle nehmen unsere Umwelt mit allen fünf Sinnen wahr, doch bei jedem von uns sind einzelne Sinne unterschiedlich stark ausgeprägt. Der eine filtert seine Umwelt stärker visuell, ein anderer nimmt sie vorwiegend hörend oder fühlend wahr. Ausgehend von der Annahme, dass jeder Mensch in der Regel zwei Haupt-Sinneskanäle bevorzugt nutzt, lässt sich durch das Verwenden bestimmter sinnesspezifischer Wörter beeinflussen, wie viele der von mir vorgebrachten Informationen bei meinem

Gegenüber ankommen. Um Impulse oder Ideen nachhaltig anzubieten, können wir auf den bevorzugten Sinneskanälen des Gegenübers „senden".

Beispiele für prozessorientierte Fragen des Job-Coachs entsprechend der VAKOG-Präferenzen:

Visuell: Wie sehen Sie die Situation?
Auditiv: Wie klingt das für Sie?
Kinästhetisch: Können Sie sich vorstellen, dieses Vorhaben anzupacken?
Olfaktorisch: Was riecht in diesem Zusammenhang für Sie nach Ärger?
Gustatorisch: Was schmeckt Ihnen an dieser Situation nicht?

Nehmen Sie bewusst wahr, welche Sinneskanäle Ihr Klient in seiner Sprache bevorzugt. Vor allem vier Typen werden Ihnen begegnen:

Der visuelle Typ (er sieht)

Äußerung des Klienten: „Ich versuche, den Überblick zu behalten."

Frage des Job-Coachs: „Von welchem Standpunkt aus müssten Sie schauen, um die Situation in ihrer Gesamtheit zu erkennen?"

Der auditive Typ (er hört)

Äußerung des Klienten: „Das klingt alles nachvollziehbar."

Frage des Job-Coachs: „Und wie hörte sich die Reaktion der anderen an?"

Der olfaktorische Typ (er riecht)

Äußerung des Klienten: „Diese Arbeitsweise stinkt mir."

Frage des Job-Coachs: „Nach was riecht es denn für Sie?"

Der kinästhetische Typ (er fühlt/ertastet)

Äußerung des Klienten: „Hier wehen Veränderungen durchs Haus."

Frage des Job-Coachs: „Empfinden Sie das als frischen Wind – oder eher als gefährlichen Sturm?"

Um herauszubekommen, welches das bevorzugte Repräsentationssystem des Klienten ist, können Sie den folgenden Test durchführen. Bitten Sie Ihren Klienten dafür, möglichst spontan die folgenden Felder anzukreuzen:

	sehen	hören	riechen	fühlen	schmecken
Auto					
Kaffee					
Eis					
Ring					
Computer					
Schokolade					
Stift					
Baum					
Sonne					
Buch					
Luftballon					
Telefon					
Meer					
Flugzeug					
Gummi					
Kamin					
Keksdose					
Couch					
Kino					
Stempel					
Summe =					

8.2.4 Systemische Fragetechniken

Systemische Fragen eröffnen neue Perspektiven und helfen, alte Sichtweisen differenzierter zu betrachten. Sie verdeutlichen Beziehungen zwischen verschiedenen Personen und Systemen wie z. B. Gruppen, Arbeitsumfeld oder Familie. Dabei regen systemische Fragen die Fantasie, Gedanken und Reflexionen an und eröffnen die Möglichkeit, neue Lösungsideen zu generieren.

Sie finden im Folgenden eine Auswahl an systemischen Fragetechniken, die sich in unserer Arbeit besonders bewährt haben.

Skalierungsfragen werden in der systemischen Therapie eingesetzt, um Dinge zu erfahren, die zunächst nicht oder nur schwer messbar sind. Wir können mit ihnen subjektives Erleben wie Zufriedenheit, Annehmbarkeit, Motivation, Gefühle, Ist-Zustände, Visionen und Fortschritte erfragen und vergleichen. Sie eignen sich besonders gut, wenn eine Veränderung lösungsorientiert erreicht werden soll. Sie sind ein einfaches, aber wirkungsvolles Instrument, den Klienten darin zu begleiten, sein Verhalten, Denken oder seine Leistung zu reflektieren oder zu verändern.

In der Regel sprechen wir von einer **Skala von 0 bis 10**, wobei 0 für die schwächste und 10 für die stärkste Ausprägung steht. Der Klient kann bei dieser Frage einen Wert nennen, ohne genau definieren zu müssen, was dieser Wert konkret bedeutet. Im Prozess stellt der Job-Coach Fragen zu den Skalenwerten; er fragt nach „oben" und nach „unten", um das Bewusstsein des Klienten in Bezug auf die Fragestellung zu schärfen.

Beispiele:

JOB-COACH: „Auf einer Skala von 1 bis 10 – 1 bedeutet ‚überhaupt nicht', 10 ‚ganz und gar' –, wie zufrieden sind Sie mit Ihren jetzigen Bewerbungsunterlagen?"

KLIENT: „Na sagen wir mal 4."

JOB-COACH: „Was müsste passieren, dass Sie einen Punkt höher kommen?"

KLIENT: „Das Foto ist nicht gut. Wenn das Foto besser wäre, dann würde ich eine 5, vielleicht sogar eine 6 geben."

JOB-COACH: „Wie haben Sie es geschafft, von 1 auf 4 zu kommen?"

KLIENT: „Ich hab das Zeugnis von meinem Arbeitgeber eingescannt und die einzelnen Stationen in den Lebenslauf integriert und ich hab das Ganze auch optisch schon mal in Form gebracht."

Job-Coach: „Was wäre anders, wenn Sie z. B. von 4 nach 5 gelangen würden?"
Klient: „Ich würde mich sicherer fühlen, wenn ich meine Bewerbung verschicke. Sie wäre dann ein besseres Aushängeschild für mich."
Job-Coach: „Was müsste mit den Unterlagen noch passieren, damit sie den Skalenwert 5 vergeben könnten?"
Klient: „Die Beschreibungen meiner Tätigkeiten sind ungenau und es fehlen Dinge. Mit dem Anschreiben bin ich nicht zufrieden, aber ich weiß nicht, was ich schreiben soll."

Wenn wir mit dem Klienten ganz akribisch die Kriterien herausarbeiten, die ihm von einer 4 beispielsweise auf eine 5 verhelfen werden, dann verfügen wir auch über konkrete Anhaltspunkte, die den Klienten unterstützen können, von einer 5 auf eine 6 zu kommen. Hier geht es nicht gleich darum, von einer 4 auf eine 7 zu gelangen, sondern sich vielmehr in kleinen Schritten dem Ziel zu nähern.

Triadische Fragen / zirkuläre Fragen: Die triadische Frageweise unterstützt ein „Mutmaßen über die anderen", weshalb die Klienten angeregt werden, ihre Vermutungen über Wünsche, Bedürfnisse, Meinungen, Beziehungen usw. anderer Beteiligter zu äußern. In diesem Sich-wechselseitig-aufeinander-Beziehen werden neue Denkprozesse eingeleitet und Veränderungen möglich.

Diese Art der Fragen wurde in der systemtherapeutischen Praxis entwickelt und wird dort heute erfolgreich eingesetzt, um Prozesse in Beziehungssystemen aufzudecken. Starre Kommunikations- und Interaktionsmuster, die Konflikte innerhalb des Systems verursachen, „verflüssigen" sich durch gezielte Perspektivwechsel, indem ein Geschehen aus verschiedenen Positionen betrachtet wird.

Beispiele:
- „Was, glauben Sie, denkt Ihre Frau, wie es Ihnen im Moment geht?"
- „Was, glauben Sie, würden Ihnen Ihre Freunde raten?"
- „Wie würde eine gute Freundin / guter Freund an Ihrer Stelle reagieren?"
- „Wenn wir ehemalige Kollegen und Kolleginnen fragen würden, wie würden die Sie beschreiben?"
- „Was würde Ihr ehemaliger Chef / Ihre ehemalige Chefin über Ihre Fähigkeiten berichten?"

Triadische / zirkuläre Fragen kann man auch mit einer Skalenabfrage verbinden: „Auf einer Skala von 1 bis 10 – 1 steht für sehr unzufrieden und 10 steht für sehr zufrieden –, wo, glauben Sie, würde ihr Berater Ihre Bewerbungsunterlagen einstufen?“

Klassifikationsfragen zielen auf qualitative Unterschiede ab. Der Klient soll einstufen, welche Rangfolgen Akteure einer interaktiven oder kommunikativen Situation jeweils einnehmen. Dabei werden Unterschiede in Sichtweisen und Beziehungen greifbar.

Beispiele:

- „Wer würde als Erster ..., wer zuletzt ...?“
- Wenn man eine Rangfolge in Bezug auf ... erstellen wollte, wer käme an erster Stelle, an zweiter Stelle ... an letzter Stelle?“
- „Angenommen, jemand möchte den Dialog abbrechen, wer wäre der Erste, wer der Zweite, ...?“
- „Wer freut sich über ... am meisten? Wer am wenigsten?“
- „Wer ist am aktivsten, wer ist am wenigsten aktiv?“

Prozentfragen ermöglichen unter anderem eine bessere Differenzierung und Präzisierung von Ideen, Überzeugungen, Stimmungen, Krankheitskonzepten, Meinungen voneinander usw. in quantitativer Hinsicht. Je nach Bedarf können zusätzliche Skalierungen eingesetzt werden.

Beispiele:

- „Zu wie viel Prozent halten Sie dies für ... und zu wie viel Prozent hingegen für ...?“
- „Zu wie viel Prozent halten Sie Ihr Problem für ein fachliches, zu wie viel Prozent für ein persönliches?“
- „Wie hoch schätzen Sie in Prozent Ihre Standfestigkeit in Bezug auf die Entscheidung ein?“
- „Ab wie viel Prozent würden Sie sagen können, dass Sie für sich mit der Lösung zufrieden sind?“
- „Wie viel Prozent fehlen Ihnen im Moment noch, damit Sie sagen können, ich *kann* das?“

Übereinstimmungsfragen haben zweierlei Funktionen. Zum einen geben sie Hinweise auf Koalitionen, zum anderen geben sie die Möglichkeit des Feedbacks zu vorliegenden Äußerungen.

Beispiele:
„Wer stimmt mit wem überein / nicht überein?“

- „Stimmen Sie dem zu oder sehen Sie das anders?“
- „Y denkt, Sie hätten einen engeren Bezug zu X als zu Y. X sieht es genau umgekehrt. Welcher Sicht stimmen Sie zu?“
- „Sind Sie der gleichen Meinung wie Ihr Lebenspartner oder sehen Sie die Situation anders?“
- „Können Sie mehr der Argumentation von X oder der von Y folgen?“

Subsystemvergleichsfragen: Durch Subsystemvergleiche werden empfundene Unterschiede und Gemeinsamkeiten verschiedener Gruppierungen im sozialen System verdeutlicht. Koalitionen sowie deren Bedingungen werden direkt erfragt. Vermeintliche Tabuthemen werden dabei nicht umgangen.

Beispiele:

- „Wer macht Ihrer Meinung nach was mit wem zusammen?“
- „Welche unterschiedlichen Spielregeln gibt es für Sie in unterschiedlichen Beziehungen?“
- „Wie durchlässig oder verschlossen sind für Sie die Generationsgrenzen / Machtgefälle …?“
- „Welche Koalitionen und Allianzen sind in Ihrer Wahrnehmung zuverlässig und berechenbar?“
- „Wer hat Ihrer Meinung nach die engste Beziehung zueinander?“

8.2.5 Hypothetische Fragen

Hypothetische Fragen zielen meist auf die Zukunft ab und bieten dem Klienten die Möglichkeit, neue Blickwinkel und Lösungsansätze in Gedanken durchzuspielen. Hier geht es weniger darum, ein Problem konkret zu lösen, als vielmehr um eine Evaluation der Durchführbarkeit neuer Wege, Lösungen und Wunschvorstellungen. Die Person beschreibt und erlebt auf diese Weise mögliche Szenarien, um ihr Problem zu lösen oder die gewünschte Veränderung herbeizuführen.

Beispiele:

Angenommen, dass …

- … Zeit in diesem Fall gar keine Rolle spielt. Wie würden Sie die Herausforderung angehen?
- … Sie noch mehr erreichen möchten und hier nicht enden wollen. Was müssten Sie tun?
- … Ihre Kräfte unbegrenzt wären: Wie sähe der Idealzustand aus?
- … Sie ganz allein eine Entscheidung herbeiführen könnten. Was bräuchten Sie für eine gute Entscheidungsfindung?
- … Ihr Problem dauerhaft gelöst wäre. Was haben Sie dafür unternommen?

8.2.6 Paradoxe Fragen

Menschen, die etwas an sich verändern wollen, erfahren meist sehr schnell, wie schwer das sein kann. Veränderungen können den Alltag „auf den Kopf stellen" und auch das Verhältnis zu anderen Menschen beeinflussen. Hier setzt die paradoxe Intervention an, eine von Viktor Frankl im Jahr 1939 beschriebene Methode. Als Leiter der neurologischen Station des Rothschild-Spitals in Wien hatte er die Idee, dass sich manche Probleme wahrscheinlich einfacher und effektiver auf einem indirekten Wege lösen ließen.

Frankl forderte seine Patienten auf, problematische Verhaltensweisen nicht zu bekämpfen, sondern zunächst zu akzeptieren und sogar übertrieben zu unterstützen und zu fördern. Menschen, die bei Aufregung zum Stottern neigten, sollten versuchen, absichtlich noch viel mehr zu stottern. Wer unter zwanghaftem Händewaschen litt, sollte sich gar doppelt so häufig die Hände zu waschen wie bisher. Frankl nannte das „Symptomverschreibung": eine Behandlung, die das Gegenteil von dem verordnet, was sie eigentlich erreichen will.

Auf den Job-Coaching-Kontext übertragen könnte man den paradoxen Ansatz folgendermaßen nutzen: „Was müssten Sie tun, damit der Konflikt in drei Tagen doppelt so heftig ist wie jetzt?" Über diese paradoxe Frage kann sich der Klient distanzieren und es kann Bewegung in eine Konfliktlösung hineinkommen.

Über paradoxe Interventionen macht man sich Widerstände zunutze und verkehrt sie ins Gegenteil. Das Problem wird nicht bekämpft, sondern stark übertrieben. Man kann es auf humorvolle Weise sehen und hat plötzlich neue Möglichkeiten, sein Verhalten zu steuern. Gerade in festgefahrenen Situationen, in denen der Klient keinen Zugang zur Lösung seines Anliegens findet, kann die paradoxe Intervention Verkrustungen aufbrechen.

Ein Beispiel aus unserer Praxis:

Einem Klienten, der sich zwanghaft um sein Haustier kümmert, schlagen wir vor, sich täglich eine Stunde „Sorgezeit" zu reservieren. Er soll dann das Tier ganz genau beobachten und jedes Detail, das er wahrnimmt, notieren. In der folgenden Sitzung berichtet er, er habe das einmal gemacht und dann sei es ihm zu blöd gewesen: „Ich kann doch nicht die ganze Zeit mein Haustier beobachten! Da bleibt ja keine Zeit mehr, etwas anderes zu tun." Seine überzogenen Kontrollen kann er in der Folgezeit auf ein normales Maß zurückfahren.

Eine Geschichte[1]

Es ist Mittagszeit und ein älterer Mann sitzt auf einer Bank im Park. Da kommen einige Jungs im Teenageralter vorbei, die ihn beschimpfen. Beim ersten Mal versucht der Mann, sie zu vertreiben, und beschimpft sie ebenfalls. Am nächsten Tag das gleiche Spiel. Am dritten Tag hat er einen Einfall: Er ruft die schimpfenden Jungs zu sich und lobt sie für das, was sie tun. Wenn sie am nächsten Tag wiederkommen, so verspricht er ihnen, spendiert er ein Eis. Am nächsten Tag sind die Jungs wieder zur Stelle und beschimpfen den alten Mann, so gut sie können. Dieser macht sein Versprechen wahr und lobt sie dafür, spendiert ihnen ein Eis und sagt: „Morgen sehen wir uns wieder. Wenn ihr gut schimpft, bezahle ich euch wieder ein Eis." Doch am nächsten Tag ist keiner von ihnen mehr gekommen.

---

1 Diese Geschichte wird Mark Twain zugeschrieben und in der Literatur oft als Beispiel für eine paradoxe Intervention angeführt.

9. Standortbestimmung

Die berufliche Laufbahn ist zu einer lebenslangen Herausforderung geworden und erfordert ein strategisches Vorgehen. Der sich rasch wandelnde Arbeitsmarkt verlangt von uns allen zunehmend mehr Flexibilität und Selbstverantwortung. Oft lässt sich die berufliche Entwicklung aufgrund externer Faktoren nicht kurzfristig planen. Private Ereignisse oder berufliche Unwägbarkeiten, wie z. B. Zeitverträge, erschweren eine zuverlässige Prognose des eigenen beruflichen Werdegangs.

Der Job-Coaching-Prozess bietet dem Klienten die Möglichkeit zur beruflichen Standortbestimmung. Die Fragen „Was kann ich?", „Was will ich?" und „Wie ist der Bedarf auf dem Arbeitsmarkt?" beschäftigen uns dann. Mit dieser Analyse definieren Klient und Job-Coach das optimale Arbeitsumfeld und die bevorzugten beruflichen Tätigkeitsfelder. Dies erleichtert die Stellensuche und ermöglicht eine zielgerichtete und erfolgreiche Bewerbung.

9.1 Analyse

Erste Phase: Was kann ich? Mithilfe dieser Frage wird sich der Klient seiner Fähigkeiten, Fertigkeiten und Talente bewusst. Stärken und Schwächen werden erörtert, berufliche Erfahrungen ausgewertet, Misserfolge und Erfolge beleuchtet. Aufgrund dieser Analyse kann der Klient entscheiden, auf welche Säulen er seine berufliche Weiterentwicklung aufbauen möchte.

Zweite Phase: Was will ich? Um sich bewusst zu werden, was die eigenen beruflichen Entscheidungen beeinflusst, beschäftigen sich Job-Coach und Klient mit persönlichen Eckpfeilern, wie Motivation, Werte und Vorstellungen, und entdecken, welche Tätigkeiten leicht von der Hand gehen und gern erledigt werden. Sie ermitteln auch die bevorzugten Arbeitsbedingungen. Im Ergebnis verfügt der Klient über sein persönliches „Best of" an gewünschten Job-Inhalten sowie eine konkrete Analyse bevorzugter Job-Umfelder. Beides dient ihm als Kompass für seine berufliche Weiterentwicklung.

Dritte Phase: Wer bin ich? Führen wir ein Leben, das gut zu uns passt, sind wir eher glücklich, entspannt oder zufrieden. Um zu entscheiden, welches Leben wir leben möchten, müssen wir erkennen, was uns wichtig ist und was wir brauchen. Die Frage „Wer bin ich wirklich?“ eröffnet einen fortlaufenden und intensiven Prozess, der, weil wir uns stetig verändern, nie ganz abgeschlossen sein wird.

Vierte Phase: Wie ist der Bedarf auf dem Arbeitsmarkt? Ist der eigene Standort bestimmt, kann die Auseinandersetzung mit dem Arbeitsmarkt beginnen. Für Sie als Job-Coach heißt das konkret: Sie sichten mit Ihrem Klienten die Lage auf dem Arbeitsmarkt und suchen nach geeigneten Stellen.

Jeder Klient ist anders „gestrickt“; die einen sprechen besser auf analytisch-strukturierende Interventionen an, die anderen haben es gerne etwas kreativer. Im Folgenden bieten wir Ihnen eine Auswahl an Möglichkeiten an, die für eine Standortbestimmung genutzt werden können.

9.2 Analytisch-strukturierende Methoden

9.2.1 Kompetenz-Check

Im Kompetenz-Check lautet die Frage: „Was kann ich?“ So wird der Kenntnisstand ermittelt und Kernkompetenzen und Entwicklungsfelder werden anschaulich visualisiert. Ein Kompetenz-Check lässt sich vielfältig einsetzen.

Ziel: Dem Klienten transparent machen, über welche Fähigkeiten, Fertigkeiten und Erfahrungen er verfügt. In einem zweiten Schritt gilt es abzugleichen, welche Kompetenzen dem Klienten noch fehlen.

Umsetzung:

Schritt 1: Zeichnen Sie drei Spalten und versehen Sie diese mit folgenden Überschriften: Fachkompetenzen, Methodenkenntnisse und soziale Fähigkeiten. Füllen Sie dann die Spalten gemeinsam mit Ihrem Klienten aus.

Spalte 1: Zu den Fachkompetenzen zählen z. B. Sprachkenntnisse, spezifisches Berufswissen, betriebswirtschaftliche Kenntnisse etc.

Spalte 2: Zu den Methodenkenntnissen gehören z. B. Erfahrungen mit Projektmanagement, Qualitätsmanagement, Präsentation und Moderation.

Spalte 3: Unter „soziale Fähigkeiten" könnte man z. B. Kontaktfähigkeit, Problemlösefähigkeit, Flexibilität etc. aufführen.

Schritt 2: Im Anschluss stuft der Klient jede seiner in den Spalten 1 und 2 ermittelten Kompetenzen auf einer dreiteiligen Skala ein, mit den Skalenangaben „Starter", „Praktiker" und „Spezialist".

Ein „Starter" verfügt zwar über theoretisches Wissen, hat aber wenig Anwendererfahrung in diesem Bereich.

„Praktiker" haben das theoretische Wissen bereits vielfach angewendet und reagieren auch in unvorhergesehenen Situationen angemessen und flexibel.

„Spezialisten" sind in der Lage, ihre Kompetenz intuitiv anzuwenden und mögliche Geschehnisse zu antizipieren. Sie finden neue Lösungswege und arbeiten dabei weitgehend selbstorganisiert.

Für die Beurteilung der sozialen Fähigkeiten in Spalte 3 bietet sich eine Skalierung nach folgenden Bereichen an: „gering ausgeprägt", „ausgeprägt" und „stark ausgeprägt".

Schritt 3: Die Einstufung der momentan vorhandenen Kompetenzen (Ist-Profil) des Klienten kann im Abgleich mit den Anforderungen in Stellenanzeigen oder Stellenbeschreibungen (Ist-Soll-Abgleich) erfolgen. Sollten sich für interessante mögliche Berufsfelder Qualifizierungsdefizite zeigen, so können Sie mit Ihrem Klienten den konkreten Weiterbildungsbedarf ermitteln.

9.2.2 *Job-Triade*

Die Job-Triade mit den Dimensionen Laufbahn, Lebensgeschichte und professioneller Werdegang ist auf die Basis-Triade von Rappe-Giesecke (2007; siehe auch Kap. 5.4) zurückzuführen. Hier geht es um die Fragen „Was kann ich?" und „Was will ich?". Diese Methode ist besonders für bislang aktive Professionals, Selbstständige und Freiberufler sowie für Fach- und Führungskräfte geeignet, die ihre berufliche Entwicklung mit dem Begriff „Karriere" beschreiben würden.

Ziel: Positionsbestimmung, systematische Erhebung des beruflichen Ist-Zustandes, Themen ordnen, mögliche Fragestellungen präzisieren und die nächsten Schritte ableiten.

Umsetzung:

Schritt 1: Sie benötigen ein etwa zehn Meter langes Seil, Stifte, runde Metaplankarten, beschriftet mit den drei Dimensionen:

- Laufbahn
- Lebensgeschichte
- professioneller Werdegang

Zum Mitschreiben der Antworten benötigen Sie außerdem weitere (eckige) Karten.
Erhebung der Daten: Legen Sie mit dem Seil drei Schlaufen, in die Sie die drei „Dimensionskarten" legen. Bitten Sie Ihren Klienten, sich in eine dieser Schlaufen (z. B. in die mit der Karte „Laufbahn") hineinzustellen. Stellen Sie ihm folgende Fragen: Welche Themen sind hier im Moment für Sie wichtig? Was beschäftigt Sie?
Notieren Sie die Antworten des Klienten in Stichworten auf Karten und legen Sie sie in die Schlaufe. Dasselbe wiederholen Sie mit der zweiten und dritten Schlaufe.

Schritt 2: Stellen Sie sich mit Ihrem Klienten außerhalb der Schlaufen und bitten Sie ihn zu beschreiben, was ihm auffällt. Ergänzen Sie im Anschluss Ihre Beobachtungen. Eventuell ergänzen oder sortieren Sie die Karten gemeinsam.

Schritt 3: Fragen Sie Ihren Klienten, welche Dimension im Moment welche Bedeutung für seine berufliche Entwicklung / Karriere hat. Dann fordern Sie ihn auf, die Bedeutung der Bereiche durch die Größe der Schlaufen zu symbolisieren.

Schritt 4: Bitten Sie Ihren Klienten nun, sich nacheinander in die unterschiedlich großen Schlaufen zu stellen und eine emotionale Bewertung abzugeben. Fragen Sie Ihn, wie er sich fühlt, welchen Impuls er verspürt oder was ihm deutlich wird.

Schritt 5: Stellen Sie sich wieder mit Ihrem Klienten etwas außerhalb der Schlaufen. Jetzt geht es um die Bewertungen der Situation. Besprechen Sie mit ihm mögliche Konsequenzen und Handlungsoptionen. Sie stellen Ihrem Klienten folgende Fragen:

- Wie bewerten Sie Ihre Situation?
- Hat sich durch die Übung Ihre Fragestellung oder Problembeschreibung verändert? Hat sich Ihre bisherige Annahme bestätigt oder präzisiert?
- Ergeben sich aus dieser Analyse des Ist-Standes schon eine oder mehrere Optionen für die weitere berufliche Entwicklung/Karriere?

9.2.3 *Wandel-Triade*

Im Gegensatz zur Job-Triade liegt der Fokus bei der Wandel-Triade auf der Standortbestimmung, und zwar mit dem Blick in die Zukunft gerichtet, sowie auf der Ausrichtung der beruflichen Identität des Klienten. Neben „Was will ich?“ und „Was will ich nicht?“ geht es hier auch sehr stark um die emotionale Bewertung und die eigene berufliche Identität: „Wer bin ich?“. Das ist besonders für Klienten bedeutsam, die von Stellenverlust, Sinnkrisen oder gesundheitliche Einschränkungen betroffen sind.

Ziel: Das persönliche Erleben des Wandels herausarbeiten, den Wandel fühlbar, erlebbar und klarer machen.

Umsetzung:

Schritt 1: Sie benötigen Moderationskarten und ein oder mehrere Seil/e. Eine Moderationskarte mit der Aufschrift „Beruflicher Wandel“ wird mittig auf den Boden gelegt.

Schritt 2: Ausgehend von der beschrifteten Moderationskarte teilen Sie mit den Seilen sternförmig drei Bereiche ab. Diese Bereiche bilden die Kategorien „vernichten und erneuern“, „vermindern und vermehren“ und „bewahren und wiederholen“. Schreiben Sie die Kategorien auf Moderationskarten und legen Sie diese in das jeweilige Seil-Segment.

Schritt 3: Gehen Sie mit Ihrem Klienten die Fragen zu den einzelnen Bereichen durch. Die Antworten zu den einzelnen Fragen notieren Sie auf Moderationskarten und legen sie in die jeweiligen Bereiche ab.

Fragen zu „vernichten und erneuern“:
- Was möchten Sie verabschieden, was möchten Sie begrüßen?
- Was geht zu Ende, was ist das Neue?
- Was stirbt, was will geboren werden?

Fragen zu „vermindern und vermehren“:
- Wie können Sie zufriedener, glücklicher, erfolgreicher werden?
- Was möchten Sie in Zukunft mehr, was weniger tun?
- Was wollen Sie weiterentwickeln und ausbauen, was hingegen einschränken?

Fragen zu „bewahren und wiederholen“:
- Was wollen Sie bewahren und weiterhin achten?
- Wie können Sie leben, was Sie wollen, können und sind?
- Wie können Sie sich und Ihren Werten treu bleiben?

9.2.4 *Standort-Interview*

Die Integrale Theorie wurde von dem amerikanischen Philosophen Ken Wilber (2010) entwickelt, der die menschliche Persönlichkeit in vier Dimensionen betrachtet. Basis des integralen Ansatzes ist das Vier-Quadranten-Modell, das mit der These arbeitet, dass wir unsere Realität durch eine individuelle, kollektive, subjektive und / oder objektive „Brille“ sehen.

Wilber vertritt die Idee, dass alle vier Brillen wichtig sind, um die gesamte Persönlichkeit und die individuelle Realität eines Menschen zu erfassen. Oft entwickelt sich in einem Quadranten die Lösung eines Problems, weil in einem anderen bislang nicht beachteten Quadranten sich eine Problemlösung ergibt. Sie können die Integrale Theorie als eine Art „Karte“ nutzen, um zu sehen, worauf Ihr Klient viel oder wenig Aufmerksamkeit richtet. Manchmal zeigt sich, dass er nur in einem oder zwei Quadranten aktiv ist. Die Dinge können aber nur gelingen, wenn alle Quadranten berücksichtigt werden.

Ziel: Mithilfe der vier „Brillen“ die Lebenswelt des Klienten systematisch erfassen und den Ist-Zustand seiner Lebensbereiche beleuchten.

Umsetzung:

Schritt 1: Erfassen Sie die erste Dimension / den ersten Quadranten der Persönlichkeit Ihres Klienten. Fragen Sie nach seinen individuellen Fähigkeiten und seiner psychischen Verfassung. Erkunden Sie dafür die Bereiche: inneres Erleben und Gedanken, Erfahrungen und Fähigkeiten, Stärken und Potenziale, Weltbild und Selbstbild; Identifikation, Charakterstärken und Persönlichkeitsmerkmale.

Mögliche Fragen:
- Womit haben Sie schon ihr Geld verdient?
- Welchen Beruf haben Sie gelernt?
- Welche Berufserfahrungen haben Sie gesammelt?
- Welche Fähigkeiten haben Sie bei den einzelnen Tätigkeiten erworben?
- Wo genau haben Sie gearbeitet?
- Worin sehen Sie Ihre Stärken?
- Welche Fähigkeiten schätzen Sie an sich selbst?
- Was können Sie besonders gut?
- Wo sehen Sie Ihre ganz persönlichen Potenziale?
- Wie würden sie sich selbst beschreiben?
- Was motiviert Sie beruflich? Was motiviert Sie privat?

Schritt 2: Erfassen Sie nun mit Ihrem Klienten die zweite Dimension / den zweiten Quadranten seiner Persönlichkeit, in dem es um die körperliche Ebene geht. Erkunden Sie: Körper und Physis, den energetischen Zustand und die Körperhaltung sowie Verhalten und Handlungen des Klienten.

Mögliche Fragen:
- Wie würden Sie Ihre körperliche Verfassung beschreiben?
- Gibt es körperliche Einschränkungen?
- Wie wichtig sind Ihnen Sport und Bewegung?
- Wie gelingt es Ihnen, Ihre genannten Potenziale und Fähigkeiten umzusetzen?
- Wenn Sie Ihr Ziel erreicht haben, wie fühlen Sie? Wie denken Sie, wie verhalten Sie sich dann?

Schritt 3: Erfassen Sie die dritte Dimension / den dritten Quadranten der Persönlichkeit Ihres Klienten mit Fragen zu seiner Verortung in Gemeinschaften und Beziehungen. Erkunden Sie sein kulturelles Umfeld, seine Familie, Freunde, Bekannten und seine Kommunikation mit anderen.

Mögliche Fragen:
- Wie sieht Ihr privates Umfeld aus?
- Haben Sie Kontakt zu (ehemaligen) Kollegen?
- Wie geht es Ihnen in Ihrem Umfeld?
- Bei Klienten mit Migrationshintergrund: Wo haben Sie Kontakt mit Deutschen?
- Wie lernen Sie die Sprache? Wie haben Sie die Sprache gelernt?
- Woher kommen Sie?

Schritt 4: Erfassen Sie die vierte Dimension / den vierten Quadranten der Persönlichkeit Ihres Klienten. Fragen Sie nach seinem Verhalten in Systemen und Strukturen. Erkunden Sie soziale Strukturen, seine Position in ehemaligen Unternehmen, im Team, in der Familie.

Mögliche Fragen
- Sind Sie irgendwo Mitglied, in einem Verein, einer Partei etc.?
- In welchen Organisationen finden Sie sich wieder?
- Wo sehen Sie sich in einem Unternehmen? Als Angestellter? Mit Verantwortung?
- Könnten Sie sich auch vorstellen, als Freiberufler zu arbeiten oder sich selbstständig zu machen?
- Welche Rolle spielt Familie in Ihrem Leben?
- Welche Rolle(n) übernehmen Sie in Ihrer Familie?

Schritt 5: Reflektieren Sie gemeinsam das Interview und fragen Sie nach Erkenntnissen Ihres Klienten. Was ist ihm deutlich und bewusst geworden? Welche Schlussfolgerung zieht er für sich daraus?

9.3 Kreative Methoden

Kreative Interventionen liefern wertvolle Impulse, um die Kraft eigener, sozialer und sinngebender Potenziale zu spüren und wirkungsvoll zu nutzen. Symbole und Metaphern eignen sich zur Standortbestimmung. Man kann so über sich selbst sprechen, aber eher indirekt.

In den beschriebenen kreativen Methoden arbeiten Sie mit Visualisierungstechniken, und so kommt es zwischen Ihnen und Ihrem Klienten zu einer sogenannten Drei-Punkt-Kommunikation: Sie führen das Coaching-Gespräch über einen Visualisierungspunkt. Der Vorteil: Ihr Klient muss Ihnen nicht die ganze Zeit in die Augen sehen und die Chance auf ein entspanntes Gespräch steigt. Zudem können Sie den Klienten besser bewegen, auch über möglicherweise unangenehme Sachverhalte mit Ihnen in einen Austausch zu gehen. Gleichzeitig bieten Sie ihm die Möglichkeit, sein Gesicht zu wahren, denn Sie sprechen nicht direkt über ihn und seine reale Welt.

Metaphern sind rhetorische Stilmittel, die einen Aha-Effekt auslösen können. Die Fragen „Was kann ich?“, „Wer bin ich?“ und „Was will ich?“ werden hier nicht direkt, sondern indirekt gestellt. Durch die Anregung der Vorstellungskraft wird verstärkt die rechte Gehirnhälfte angesprochen, die u. a. auch für Aktivitäten oder Emotionen zuständig ist.

9.3.1 Lebensschiff

Ziel: Sie erfassen zusammen mit Ihrem Klienten auf metaphorische Art seine momentane berufliche und private Situation. Anhand der beschriebenen Welt nehmen Sie nicht nur eine Standortbestimmung vor, sondern ermitteln ebenfalls den Entwicklungs- und Veränderungsbedarf. Anhand dieser Metapher lassen sich neue Erkenntnisse gewinnen und bekannte Situationen aus neuen Perspektiven oder vor einem anderen Hintergrund betrachten. Gemeinsam können Sie auf dem Schiff nach Lösungen suchen und dann den Transfer in die reale Lebenswelt des Klienten wagen.

Umsetzung:

Schritt 1: Sie skizzieren ein Segelschiff auf einem Flipchart und versehen die entsprechenden Stellen mit den Bezeichnungen Rumpf, Segel, Mast, Schwert, Pinne bzw. Steuerrad.

Schritt 2: Sie führen den Klienten in die Metapher ein. „Stellen Sie sich vor, Ihr Segelschiff wird sich demnächst auf die Reise machen. Sie werden vielleicht die Anker lichten und möglicherweise in See stechen. Bevor es so weit ist, möchte ich mit Ihnen zusammen das Schiff inspizieren und gucken, was in gutem Zustand ist, was vielleicht repariert oder erneuert werden muss. Haben Sie Lust, sich das mit mir einmal genauer anzuschauen?“

Schritt 3: Sie befragen Ihren Klienten anhand des Flipcharts und notieren die Antworten auf Moderationskarten.

- Wo liegt ihr Schiff im Moment? Liegt es im Wasser oder an Land? Wo genau liegt es? Wie ist der momentane Zustand Ihres Schiffes?
- Wie sieht ihr Schiff im Moment aus? Wie würden Sie Ihr berufliches Schiff beschreiben?
- Wie ist es dazu gekommen? Gab es ein Unwetter? Wurden Sie von Piraten ausgeraubt?
- Wie ist ihr Rumpf gebaut? Wie fühlen sie sich mit Ihrem Korpus um sich herum? Wie stabil fühlen Sie sich umschlossen (sozialer Kontext)? Wie sieht der Korpus aus?
- Wie sind Ihre Segel beschaffen? Sind Sie einsatzbereit, löchrig, kaputt oder verschlissen? Aus welchem Material sind sie gewebt?
- Wie hoch und wie stabil ist Ihr Mast? Was kann er ertragen / aushalten? Wie hoch, wie breit, wie standhaft ist er? Welchen Gefahren auf der See des Lebens hat er schon erfolgreich getrotzt (Selbstbeschreibung / Selbstwirksamkeit)?
- Wie gut liegt Ihr Schwert im Wasser? Was hält Sie im Wasser? Was hält ihr Boot stabil? Was ist Ihnen heilig oder wichtig (Werte)?
- Wer steht am Steuerrad? Wer bestimmt Ihren Kurs? Welche Ziele und Visionen haben Sie?

Parallel sortieren Sie die Antworten und legen Sie zu den von Ihnen bereits vorgefertigten Moderationskarten mit den Begriffen. Rumpf, Segel, Mast, Schwert / Pinne, Steuerrad.

Schritt 4: Sie gehen mit Ihrem Klienten die einzelnen Stationen durch und transferieren die Antworten auf seine berufliche Entwicklung und Situation. Sie fragen nach, was genau es braucht, das Schiff wieder flott und widerstandsfähig zu machen.

9.3.2 Sicherer Hafen

(nach Nohl & Egger 2016)

Diese Intervention „nährt" das Bedürfnis nach Stabilität in Zeiten des Wandels. In Veränderungsprozessen haben Menschen manchmal den Eindruck, als würde sich alles in ihrem Leben verändern. Oftmals sind Klienten verängstigt und befürchten, dass alles noch schlimmer wird. In diesem Fall ist es hilfreich, mit ihnen sichere Häfen, Leuchttürme und Inseln zu erarbeiten, die unverändert bleiben und Sicherheit bieten.

Ziel: Sie erarbeiten mit Ihrem Klienten eine Liste der Dinge, die ihm Halt und Kraft geben. Es wird deutlich, dass es auch in dieser schwierigen Situation Elemente in seinem Leben gibt, die gut sind und die so bleiben können bzw. werden, wie sie sind.

Umsetzung:

Schritt 1: Skizzieren Sie auf einem Flipchartblatt eine Seekarte mit Wasser und verschiedenen Leuchttürmen, Inseln, Häfen, Bojen und Rettungsringen.

Schritt 2: Fragen Sie Ihren Klienten, was genau sich im Moment für ihn verändert. Finden Sie heraus, für welche Bereiche er sich eine Veränderung wünscht. Schreiben Sie seine Antworten auf Moderationskarten und positionieren Sie diese „auf offener See".

Schritt 3: Fragen Sie Ihren Klienten nun, was sich für ihn nicht verändert. Was bleibt beim Alten? Was möchte er gerne bewahren? Schreiben Sie die Antworten ebenfalls auf Moderationskarten. Bitten Sie ihn, diese Karten an den Leuchttürmen, Inseln, Häfen, Bojen und Rettungsringen auf der Seekarte zu platzieren.

Schritt 4: Schauen Sie gemeinsam auf die Visualisierung und erkundigen Sie sich nach dem Wohlergehen Ihres Klienten. „Wie geht es Ihnen jetzt, wenn Sie darauf schauen?"

Für die Arbeit im Online-Coaching können Sie sich die Grafik für den sicheren Hafen herunterladen und sie mit Ihren Klienten am Bildschirm teilen.

9.3.3 *Materialaufstellung*

Ziel: Über das „Stellen“ der aktuellen Situation des Klienten können Sie eine systemische Standortbestimmung vornehmen. Sie beziehen sein Umfeld und seine Rahmenbedingungen aktiv mit ein und erkunden gemeinsam auf der Meta-Ebene die momentane Situation. So können Sie Lösungsmöglichkeiten erarbeiten.

Für die Materialaufstellung können Sie unterschiedliche Aufstellungsmaterialien einsetzen. In unserer Arbeit verwenden wir Materialien nach drei „Assoziations-Klassifikationen“.

1. Neutral und absolut frei assoziierbar in Form und Inhalt (können sowohl Menschen als auch Tiere, Gegenstände, Probleme, Ziele oder Herausforderungen sein).
   Beispielsweise: Muscheln, Steine, Knöpfe
2. Inhaltlich neutral, jedoch durch die Form erfolgt die Zuschreibung auf Personen.
   Beispielsweise: Spielfiguren, Lego-Figuren, Playmobil-Figuren
3. Aufgrund des Aussehens erfolgt eine Zuschreibung auf Personen und Charaktereigenschaften.
   Beispielsweise: Schachfiguren, Tierpuppen, Märchenfiguren

Die Materialaufstellung kann am Tisch oder auf dem Boden erfolgen. Für die Arbeit im Raum eignen sich beispielsweise Moosgummiplatten, Tücher oder auch Plastikkegel bzw. Handpuppen.

Stellen Sie Ihrem Klienten nach Möglichkeit eine Materialauswahl zur Verfügung.

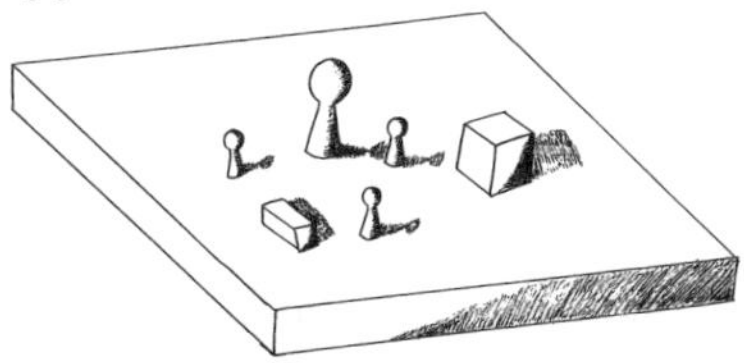

Umsetzung:

Schritt 1: Breiten Sie eine Auswahl an Materialien vor Ihrem Klienten aus. Er sollte frei entscheiden können, welche Materialien er nehmen möchte und für wen oder was er die Materialien nutzen möchte.

Schlagen Sie Ihrem Klienten vor, seine momentane Situation mithilfe der von Ihnen zur Verfügung gestellten Materialien zu visualisieren. Nutzen Sie die Formulierung „Ich möchte Sie bitten / einladen, mithilfe der Materialien Ihre Situation / Ihr Anliegen aufzustellen.“

Schritt 2: Nachdem der Klient aufgestellt hat, befragen Sie ihn nach der Wirkung und den Inhalten seines Bildes:

Mögliche Fragen:

- Wenn Sie sich Ihre Aufstellung anschauen, wie wirkt diese auf Sie?
- Wenn Sie etwas verändern könnten, was wäre das?
- Wenn Sie einmal versuchen, sich in XY reinzuversetzen, wie, glauben Sie, ist es für ihn?
- Wer oder was in diesem System benötigt Unterstützung?
- Für was könnte es nützlich sein, dass XY so ist?
- Was dürfte sich auf gar keinen Fall verändern?

Da der Klient meist eine hohe Identifikation mit seiner Aufstellung hat (insbesondere mit aufgestellten Personen), fassen Sie nichts an bzw. bewegen Sie keine Elemente ungefragt. Wir raten ebenfalls davon ab, das aufgestellte Bild selbst wild zu interpretieren, sondern stattdessen eher die eigene Wahrnehmung zu äußern „Auf mich wirkt das so, als ob …“.

Erfragen Sie vielmehr die Landkarte des Klienten: „Welche Bedeutung hat das für Sie, dass …“

Schritt 3: In den meisten Fällen gibt es allein durch den „Blick von oben“ für den Klienten bereits erste Erkenntnisse. Sollte eine „Lösung“ angestrebt werden, könnte eine Aufforderung Ihrerseits lauten, ein mögliches „Lösungsbild“ aufzustellen. Durch Äußerungen Ihrer eigenen Wahrnehmung können Sie dabei behilflich sein, Lösungsoptionen zu entwickeln.

Schritt 4: Reflektieren Sie gemeinsam den Prozess.

Bereiten Sie für ein Online-Coaching eine visuelle Vorlage vor, um diese im Gespräch mit Ihren Klienten zu teilen und gemeinsam damit zu arbeiten.

9.3.4 *Bilder malen*

Eine andere Möglichkeit, sich über das Anliegen des Klienten einen ersten Eindruck zu verschaffen, ist die Arbeit mit einem von ihm gemalten Bild.

Ziel: Erster Zugang zur Standortbestimmung des Klienten. Das Malen kann insbesondere bei Sprachbarrieren und bei gehemmten Klienten eingesetzt werden, denen es schwerfällt, über sich und ihre Situation zu reden. Mithilfe eines Bildes kann man indirekt und somit leichter über die Situation ins Gespräch kommen.

Schritt 1: Bitten Sie Ihren Klienten, sein Anliegen einmal auf einem Blatt (DIN A4) zu visualisieren. Stellen Sie klar, dass es nicht darauf ankommt, ein Kunstwerk zu kreieren (das entlastet). Ermutigen Sie ihn einfach, das zum Ausdruck zu bringen, was ihn gerade beschäftigt.

Schritt 2: Werten Sie das fertige Bild nach verschiedenen Gesichtspunkten aus. Sie können Ihre Aufmerksamkeit beispielsweise auf folgende Punkte legen:

Die zeitliche Verortung des Bildes: Liegt das Gemalte in der Vergangenheit, in der Gegenwart oder in der Zukunft? Befindet sich das Gemalte in der Vergangenheit und beschäftigt es den Klienten immer noch, so wird er höchstwahrscheinlich noch nicht in der Lage sein, sich zu diesem Zeitpunkt der Zukunft zu widmen. Das kann für uns ein Hinweis darauf sein, dass zunächst das „Alte“ aufzuarbeiten ist, bevor er sich dem „Aktuellen“ widmen kann.

Die gemalten Personen: Malt der Klient sich und / oder andere? Das könnte etwas über seinen Aufmerksamkeitsfokus aussagen. Ist er mehr im Außen (bei anderen) oder eher bei sich (im Inneren)?

Nehmen wir an, der Klient zeichnet nur andere Personen, und im Gespräch zeigt sich, dass er es den anderen recht machen möchte: In diesem Fall könnten Sie fragen, was er denn gerne möchte oder braucht. Als Job-Coach kommt uns hier die Aufgabe zu, einen Perspektivwechsel herbeizuführen, indem wir die Aufmerksamkeit entweder ins System lenken oder auf unseren Klienten.

Vermeiden Sie Interpretationen. Stellen Sie Fragen zum Gemalten und äußern Sie Impulse Ihrer Wahrnehmung in Form von offenen Fragen.

Schritt 3: Reflektieren Sie gemeinsam das Gesagte und besprechen Sie die nächsten Schritte, die sich daraus ergeben.

In der Online-Arbeit können die Klienten bei sich zu Hause malen und anschließend das Bild in die Kamera halten oder es Ihnen als Foto zusenden.

10. Wertearbeit

Werte sind unsere inneren Steuerungsgrößen und Richtungsgeber. Sie bestimmen, wie und was wir wahrnehmen, welche Bedürfnisse wir haben, wie wir uns verhalten und handeln und wie wir empfinden. Werte sind subjektiv moralisch als gut befundene Eigenschaften, Qualitäten oder Glaubenssätze, nach denen wir unser Leben ausrichten möchten. Aus festgelegten und gewichteten Werten (Normen) resultieren unsere Denk- und Handlungsmuster sowie unsere Charaktereigenschaften. (Eine Werteliste finden Sie auf S. 240 f.)

10.1 Werte-(Bewusstseins-)Ebenen

Werte ein- und zuzuordnen ist eine komplexe Angelegenheit. Je nach Lebenssituation können einzelne Werte unterschiedlich definiert und ausgeprägt sein, dennoch ist unser Wertesystem in sich relativ stabil. Es verändert sich in der Regel nur durch signifikante, emotionale Ereignisse. Wenn beispielsweise eine geliebte Person an den Folgen einer Krankheit stirbt, wird der persönliche Wert „Gesundheit" wahrscheinlich in den Vordergrund rücken.

Um Werte besser erfassen zu können, werden sie verschiedenen Erlebniswelten zugeordnet. Wie stark einzelne Menschen diese Werte wahrnehmen, hängt von ihrem Bewusstsein und ihrer Sozialisierung ab. Die folgende Übersicht skizziert die wichtigsten Werte-Klassifizierungen:

Erlebniswelt	Werte-Bewusstsein
persönliche Situation (Selbst, Ego, Ich)	Ego-Werte-Bewusstsein
Familie (Familienstruktur)	Familien-Werte-Bewusstsein
soziale Gruppen (Firma, Freunde etc.)	Gruppen-Werte-Bewusstsein
Nation oder Staatenbund	nationales Werte-Bewusstsein
kulturelle Gemeinschaften (Religion)	kulturelles Werte-Bewusstsein
ganze Gesellschaft (Menschheit)	humanes Werte-Bewusstsein
alle Lebewesen (Menschen, Tiere, Pflanzen)	ökologisches Werte-Bewusstsein

Tabelle 8: Werte-Bewusstseins-Ebenen

In Gemeinschaften werden meist mehrere Kategorien von Werten (Wertesysteme) gebildet und mit den Wertesystemen anderer Gemeinschaften abgeglichen. Beispielsweise gemeinsame Rituale dienen dazu, Wertestärker auszuprägen und erkennbar zu machen. So entsteht die Identität einer Wertegemeinschaft.

10.2 Mit Werten im Job-Coaching arbeiten

Gerade in der interkulturellen Arbeit ist das Bewusstsein für die mögliche Andersartigkeit von Wertegemeinschaften wichtig. Als Job-Coachs erfassen wir deshalb das Wertesystem unserer Klienten, um herauszufinden, was für sie wichtig und wertvoll ist. Die so gewonnenen Erkenntnisse sollten wir bei der beruflichen Orientierung berücksichtigen.

Es folgen nun Methoden für die Wertearbeit – und Klärung im Job-Coaching.

10.2.1 Werte-Interview

Ziel: Sich gemeinsam mit dem Klienten einen Überblick über seine Werte verschaffen.

Umsetzung:

Schritt 1 – Wertesammlung: Führen Sie ein Interview mit den nachfolgenden Fragen durch und notieren Sie die sich daraus ergebenden Werte auf kleinen Karten:

- „Welche Werte fallen Ihnen spontan ein? Welche davon würden Sie als Ihre Werte bezeichnen?"
- „Welche fünf Menschen haben Sie am meisten beeinflusst? Wodurch? Welche Werte verbinden Sie mit ihnen? Und was könnten diese Menschen an Ihnen schätzen?"
- „Was schätzen andere Ihnen nahestehenden Menschen an Ihnen?"
- „Welche Qualitäten wünschen Sie sich im Miteinander?"
- „Was ist Ihnen im beruflichen Umfeld wichtig?"
- „Worauf achten Sie in Ihrem Leben in besonderer Weise?"
- „Was motiviert Sie und wieso?"

Schritt 2 – Wertekonzentration: Lassen Sie sich die in Schritt 1 ermittelten Werte noch einmal näher beschreiben. Hinterfragen Sie gegebenenfalls und versuchen Sie die Anzahl auf einige Hauptwerte einzugrenzen.

- „Welche Situationen fallen Ihnen zu den genannten Werten ein?"
- „Welche Bedeutung haben diese Werte für Sie?"
- „Sagen zwei oder mehr Werte Ähnliches aus? Könnten Sie diese einem übergeordneten Wert zuordnen?"
- „Wenn Sie sich von einem Wert trennen müssten, welcher wäre das?"

Breiten Sie die Karten mit den von Ihnen notierten Werte vor Ihrem Klienten aus. Nehmen Sie dann die eine oder andere Karte weg. Was ändert sich für Ihren Klienten? Ändert sich überhaupt etwas? Ihr Klient kann so herausfinden, wie es sich anfühlt, wenn der eine oder andere Wert fehlen würde. Nur die Werte, die der Klient als unverzichtbar empfindet, sollten liegen bleiben.

Schritt 3 – Integration von Werten in das zukünftige Berufsleben: Fragen Sie Ihren Klienten, welche Werte ihm im Zusammenhang mit seiner Arbeit besonders wichtig sind. Welche konnte er bisher gut in sein berufliches Leben integrieren? Von welchen wünscht er sich, dass diese in seinem nächsten Job deutlicher zum Tragen kommen?

Hier können Sie gut auf Skalierungsfragen zurückgreifen: Fragen Sie die einzelnen Werte folgendermaßen ab: „Inwieweit war dieser Wert bisher in Ihr berufliches Leben integriert? Stellen Sie sich dafür eine Skala von 0 bis 10 vor, auf der 0 bedeutet ‚überhaupt nicht integriert' und 10 bedeutet ‚voll integriert': Schreiben Sie auf, wo auf der Skala momentan jeder einzelne Ihrer Werte steht und wo er sich hin entwickeln soll."

10.2.2 *Insel*

Ziel: Einstieg in die Wertearbeit, Sensibilisierung für die eigenen Bedürfnisse und Werte. Klärung der Fragen: Was ist mir in meinem Leben wichtig? Auf welche Werte will und kann ich nicht verzichten?

Umsetzung:

Schritt 1 – Einführung ins Thema: Sie können Ihren Klienten einladen, mit Ihnen ein Experiment zu wagen, das Sie folgendermaßen beschreiben könnten: „Stellen Sie sich vor, Sie würden für eine begrenzte Zeit auf einer einsamen Insel leben. Dort finden Sie alles, was Sie zum Überleben brauchen. Es gibt Trinkwasser, Früchte und auch andere Nahrungsmittel, schattenspendende Bäume und einen Schlafplatz. Wenn Sie die Augen schließen mögen, können Sie das tun. Beschreiben Sie mir doch bitte, wie diese Insel für Sie aussieht?" Aktivieren Sie die Sinneskanäle Ihres Klienten mit Unterstützung von VAKOG, um die Insel für ihn plastisch und erlebbar zu machen. Fragen Sie ihn danach, wie es dort riecht, was er sieht und hört, wie sich das Klima dort anfühlt und ob er etwas schmecken kann.

Während der Klient seine Insel beschreibt, notieren Sie die Eckdaten. Ist das Bild der Insel vor dem inneren Auge des Klienten präsent, leiten Sie in die nächste Phase über.

Schritt 2: Beschreiben Sie folgendes Szenario: Für die Zeit, die er auf der Insel verbringen wird, darf Ihr Klient fünf Dinge mitnehmen. Er hat die freie Wahl, es dürfen aber maximal fünf Dinge sein.

Anmerkung: Wir bleiben hier mit der Bezeichnung „Dinge" bewusst vage und schränken den Klienten nicht ein. Es ist aufschlussreich, ob er das Wort „Dinge" hinterfragt und es genau für sich definiert haben möchte. Auf Nachfrage „erlauben" wir ihm auch, Menschen und Tiere mitzunehmen.

Schritt 3: Der Klient trifft nach und nach seine Auswahl. Der Job-Coach notiert die Auswahl auf einem Flipchart oder auf Moderationskarten.

Im Online-Coaching können Sie hier z. B. die Chatfunktion nutzen oder über das Whiteboard für jeden Gegenstand einen Zettel anheften.

Schritt 4 – Reflexion der ausgewählten Dinge:
- Wofür steht jedes Einzelne?
- Welche Bedürfnisse sollen durch sie befriedigt werden?
- Welche Eigenschaften, Werte und Aspekte verbindet der Klient mit jeder Wahl?

Vielleicht möchte Ihr Klient gegen die Langeweile ein Buch oder besser noch ein solarbetriebenes Tablet mitnehmen? Möglicherweise möchte er sich unbedingt Notizen machen und entscheidet sich für Stift und Block, weil er sich gern reflektiert oder seine Eindrücke später den anderen mitteilen möchte. Bei jedem Klienten sieht die Liste anders aus. Durch Nachhaken erfahren Job-Coach und Klient viel über die Werte und Bedürfnisse, die für das individuelle Wohlbefinden wichtig und bedeutsam sind.

10.2.3 *Karriereanker*

Das Konzept der Karriereanker wurde von dem Organisationspsychologen Edgar H. Schein (2005) entwickelt. Er geht davon aus, dass sich jeder Mensch im Lauf seiner beruflichen Tätigkeit „Anker" sucht, an denen er seine berufliche Laufbahn ausrichtet. Die Ansammlung von solchen Ankern lässt sich als Kriterienkatalog für eine berufliche Tätigkeit verwenden.

Ziel: Der vorliegende Fragebogen soll den Klienten anregen, sich Gedanken über die Bereiche zu machen, in denen er besondere Fähigkeiten besitzt. Wir fragen außerdem nach seinen Handlungsmotiven und persönlichen Werten.

Hinweis: Aufgrund der Frageformulierungen eignet sich der Karriereanker insbesondere für Klienten, die bisher als Führungskräfte tätig waren, sowie für Selbstständige bzw. freiberuflich tätige Personen. Für wenig qualifizierte Klienten sind die Fragen erfahrungsgemäß schwer zu beantworten.

Umsetzung:

Schritt 1 – der Fragebogen: Ihr Klient soll die Fragen ehrlich und möglichst hintereinander weg beantworten, ohne lange zu überlegen. Er wird jede der nachstehend aufgeführten vierzig Aussagen bewerten und anhand einer Skala von 1 bis 6 die jeweiligen Aussagen einstufen. Je höher er die Aussage bewertet, desto mehr trifft sie auf ihn zu.

Beispiel: Auf die Aussage „Ich träume von einer Tätigkeit als Vorstand eines Großunternehmens" kann er folgende Bewertungen abgeben:

1 – trifft gar nicht zu,
2 oder 3 – trifft etwas zu,
4 oder 5 – trifft ziemlich zu,
6 – trifft völlig zu.

Fragebogen zur Bestandsaufnahme möglicher Karriereorientierungen

Trifft gar nicht auf mich zu	Trifft etwas auf mich zu	Trifft ziemlich auf mich zu	Trifft völlig auf mich zu
1	2/3	4/5	6

____ 1. Ich träume davon, in meinem Beruf so gut zu sein, dass mein fachlicher Rat immer gefragt ist.

____ 2. Ich bin mit meiner Arbeit vollauf zufrieden, wenn es mir gelingt, die Bemühungen anderer zu koordinieren und zu managen.

____ 3. Ich träume von einer Berufstätigkeit, bei der ich selbst entscheiden kann, wann ich arbeite und wie ich meine Zeit einteile.

____ 4. Sicherheit und Beständigkeit sind für mich wichtiger als Freiheit und Selbstständigkeit.

____ 5. Ich bin immer auf der Suche nach Ideen, die mir die Gründung eines eigenen Unternehmens ermöglichen.

____ 6. Ich empfinde meine berufliche Entwicklung nur dann als erfolgreich, wenn ich das Gefühl habe, einen wirklichen Beitrag zum Wohlergehen der Gesellschaft zu leisten.

____ 7. Ich träume von einer Berufstätigkeit, bei der ich Probleme lösen oder wirklich herausfordernde Situationen meistern kann.

____ 8. Ich würde eher kündigen, als eine Tätigkeit anzunehmen, die meine Möglichkeiten einschränkt, mich um meine persönlichen Belange und um mein Privatleben / meine Familie zu kümmern.

____ 9. Ich empfinde meine berufliche Entwicklung nur dann als erfolgreich, wenn ich meine fachlichen und funktionalen Fähigkeiten bis zu einem äußerst hohen Niveau weiterentwickeln kann.

____ 10. Ich träume von der Führung eines komplexen Unternehmens und davon, Entscheidungen zu treffen, die eine große Zahl an Mitarbeitern berühren.

____ 11. Ich bin mit meiner Arbeit vollauf zufrieden, wenn ich uneingeschränkt frei darin bin, meine Aufgaben, Terminpläne und meine Arbeitsweise selbst zu bestimmen.

____ 12. Ich würde eher kündigen, als eine Aufgabe anzunehmen, die meine Sicherheit im Unternehmen gefährdet.

____ 13. Für mich ist es wichtiger, mein eigenes Unternehmen aufzubauen, als eine Position im Management des Unternehmens eines anderen zu erlangen.

____ 14. Ich bin mit meiner Berufstätigkeit vollauf zufrieden, wenn ich meine Fähigkeiten im Dienste anderer einsetzen kann.

____ 15. Ich empfinde meine berufliche Entwicklung nur dann als erfolgreich, wenn ich mit extrem schwierigen Herausforderungen konfrontiert werde und diese meistern kann.

____ 16. Ich träume von einer Berufstätigkeit, bei der ich meine persönlichen Bedürfnisse mit den Erfordernissen meiner Familie / meines Privatlebens und meines Berufs in Einklang bringen kann.

____ 17. Für mich ist eine Tätigkeit als Leiter eines Funktionsbereichs auf meinem Fachgebiet attraktiver als eine Aufgabe im General Management.

____ 18. Ich empfinde meine berufliche Entwicklung nur dann als erfolgreich, wenn ich im General Management eines Unternehmens tätig bin.

____ 19. Ich empfinde meine berufliche Entwicklung nur dann als erfolgreich, wenn ich uneingeschränkt selbstständig und frei bin.

____ 20. Ich suche Tätigkeiten in Unternehmen, die mir das Gefühl von Sicherheit und Beständigkeit geben.

____ 21. Ich bin mit meiner beruflichen Entwicklung vollauf zufrieden, wenn ich etwas schaffen kann, das ausschließlich Ergebnis meiner eigenen Ideen und meines persönlichen Einsatzes ist.

____ 22. Der Einsatz meiner Fähigkeiten zur Verbesserung der Lebens- und Arbeitswelt ist für mich wichtiger als das Streben nach einer Führungsposition im Management.

____ 23. Ich bin mit meiner beruflichen Entwicklung vollauf zufrieden, wenn ich scheinbar unlösbare Probleme lösen oder Unmögliches möglich machen kann.

____ 24. Ich empfinde mein Leben nur dann als erfolgreich, wenn ich meine persönlichen Bedürfnisse gleichgewichtig mit denen meiner Privatsphäre und den Erfordernissen meines Berufs in Einklang bringen kann.

____ 25. Ich würde eher kündigen, als eine Versetzung zu akzeptieren, die eine Tätigkeit außerhalb meines Fachgebietes mit sich bringt.

____ 26. Für mich ist eine Tätigkeit im General Management attraktiver als eine Leitungsfunktion in meinem derzeitigen Fachgebiet.

____ 27. Für mich ist ohne Vorschriften und Einschränkungen arbeiten zu können wichtiger als Sicherheit.

____ 28. Ich bin mit meiner Arbeit vollauf zufrieden, wenn ich finanziell und beruflich abgesichert bin.

____ 29. Ich empfinde meine berufliche Entwicklung nur dann als erfolgreich, wenn ich etwas erschaffen oder erbauen kann, das vollständig mein Eigenes ist oder auf meiner eigenen Idee beruht.

____ 30. Ich träume von einer Berufstätigkeit, bei der ich einen wirklichen Beitrag für die Menschheit und Gesellschaft leisten kann.

____ 31. Ich suche Möglichkeiten, dass bei der Arbeit meine Fähigkeiten zur Problembewältigung und / oder mein Durchsetzungsvermögen gefordert werden.

____ 32. Für mich ist der Ausgleich zwischen Privat- und Berufsleben wichtiger als das Streben nach einer Führungsposition im Management.

____ 33. Ich bin mit meiner Arbeit vollauf zufrieden, wenn ich meine speziellen Fähigkeiten und Talente einsetzen kann.

____ 34. Ich würde eher kündigen, als eine Aufgabe anzunehmen, die mich von einer Laufbahn im General Management ausschließt.

____ 35. Ich würde eher kündigen, als eine Aufgabe anzunehmen, bei der meine Freiheit und Selbstständigkeit eingeschränkt werden.

____ 36. Ich träume von einer Berufstätigkeit, die mir ein Gefühl der Sicherheit und Beständigkeit vermittelt.

____ 37. Ich träume davon, mein eigenes Unternehmen zu eröffnen und aufzubauen.

____ 38. Ich würde eher kündigen, als eine Aufgabe anzunehmen, die mir eine Möglichkeit nimmt, im Dienste anderer tätig zu werden.

____ 39. Für mich ist die Lösung scheinbar unlösbarer Probleme wichtiger als das Streben nach einer Führungsposition.

____ 40. Ich habe schon immer nach einer Arbeit gesucht, die es mir ermöglicht, meine persönlichen Bedürfnisse und die meiner Familie/meines Privatlebens so wenig wie möglich einzuschränken.

Schritt 2: Auswertung des Fragebogens

1. Der Klient soll in einem ersten Schritt die Aussagen heraussuchen, bei denen er die höchste Punktzahl eingetragen hat. Danach soll er die am meisten zutreffenden drei Top-Aussagen benennen und zu deren Punktzahl jeweils vier Zusatzpunkte hinzuaddieren.
2. Dann übertragen Sie die Punktezahl aller Antworten in die nachstehende Tabelle; die Reihenfolge von 1–40 findet sich dort wieder. Vergessen Sie nicht, die zusätzlich vergebenen Top-Punkte zu berücksichtigen.
3. Zählen Sie nun die Ergebnisse jeder einzelnen vertikalen Spalte zusammen und ordnen Sie diese nach dem höchsten Ergebnis einem Rang von 1 bis 8 zu.

Auswertungstabelle

TF	GM	SU	SB	UK	DH	TH	LS
1	2	3	4	5	6	7	8
9	10	11	12	13	14	15	16
17	18	19	20	21	22	23	24
25	26	27	28	29	30	31	32
33	34	35	36	37	38	39	40

Schritt 3: Im folgenden Text erhalten Sie Aufschluss über die Bedeutung der einzelnen Spalten, die den Karriereankern entsprechen. Fragen Sie Ihren Klienten, inwiefern er sich dort wiederfindet.

Bei der Wahl einer neuen Tätigkeit für Ihren Klienten empfiehlt es sich natürlich, in erster Linie die Anker mit den meisten Punkten zu berücksichtigen.

Karriereanker

Technische/funktionale Kompetenz (TF): Ihr Klient wird sich eher in einem Arbeitsumfeld wohlfühlen, in dem er sein Fachwissen einsetzen kann. Seine fachliche Kompetenz ist wichtig für seine Identität und er wird zufrieden sein, wenn es gelingt, den fachlichen Herausforderungen gerecht zu werden. Die klassische Führungsposition ist wenig reizvoll, da sie u. U. zur Aufgabe des Fachgebietes führen würde.

Ein **General Manager (GM)** wird alles unternehmen, um innerhalb eines Unternehmens auf eine führende Hierarchieebene zu gelangen. Ihm ist wichtig, Mitarbeiter über verschiedene Abteilungen hinweg zu koordinieren und die Verantwortung für einen Teilbereich der Organisation zu übernehmen. An einer Führungsposition in einem speziellen Fach- oder Funktionsbereich hat er hingegen weniger Interesse. Die Mitverantwortlichkeit am Gesamtergebnis ist reizvoll und bedeutet viel. Die Attraktivität einer übertragenen Aufgabe wird daran gemessen, dass sie für den Erfolg des Unternehmens bedeutsam ist.

Der Karriereanker **Selbstständigkeit/Unabhängigkeit (SU)** betont die Möglichkeit, eigene Arbeit auf eigene Art und Weise zu tun. Funktionen, die die nötige Flexibilität im Hinblick auf Arbeitszeiten und die Durchführung der Aufgabe ermöglichen, sind also interessant. Freiheit hat einen enormen Stellenwert und manche Menschen verzichten sogar auf Beförderungen oder Gehaltserhöhungen, um ihre Selbstständigkeit nicht zu gefährden. Unter Umständen ist die Eröffnung eines eigenen Betriebes oder eines eigenen Geschäftes denkbar.

Jemand, bei dem der Karriereanker **Sicherheit/Beständigkeit (SB)** ganz weit oben steht, wird alles unternehmen, um seinen Arbeitsplatz oder eine dauerhafte Beschäftigung in einer Organisation zu erhalten. Finanzielle Sicherheit spielt eine große Rolle und das Gefühl, fest im Sattel zu sitzen, ist bedeutsam für die persönliche Zufriedenheit. Verspricht das Unternehmen Beständigkeit, entwickelt der Arbeitnehmer eine hohe Loyalität und die Bereitschaft, das zu tun, was der Arbeitgeber verlangt. Der Inhalt der Tätigkeit oder Aufstiegsmöglichkeiten sind nicht so wichtig. Falls die Fähigkeiten es zulassen, ist allerdings eine höhere Position in der Hierarchie durchaus erwünscht.

Bei wem sich **unternehmerische Kreativität (UK)** als Karriereanker zeigt, will vermutlich unbedingt sein eigenes Unternehmen gründen. Diese Menschen glauben an ihre Fähigkeiten, nutzen Chancen, gehen aber auch Risiken ein. Sie können es schaffen und sie wollen auf eigenen Füßen stehen. Hat das Unternehmen dann Erfolg, so sehen sie das als Bestätigung an.

Auch **Dienst oder Hingabe für eine Idee oder Sache (DH)** kann ein Karriereanker sein. Menschen mit dieser Ausprägung suchen nach sinnvollen Aufgaben, die dazu beitragen, die Welt zu verbessern. Das könnten die Lösung von Umweltproblemen sein, ein Beitrag zu einem besseren Miteinander oder zur Verringerung von Leiden etc. Welches Ziel auch immer es ist: Es wird hartnäckig verfolgt, auch wenn dies beispielsweise den Wechsel des Arbeitgebers bedeuten sollte. Versetzungen oder Beförderungen, die von der Aufgabe wegführen würden, sind uninteressant und werden abgelehnt.

Mit dem Karriereanker **totale Herausforderung (TH)** ist Ihr Klient auf der Suche nach einer eben solchen. Er ist daran interessiert, Lösungen für scheinbar unlösbare Probleme zu finden, überlegene Gegner zu besiegen oder schwierige Hindernisse zu überwinden – ganz nach der Devise: „Unmögliches möglich machen". Die Bewältigung neuartiger Situationen und Schwierigkeiten ist sein Ziel. Sollte etwas zu einfach sein, verliert es an Reiz und wird schnell langweilig für ihn.

Hat Ihr Klient den Karriereanker **Lebensstilintegration (LS)**, so möchte er seinen speziellen Lebensstil und seine persönlichen Bedürfnisse mit denen seiner Familie und den Anforderungen seines Berufs in Einklang bringen. Ihr Klient ist bestrebt, sämtliche wichtigen Aspekte seines Lebens zu einem Ganzen zu integrieren und unter einen Hut zu bringen. Aus diesem Grund braucht er eine berufliche Tätigkeit, die ihm ausreichend Flexibilität bietet, um diese Integration zu verwirklichen. Dafür ist er auch bereit, auf bestimmte Aspekte seiner beruflichen Entwicklung zu verzichten.

11. Biografiearbeit

11.1 Was ist Biografiearbeit?

Folgt man dem Duden, so definiert sich der Begriff Biografie als „Beschreibung der Lebensgeschichte einer Person“. Die Biografie unterscheidet sich demnach von dem bloßen Lebenslauf, der die Hauptmomente des (beruflichen) Werdegangs nur äußerlich aneinanderreiht.

Biografiearbeit bedeutet: Die Klienten tauchen in ihre Erinnerungen ein und erzählen ihre erlebten Erfahrungen. Dies kann unterstützt werden mit Fragen, Übungen und persönlichen Materialien wie Fotos, Tagebüchern oder symbolischen Gegenständen. Viele Aspekte unserer Biografie sind uns nicht ständig gegenwärtig und können nicht ohne Weiteres sofort abgerufen werden. Biografiearbeit unterstützt die Bearbeitung dieser Faktoren.

„Wie bin ich der geworden, der ich heute bin? Wie sieht die Bilanz meines bisherigen Lebens aus?“ Bei der Beantwortung dieser Fragen wird der Klient begleitet und sein Werdegang bis ins Hier und Jetzt verfolgt. Von da ausgehend lässt sich eine Zieldefinition für das zukünftige Leben kreieren.

11.2 Biografiearbeit im Job-Coaching

Als Job-Coachs nehmen wir beim biografischen Arbeiten eine interessierte und zugewandte Haltung gegenüber unserem Klienten ein und unterstützen ihn hauptsächlich durch Fragen. Durch die eigenständige Aufarbeitung der individuellen Lebensgeschichte entdeckt der Klient Zusammenhänge und blickt aus einer Metaperspektive auf die Geschehnisse in seinem Leben. Eigenständig zieht er Schlüsse, die Einfluss auf seine zukünftige persönliche Entwicklung haben werden.

Biografische Arbeit lässt sich gut mit anderen Methoden kombinieren.

11.2.1 *Biografisches Interview*

(nach Rabaiolo-Fischer 2015)

Ziel: Der Klient kann die Auswirkungen seines bisherigen sozialen Handelns auf sein aktuelles Verhalten übertragen und Schlüsse für die Zukunft daraus ableiten.

Umsetzung:

Führen Sie mit Ihrem Klienten ein Interview durch und versuchen Sie dabei, jeweils viele Informationen zu den Aspekten aus der Tabelle zu sammeln (Interview in Anlehnung an Rybarczyk et al. 2013, zitiert in Rabaiolo-Fischer 2015).

Kindheitsjahre	■ das Leben zu Hause ■ Eltern und andere wichtige Erwachsene ■ Lieblingsspiele ■ Interessen und Hobbys ■ das Leben auf dem Dorf / in der Stadt
Jugendjahre	■ Schule / Lieblingsfächer ■ Traumberuf ■ Freunde ■ Abenteuer
Junges Erwachsenenalter	■ Partnerschaft / Heirat ■ Ausbildung / Universität ■ erster Job ■ Meilensteine
Familien- und Karrierejahre	■ Kinder ■ berufliche Stationen ■ Freunde und Kollegen ■ Schlüsselereignisse

11.2.2 Lebenshaus

Ziel: Mit dem Klienten ergründen, wie sein Weltbild entstanden ist. Welche Werte, Prägungen und Erfahrungen bestimmen seine Überzeugungen und Gefühle?

Umsetzung:

Als Metapher für das Erleben des Klienten nutzen wir das Haus mit seinen ganz unterschiedlichen Räumen.

Schritt 1: Laden Sie Ihren Klienten ein, einen Rundgang durch sein persönliches Haus zu machen, das verschiedene Zimmer hat und das mit seinen Werten, Prägungen, Überzeugungen und Gefühlen möbliert ist.

Kinderzimmer: Was war für Sie in Ihrer Kindheit prägend? Welche Sätze haben Sie als Kind häufig gehört? Wie war es, ein Junge / ein Mädchen zu sein?

Bibliothek: Was bedeutet Ihnen Wissen? Woher kommen Ihre Denkvorlieben? Was interessiert Sie?

Herren- / Damenzimmer: Welche Vorstellungen haben Sie von Ihrer Rolle als Mann / Frau? Was ist für Sie eine „gute Mutter" / ein „guter" Vater, eine „gute Freundin / ein „guter Freund"?

Arbeitszimmer: Was denken Sie über Arbeit und Weiterbildung?

Esszimmer: Wie wichtig sind Ihnen Manieren? Wie sind Ihre Essgewohnheiten? Wie halten Sie es mit eigenen und fremden Sitten?

Wohnzimmer: Wie stehen Sie zu Traditionen, Gewohnheiten, Ritualen und Familienfesten? Welche Vorstellungen von Gemütlichkeit haben Sie? Wie wichtig sind Ihnen Marken und Statussymbole?

Hauskapelle: Was bedeuten Religion, Spiritualität, Moral und Ethik für Sie?

Küche: Ist sie ein Ort der Geborgenheit? Stehen Sie gerne in der Küche oder ist es eine lästige Pflicht? Wie stehen Sie zu Vorratshaltung oder Improvisation, Genuss und Gesundheit?

Badezimmer: Wie privat ist dieser Raum für Sie? Wie lange halten Sie sich dort auf? Wie stehen Sie zu Körperlichkeit und Freizügigkeit?

Schlafzimmer: Welche Assoziationen haben Sie zu Ruhe, Sexualität und Erotik?

Dachboden: Welche Erinnerungen sind besonders wertvoll für Sie? An welchen Dingen hängt Ihr Herz?

Außenansicht: Wie, glauben Sie, wirkt Ihr Haus auf andere?

Schritt 2: Reflektieren Sie gemeinsam die Ergebnisse und fragen Sie Ihren Klienten nach seinen Erkenntnissen.

Hinweis: Mithilfe eines Setzkastens lässt sich das Haus gut nachbilden. Die einzelnen Zimmer können beschriftet werden. Der Klient wählt eine Figur (z. B. eine Spielfigur aus einem Mensch-ärgere-dich-nicht-Spiel), die ihn repräsentiert. Mit dieser gehen Sie dann von Zimmer zu Zimmer.

Für die Arbeit im Online-Coaching können Sie sich die Lebenshaus-Grafik herunterladen und sie mit Ihren Klienten teilen.

11.2.3 Lebensuhr

Ziel: Dem Klienten einen schnellen Zugang zu den Themen Persönlichkeitsentwicklung und Standortbestimmung ermöglichen. Fokussierung auf das Wesentliche; Lebensentwürfe mit ihren Herausforderungen sichtbar und damit besprechbar machen.

Umsetzung:

Schritt 1: Bitten Sie Ihren Klienten, seine Lebensuhr zu zeichnen. Wichtige, für ihn bedeutsame Ereignisse – Hoch-, Tief- und Wendepunkte von der Geburt bis heute – finden ihren Platz auf dem Ziffernblatt.

Schritt 2: Bitten Sie ihn, geplante und vorhersehbare Ereignisse (z. B. 18. Geburtstag der Kinder) in seiner Lebensuhr einzutragen.

Schritt 3: Fragen Sie Ihren Klienten, ob es Dinge gibt, die er in der Zukunft bis zu einem bestimmten Zeitpunkt erreicht haben möchte.

Schritt 4: Reflektieren Sie gemeinsam das Ergebnis.

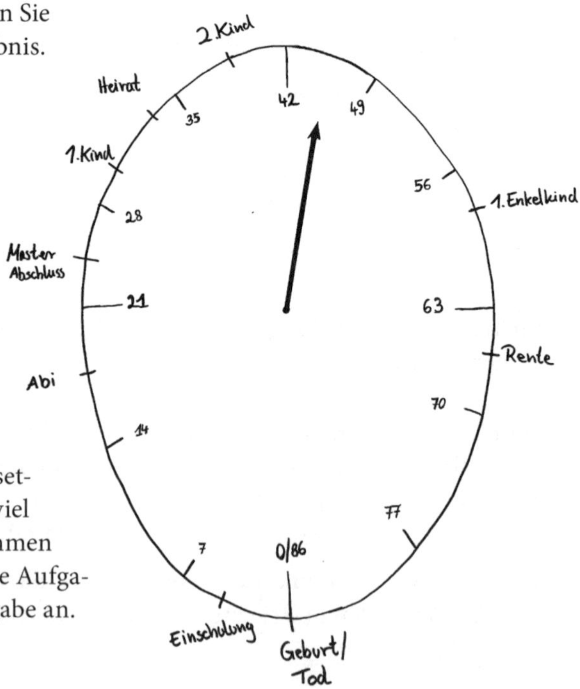

Hinweis: Da die Umsetzung teilweise recht viel Zeit in Anspruch nehmen kann, bietet sich diese Aufgabe auch als Hausaufgabe an.

Wenn Sie online arbeiten, können Sie die Lebensuhr auf ein Flipchart malen und gemeinsam mit Ihrem Klienten die einzelnen Stationen sammeln und das Ergebnis anschließend als Foto zur Verfügung stellen.

11.2.4 Lebenslinie (Timeline)

Ansatz dieser Methode ist die Erfahrung, dass wir unsere Erinnerungen auf eine ganz bestimmte und individuelle Weise speichern. Jeder Mensch hat seine eigene Zeitachse. Der Klient vergegenwärtigt sich, ob ein bestimmtes Ereignis vor oder nach einem anderen gelegen hat, oder auch, ob er bestimmte Dinge bereits erledigt hat oder ob es sich um eine „Erinnerung“ aus der Zukunft handelt (von etwas, das er zu tun beabsichtigte). Chronologisch reihen sich so seine Erinnerungen an Ereignisse und werden vom Klienten oft wie eine lange Schnur, Kette oder Linie erlebt. Für manche Klienten ist diese Art der Organisation ihrer Zeit etwas durchaus Bewusstes, für andere geschieht es eher unbewusst.

Ziel: Erinnerungen in ihrer zeitlichen Abfolge organisieren, als Zeitachse oder Zeitlinie (englisch „Timeline“). Zeitlinien sind wichtig für den Realitätssinn Ihres Klienten.

Umsetzung:

Schritt 1: Bitten Sie Ihren Klienten, in einem Koordinatenkreuz auf der X-Achse seine Lebenslinie darzustellen. Hierzu werden alle für den Klienten wichtigen Ereignisse festgehalten, von der Geburt bis in die Gegenwart. Das können Ereignisse privater, aber auch beruflicher Natur sein. Auch zukünftige Ereignisse oder geplante Ziele können in die Lebenslinie eingetragen werden.

Auf der Y-Achse befindet sich eine Skala von 1 bis 10. Der Klient wird aufgefordert, hier einzutragen, wie er die jeweilige Situation empfunden hat. Je besser es ihm ging, desto höher ist der Wert, und je schlechter er sich fühlte, desto niedriger ist der Wert.

Schritt 2: Lassen Sie sich die Lebenslinie Ihres Klienten erklären. Fragen Sie ggf. nach, um die Geschehnisse gut zu verstehen.

Schritt 3: Reflektieren Sie die visualisierte Lebenslinie Ihres Klienten mithilfe folgender Fragen:

- Wie ist es Ihnen während der gesamten Visualisierung ergangen?
- Wie ist es für Sie, wenn Sie jetzt auf Ihre Lebenslinie schauen?
- Womit sind Sie im Nachhinein besonders zufrieden? / Worauf sind Sie heute besonders stolz?
- Was hätten Sie aus heutiger Sicht gerne anders gemacht?
- Wie soll Ihre Linie in den nächsten fünf Jahren weiter verlaufen?

Befindet sich ein Lebensereignis des Klienten im negativen Bereich, können Sie nachfragen, wie es der Klient geschafft hat, aus dem Tief wieder in ein Hoch zu kommen.

Hinweise: Das Blatt, auf das die Lebenslinie gezeichnet wird, sollte mindestens DIN A3 haben; gerne auch größer.

Manchmal kommt es vor, dass für einen gewissen Lebensabschnitt die Bewertungen für das berufliche und private Leben auseinandergehen. Für diesen Abschnitt kann Ihr Klient zwei Lebenslinien zeichnen.

Da die Umsetzung teilweise recht viel Zeit in Anspruch nehmen kann, bietet sich diese Aufgabe auch als Hausaufgabe an. Die Lebenslinie kann mit Bildern oder Grafiken ergänzt werden.

Wenn Sie frei in der Wahl Ihrer Online-Tools sind, empfehlen wir, ein Padlet für die Timelinearbeit zu nutzen. Auf der Startseite von ↗ https://padlet.com werden Ihnen verschiedene Varianten angeboten; wählen Sie hier die Variante „Timeline". Eine DSGVO-konforme Variante ist die Onlineplattform TaskCards (https://www.taskcards.de).

Alternativ entwickelt der Klient die Timeline für sich und sendet Ihnen anschließend ein Foto zu.

11.2.5 Lebensbaum

(nach Budde 2015)

Ziel: Mithilfe eines Baums als Symbol für das Leben des Klienten herausarbeiten, woher er kommt, was aktuell ist und was in Zukunft wachsen und gedeihen soll.

Umsetzung:

Schritt 1: Bitten Sie Ihren Klienten, einen Baum zu malen, der entweder die berufliche *oder* die private Situation visualisiert und folgende Aspekte berücksichtigt:

- Die Wurzel: Wo komme ich her? Wo bin ich verwurzelt? Was trägt mich (Ressourcen / Kraftquellen)?
- Das Fallobst: Was möchte ich gerne loslassen? Was soll hinter mir bleiben?
- Der Stamm: Wie ist meine momentane Situation? Wo stehe ich gerade?
- Die Krone: Woran möchte ich arbeiten? Was möchte ich verändern? Was sind meine Ziele?
- Die Würmer: Was können Hindernisse sein? Was könnte mir Kraft nehmen?
- Die Früchte: Was möchte ich später ernten?

Schritt 2: Wenn der Baum gemalt ist, reflektieren Sie gemeinsam das Ergebnis.

Hinweise: Mit Blättern in DIN A3 oder größer arbeiten.

Da die Umsetzung teilweise recht viel Zeit in Anspruch nehmen kann, bietet sich diese Aufgabe auch als Hausaufgabe an.

In der Online-Arbeit können Sie den Lebensbaum auf ein Flipchart malen, die Zeichnung fotografieren und Ihrem Klienten zur Verfügung stellen. Alternativ gestaltet Ihr Klient seinen Lebensbaum selbst und teilt im Anschluss sein Bild mit Ihnen.

12. Ressourcenarbeit

12.1 Was sind Ressourcen und wofür müssen wir sie aktivieren?

Ressourcen sind Kraftquellen, die es uns ermöglichen, aktiv zu werden. Sind die Ressourcen des Klienten aktiviert, wird er handlungsfähig und kann seine Vorhaben in die Tat umsetzen. Fühlt sich der Klient zu Beginn des Prozesses schlecht und kraftlos, ist Ressourcenarbeit nicht nur sinnvoll, sondern buchstäblich das A und O für den weiteren Verlauf. Denn nur in einem kraftvollen Zustand können wir Veränderungsprozesse initiieren.

Gerade zu Beginn des Job-Coachings verfolgen wir mit der Ressourcenaktivierung zunächst das Ziel, den Klienten in einen „arbeitsfähigen" Zustand zu bringen. Im weiteren Prozess nutzen wir die Ressourcenarbeit, um beispielsweise benötigte Kompetenzen oder Fähigkeiten zu aktivieren, die der Klient zur Erreichung seines Ziels benötigt.

Was aber sind Ressourcen? Darunter sind alle innerlichen und äußerlichen Faktoren zu fassen, mithilfe derer eine erwünschte Veränderung erreicht werden kann. Ressourcen geben Energie und sind damit wichtige Kraftquellen, um Herausforderungen meistern zu können. Äußere Ressourcen könnten ein unterstützendes Umfeld sein oder auch finanzielle Mittel. Zu den inneren Ressourcen zählen u. a. Potenziale, Fähigkeiten, Talente und Einzigartigkeiten. Es ist immer äußerst hilfreich, sein Ressourcen-Repertoire zu kennen, um bei Bedarf daraus schöpfen zu können.

Es gibt Menschen, die selbst unter widrigen Umständen handlungsfähig bleiben und sogar noch wachsen können. Der wissenschaftliche Begriff hierfür ist Resilienz. Bereits in den 1980er-Jahren hat der amerikanische Medizinsoziologe Aaron Antonovsky erforscht, dass Menschen in krisenhaften Lebenssituationen handlungs- und lösungsorientiert bleiben können, wenn sie Ressourcen in sich verankert haben, die im „Sturm des Lebens" für Standfestigkeit sorgen. Antonovsky prägte hierfür den Begriff Salutogenese.

Resilienz ist sowohl eine angeborene Fähigkeit als auch eine Folge von erprobten Ressourcen, die Menschen in schwierigen Situationen schon erfolgreich eingesetzt haben.

12.2 Wie arbeiten wir mit Ressourcen im Job-Coaching?

Als Job-Coachs unterstützen wir unsere Klienten, die eigenen Potenziale zu entdecken, wertzuschätzen und freizusetzen. Dabei werden folgende Faktoren angesprochen bzw. aktiviert:

Resilienz: Wird sich der Klient seiner Ressourcen bewusst, befähigt ihn das, schwierige Situationen zu bewältigen und diese positiv für Herausforderungen im Leben zu nutzen.

Sinn: Der Klient erinnert sich an frühere positive Erfahrungen, nimmt seine vorhandenen Ressourcen wahr und ihm wird klar, weshalb es sich für ihn lohnt, positiv in die Zukunft zu blicken.

Kontinuität: Panta rhei – alles fließt. Die Fülle des Lebens mit all ihren Höhen und Tiefen wird deutlich. Strukturen des eigenen Lebens werden besser erkennbar und bewusst. Das Leben kann als ein sich ständig wandelnder Prozess gesehen werden.

Realitätsbewusstsein: In der Biografiearbeit (s. Kap. 11) erkennt der Klient möglicherweise, dass die eigene Sicht der Dinge auf das Leben manchmal nichts mit der Realität zu tun hat. Unser Denken blendet Erlebnisse und Ereignisse aus, die nicht erwünscht sind; wir „schönen" oder „verteufeln" die Realität. Wer Zugang zu seinen Ressourcen hat, ist in der Lage, seine Wirklichkeit zu bereichern und zu tragen.

Veränderung: Ressourcenarbeit ermöglicht einen Perspektivwechsel. Sie hilft, die Wahrnehmung zu schärfen und Veränderungen in der eigenen Biografie zu sortieren und anzugehen. Sie kann zum Kraftstoff für Veränderungen werden. Ressourcenarbeit eröffnet die Möglichkeit, der Zukunft offen und positiv zu begegnen und sie zu gestalten.

Kommunikation: Ressourcenarbeit ist keine Einbahnstraße, sondern erfolgt wechselseitig zwischen dem, der erzählt, und dem, der zuhört. Wir arbeiten mit unseren Klienten prozess- und stärkenorientiert und nutzen die Optionen und Energien, die unsere Ressourcen freilegen.

Und wann ist es angezeigt, ressourcenorientiert zu arbeiten? U.a. immer dann, wenn das „Ich" des Klienten infrage steht und einer Anerkennung bedarf. Wenn der Klient sich nicht mehr zugehörig zur Gesellschaft fühlt, kann der Zugang zu seinen Ressourcen ihm helfen, seinen „Platz" und sich selbst wiederzufinden oder neue, positive Räume für sich zu entdecken. –

Im Folgenden finden Sie verschiedene Anregungen für Ressourcenarbeit mit Ihren Klienten.

12.2.1 *Wunderfrage*

Die Methode der Wunderfrage geht auf die lösungsorientierte Kurzzeittherapie von Steve de Shazer zurück. Der Klient soll über mögliche Problemlösungen fantasieren, was besonders in verfahrenen und „aussichtslosen" Situationen hilfreich ist.

Ziel: Der Klient soll sich einen bestmöglichen Zustand vorstellen und so neue Motivation gewinnen und eine positivere Haltung einnehmen.

Umsetzung:

Bevor wir die Wunderfrage stellen können, hilft oft ein kleines Intro: „Ich habe eine ungewöhnliche, vielleicht etwas schwierige Frage … Um sie zu beantworten, ist möglicherweise etwas Fantasie gefragt."

Schritt 1 – Induktion: Der Job-Coach skizziert das Szenario und stellt die Wunderfrage mit ruhiger, freundlicher Stimme:

„Nehmen wir einmal an, Sie kommen heute irgendwann nach Hause, gehen abends wie immer zu Bett, schlafen ein – und über Nacht passiert ein Wunder. Das Problem, das Sie lösen wollen, ist schon gelöst. Einfach so. Das Ziel, das Sie erreichen wollten und weswegen Sie hier sind, ist schon erreicht. Sie haben es nicht einmal gemerkt. Und Sie wissen auch nicht, dass und wie das Wunder geschehen ist, weil Sie geschlafen haben. Woran werden Sie am Morgen, wenn Sie aufwachen, erkennen, dass ein Wunder passiert ist?"

Schritt 2: Bei Einwänden des Klienten betonen wir die Charakteristika eines Wunders: Es tritt plötzlich ein, kommt unverhofft. Wie es passiert, ist unwichtig – jetzt ist es so. Es kommt überraschend. Alles ist möglich, der Weg dorthin ist unwichtig; es passiert einfach so.

Wir achten auf die möglicherweise negativen Formulierungen des Klienten und fragen ihn: „Was verändert sich zum Positiven?"

Beispiele:

- Wenn Sie sich nicht mehr in Ihrer Wohnung verkriechen, was tun Sie stattdessen?
- Wenn Sie nicht mehr abgelehnt werden, was geschieht dann?

Schritt 3: Wir fragen sinnesspezifisch (VAKOG) und unterstützen den Klienten, so richtig einzusteigen in die Aufforderung: „Tun Sie einfach mal so, als ob ein Wunder passiert ist!“ Wir erfragen so viele Details wie möglich, damit das Wunder für den Klienten Gestalt annimmt.

Schritt 4: Wir fragen den Klienten nach seinem konkreten und spezifischen Verhalten: „Was machen Sie anders am Tag nach dem Wunder? Woran können andere sehen, dass das Wunder geschehen ist? Angenommen, am Tag nach dem Wunder wird ein Film über Sie gedreht, was werden die Zuschauer auf der Leinwand sehen? Was zeigt, dass das Wunder geschehen ist?“

Schritt 5: Erkunden Sie allenfalls auch Positionen des Klienten-Systems (Partner, Kinder, Bekannte …).

Schritt 6: Finden Sie zusammen mit Ihrem Klienten die Ressourcen, die er für das Wunder benötigt. „Erinnern Sie sich bitte. Wann haben Sie sich in der letzten Zeit (vielleicht vor Tagen, Stunden, Wochen) so ähnlich gefühlt wie an diesem Tag nach dem Wunder? Gab es schon einmal eine ähnliche Situation oder haben Sie sich schon einmal ähnlich verhalten?“

Schritt 7: Sollten Sie – auch nach einer Pause – keine Antwort erhalten, dann können Sie nachhaken, indem Sie ergänzen: „Vielleicht liegt es schon lange Zeit zurück, dass es schon einmal so war … Möglicherweise kehrt bei Ihnen doch die Erinnerung langsam zurück und Sie haben eine Idee …?“ Sinnesspezifische Nachfragen aktivieren den Klienten, die Erinnerung zu „re-installieren“.

Schritt 8: Zum Schluss können Sie mit einer Skalierungs- oder Prozentfrage den Effekt beim Klienten messen.

Beispiele:

- „An welchem Punkt auf einer Skala von 0–10 befinden Sie sich jetzt gerade, bezogen auf das, was am Tag, nachdem das Wunder passiert ist, sein wird?"
- „Was, denken Sie, würden andere Leute sagen, an welchem Punkt Sie sich im Moment befinden – bezogen auf die gleiche Skala?"
- „Was könnte ein erster Schritt sein, um von … auf … zu kommen?"

12.2.2 *Ein wunderbarer Arbeitstag*

Wenn wir uns mit unserer Arbeit und an unserem Arbeitsplatz wohlfühlen, werden wir motiviert Leistungen bringen. Ist die Balance zwischen Beruf und Privatleben für uns stimmig, kann dies der Schlüssel zur Entwicklung einer erfolgreichen Berufsstrategie sein. Doch was macht für unseren Klienten ein gutes Wohlfühlklima aus? Ist es irgendwann einfach da? Ist es eine Mischung aus Freude am Job, eigener Zufriedenheit und wertschätzendem Miteinander? Um herauszufinden, welche „Zutaten" für den Klienten im Berufsalltag wichtig sind, können wir ihn einladen, mit uns einen wunderbaren Arbeitstag zu erleben.

Gerade am Anfang des Job-Coachings lässt sich diese Methode gut einsetzen, weil sie den Klienten in einen ressourcevollen Zustand versetzt und wir viel über seine persönliche Landkarte und sein Wertesystem erfahren.

Ziel: Den Klienten einen ressourcevollen Zustand erleben lassen und seine Wahrnehmung schärfen für Dinge, die für ihn im beruflichen Alltag bedeutsam sind. Der wunderbare Arbeitstag kann richtungsweisend für den gesamten Job-Coaching-Prozess sein: Er nimmt Einfluss auf die Auswahl der Stellenangebote, den Aufbau von Anschreiben und die Gestaltung des Lebenslaufes.

Umsetzung:

Schritt 1 – Induktion: Führen Sie Ihren Klienten an die nächste Aufgabe heran und machen Sie ihm mit ruhiger, freundlicher und zugewandter Stimme ein Angebot: „Ich möchte mit Ihnen heute ein wenig in die Welt Ihrer Wünsche, Vorstellungen und Vorlieben eintauchen. Es interessiert mich sehr zu erfahren, wie für Sie ein perfekter und wunderbarer Arbeitstag aussehen würde. Es ist dabei überhaupt nicht wichtig, *was* sie arbeiten – es geht mehr darum, *wie* sich so ein Tag anfühlen könnte, wie Sie sich Ihre Zeit gerne einteilen und wie Sie diesen Tag verbringen möchten. Ich lade Sie ein, diese kleine Erlebnisreise mit mir zu unternehmen. Sie müssen nichts machen, ich werde Sie da hindurchführen. Sie können sich ganz entspannt zurücklehnen und sich eine angenehme Auszeit gönnen. Wenn Sie mögen, können Sie auch die Augen schließen. Ich notiere für uns beide, was Sie sagen – und wir können uns das später gemeinsam angucken und die Dinge herausarbeiten, die für Sie besonders wichtig sind, um sich bei der Arbeit gut zu fühlen. Wie hört sich das für Sie an? Sind Sie bereit? Ja? Los geht's!"

Schritt 2: Sie beginnen, Ihrem Klienten Fragen zu stellen und notieren seine Antworten. Dafür können Sie den folgenden Leitfaden für das Interview zum „wunderbaren Arbeitstag" verwenden.

Fragen zum Aufwachen: Stellen Sie sich vor, Sie werden an Ihrem wunderbaren Arbeitstag wach. Wie werden Sie wach?

- Hören Sie einen Wecker oder kommen Sie von ganz allein in diesen Tag?
- Wie spät ist es, wenn Sie an Ihrem wunderbaren Arbeitstag aufwachen?
- Wie machen Sie das? Stehen Sie sofort auf oder bleiben Sie zunächst mit geschlossenen Augen noch ein wenig liegen?
- Wie fühlt sich Ihre Bettdecke an?
- Wie fühlt sich der Raum an, in dem Sie liegen?
- Ist es warm oder eher kühl?
- Wo befinden Sie sich?
- Können Sie etwas hören oder riechen?
- Wenn Sie sich in dem Raum umgucken – was sehen Sie? Ist es hell oder dunkel? Beschreiben Sie diesen Raum.
- Sind Sie allein?
- Was machen Sie jetzt?
- Und wenn Sie an Ihrem wunderbaren und perfekten Arbeitstag dann aufstehen: Bleiben Sie vielleicht noch einen Augenblick auf der Bettkante sitzen und genießen den Moment? Oder kommen Sie zügig aus dem Bett?
- Was machen Sie dann?

Fragen zur morgendlichen Komfortzone:

- Wie geht es für Sie weiter?
- Gibt es einen Lieblingsduft eine Lieblingsseife, ein Lieblingsparfum, das sie an Ihrem wunderbaren Arbeitstag benutzen?
- Bleiben Sie noch eine Zeit lang in Ihrem Pyjama oder kleiden Sie sich gern schnell an?
- Was ziehen Sie an Ihrem perfekten und wunderbaren Arbeitstag an? Haben Sie eine Lieblingsbluse, ein Lieblingshemd, eine Lieblingshose, ein Lieblingskleid?
- Wie frühstücken Sie an diesem wunderbaren Tag?
- Wo frühstücken Sie? Drinnen oder draußen?
- Was steht auf dem Frühstückstisch? Was mögen Sie morgens besonders gern? Mögen Sie Obst oder Gemüse zum Frühstück? Trinken Sie lieber Tee oder Kaffee? Wie schmeckt er Ihnen am besten? Gibt es eine Lieblingssorte? Haben Sie einen Lieblingsteller, eine Lieblingstasse? Wer hat dieses Frühstück zubereitet? Sind Sie allein oder ist da noch jemand mit Ihnen?
- Wie lange dauert Ihr wunderbares Frühstück?
- Wie spät ist es jetzt?
- Was machen Sie dann?

Fragen zum Übergang in die „Welt da draußen“:

- Wie machen Sie sich an Ihrem perfekten Arbeitstag für die Arbeit fertig? Lassen Sie sich noch etwas Zeit? Wie gestalten Sie den Übergang?
- Wann gehen Sie los? Wie spät ist es jetzt?
- Was nehmen Sie von zu Hause mit, wenn Sie losgehen?
- Wie spät ist es jetzt?
- Wenn Sie Ihr Heim verlassen und vor die Tür treten – wie sieht es da aus?
- Wo sind Sie? Was sehen, hören, riechen, schmecken Sie (VAKOG)?
- Wie kommen Sie zur Arbeit? Laufen Sie zu Fuß, fahren Sie mit dem Fahrrad, dem Motorrad, dem Auto oder nehmen Sie die öffentlichen Verkehrsmittel?
- Wie lange dauert Ihr Arbeitsweg?
- Wie sieht er aus? Beschreiben Sie, was Sie jetzt sehen.
- Wenn Sie an Ihrer Arbeitsstätte ankommen – was sehen Sie da?
- Wie sieht es dort aus?
- Was ist das für ein Gebäude, in dem Sie arbeiten? Ist es alt oder neu? Groß oder klein? Edel oder einfach? In welcher Umgebung liegt es?
- Sie gehen auf das Gebäude zu und gucken auf die Uhr: Wie spät ist es jetzt?

Fragen zur Arbeitsstätte:

- Sie betreten an Ihrem wunderbaren Arbeitstag das Gebäude: Wie betreten Sie es? Haben Sie einen Schlüssel oder ist die Tür offen?
- Was erwartet Sie da? Sind Sie der Erste? Oder sind da schon andere Menschen? Wie riecht es dort? Was sehen und hören Sie dort?
- Was tun Sie als Nächstes? Wo arbeiten Sie in diesem Gebäude? Gibt es dort einen speziellen Raum, in dem Sie arbeiten? Was sehen Sie, wenn Sie den Raum betreten? Wie sieht der Raum aus? Sind Sie dort allein oder mit anderen?
- Was tun Sie jetzt als Erstes? Womit werden Sie die nächste Zeit beschäftigt sein? Sprechen Sie mit Menschen oder arbeiten Sie allein? Kommen zu Ihnen Menschen von außen oder arbeiten Sie stets mit den gleichen Kollegen oder arbeiten Sie ganz allein? Was für Tätigkeiten gehören zu Ihrer Arbeit? Was mögen Sie an diesen Tätigkeiten besonders gern?
- Sie merken nach einer Weile, dass Sie ein wenig Hunger bekommen. Wie spät ist es da? Was werden Sie an Ihrem wunderbaren Arbeitstag essen? Werden Sie eine Mittagspause machen? Wenn ja, wie lange machen Sie Pause? Wo verbringen Sie Ihre Pause?
- Was machen Sie nach der Mittagspause?
- Wie geht Ihr wunderbarer Arbeitstag weiter?
- Wie lange arbeiten Sie an diesem perfekten Arbeitstag?
- Wie verlassen Sie das Gebäude? Sind Sie der Erste oder der Letzte? Was machen Sie dann?
- Wie spät ist es jetzt?

Fragen zur Freizeitgestaltung

- Wie geht Ihr wunderbarer Arbeitstag jetzt weiter?
- Wie verbringen Sie Ihre Zeit?
- Wann kommen Sie nach Hause?
- Wie schließen Sie diesen Tag ab?
- Wann gehen Sie ins Bett?
- Wenn Sie jetzt den Tag noch einmal Revue passieren lassen: Auf einer Skala von 1 bis 10, wie viele Punkte würden Sie diesem wunderbaren Arbeitstag geben?

Schritt 3: Reflektieren Sie mit Ihrem Klienten das Erlebte.

- Wie fühlt er sich jetzt?
- Wie war der Tag?
- Was hat ihm besonders gut gefallen?
- Was ist für seine berufliche Zukunft besonders wichtig?
- Hat er solch eine Arbeitssituation schon einmal erlebt?
- Hat er schon einmal in einem ähnlichen Gebäude gearbeitet?

Unterstreichen Sie mit Ihrem Klienten gemeinsam die Dinge, die für ihn besonders bedeutsam sind. Fragen Sie ihn danach, was genau daran für ihn so wichtig ist.

Hinweis: Während Ihr Klient erzählt, notieren Sie die wichtigen Eckdaten auf einem Flipchart.

Fragen Sie zu Beginn der Intervention sehr sinnesspezifisch (VAKOG) und unterstützen Sie Ihren Klienten, so richtig in die Vorstellung des wunderbaren Arbeitstages einzusteigen. Erfragen Sie so viele Details wie möglich, damit der Tagesablauf für den Klienten Gestalt annimmt und er sich gut in diesen Tag einfühlen und ihn erleben kann. Jeder neue Abschnitt wird von Ihnen mit dem Hinweis versehen, dass es sich hier um den perfekten und wunderbaren Arbeitstag handelt.

Heben Sie dieses Flipchart auf und nutzen Sie die dort notierten Kernaussagen des Klienten für den weiteren Prozess.

Im Online- oder Telefon-Coaching können Sie die Äußerungen des Klienten notieren und ihm im Anschluss Ihre Aufzeichnungen zumailen. Sie können ihn außerdem bitten, in der Nachbereitung der Übung die Punkte, die ihm besonders wichtig sind, farblich zu markieren, damit Sie beim nächsten Termin hier gemeinsam ansetzen können.

12.2.3 *Ressourcen-Dusche*

Ziel: Ihren Klienten einen ressourcevollen Zustand erleben lassen, in dem er seine Selbstwirksamkeit erfährt. Diese Erfahrung kann er für die Bewältigung anstehender Herausforderungen nutzen. Sie können Ihren Klienten im Verlauf des Job-Coaching-Prozesses immer wieder an diese Ressource erinnern.

Durchführung:

Schritt 1: Bitten Sie Ihren Klienten, sich an eine berufliche oder private Situation zu erinnern, die für ihn besonders angenehm war. Erfragen Sie, welche Ressource ihm in diesen Moment zur Verfügung stand, und lassen Sie ihn die Ressource benennen.

Schritt 2: Unterstützen Sie Ihren Klienten mit VAKOG und lassen Sie ihn diese Situation noch einmal durchleben.

Schritt 3: Bitten Sie ihn, sich diese Situation als „Ressourcen-Dusche" vorzustellen. Er dreht den Hahn auf und kann sich mit seiner Ressource berieseln lassen und sie sich so zuführen. Versichern Sie ihm, dass er jederzeit in dieser Situation „duschen" oder „baden" kann, immer wenn er merkt, dass ihm die Ressource gerade fehlt. Die Erinnerung an die ressourcevolle Situation unterstützt ihn kraftvoll dabei, eine eventuell anstehende Herausforderung zu meistern.

12.2.4 *Ressourcen-Anker*

Ziel: Ihr Klient aktiviert eine gewünschte Fähigkeit.

Durchführung:

Schritt 1: Lassen Sie sich von Ihrem Klienten eine konkrete, aktuelle Situation schildern, für die er eine Veränderung wünscht bzw. in der er sich anders verhalten möchten. Bitten Sie ihn dann, jene Eigenschaft zu nennen, von der er mehr haben möchte bzw. die ihm derzeit fehlt.

Schritt 2: Lassen Sie sich drei Situationen aus der Vergangenheit schildern, in denen ihm genau jene nun fehlende / gewünschte Ressource zur Verfügung stand.

Schritt 3: Wählen Sie die Situation aus, wo die Eigenschaft am intensivsten war.

Schritt 4: Lassen Sie ihren Klienten diese Situation noch einmal durchleben. Unterstützen Sie in mit VAKOG.

Sie können hier auch die Logischen Ebenen (siehe Kap. 5.3) einbeziehen und mit Ihrem Klienten Ebene für Ebene durchlaufen.

Schritt 5: Lassen Sie den Klienten am Schluss für seine nun aktivierte Ressource ein Symbol, Bild oder Ähnliches finden, etwas, das er mit der beschriebenen Situation verbindet.

12.2.5 *Moment of Excellence*

Ziel: Ihr Klient erlebt einen ressourcevollen Zustand. Ihm wird bewusst, wie er in der Vergangenheit seine Ressourcen bereits erfolgreich eingesetzt hat.

Umsetzung:

Schritt 1: Bitten Sie Ihren Klienten, sich an eine Situation zu erinnern, in der ihm einfach alles gelang. Fragen Sie ihn, welche Ressource ihm dort genau zur Verfügung stand. Welche Ressource ist das genau? Wo möchte er sie in Zukunft nutzen.

Schritt 2: Beschriften Sie Moderationskarten mit jeweils einer der Logischen Ebenen (s. Kap. 5.3) und legen Sie diese in einer Linie aus. Bitten Sie Ihren Klienten, sich zu Beginn auf die Karte „Kontext" (Ebene 1) zu stellen. Befragen Sie ihn konkret nach der Situation und nutzen Sie VAKOG zur Unterstützung.

Schritt 3: Gehen Sie nun durch die anderen Logischen Ebenen und fragen Sie Ebene für Ebene ab. Gehen Sie dafür immer einen Schritt nach dem anderen, von Karte zu Karte.

Beispiele für Fragen zu den einzelnen Ebenen:

- Welches Verhalten könnte ich von außen beobachtet haben (Ebene 2)?
- Welche Strategien haben Sie in der Situation eingesetzt (Ebene 3)?
- Was haben Sie in dieser Situation über sich geglaubt (Ebene 4)?
- Was war Ihnen wichtig? Welche Werte konnten Sie in der Situation leben (Ebene 4)?
- Was haben Sie in der Situation über sich gedacht (Ebene 5)?
- Mit wem oder was haben Sie sich in der Situation verbunden gefühlt (Ebene 6)?

Schritt 4: Wenn Sie mit Ihrem Klienten alle Ebenen durchlaufen sind, fragen Sie ihn nach einem Symbol oder einem Bild, das er mit dieser Situation verbindet.

Schritt 5: Reflektieren Sie mit Ihrem Klienten den Prozess.

Auch online können Sie durchaus mit Bodenankern arbeiten: Bitten Sie Ihren Klienten, die Moderationskarten selbst zu beschriften und entsprechend im Raum zu verteilen. Dann richten Sie die PC-Kamera gemeinsam so ein, dass Sie den Klienten sehen können, während Sie beide gemeinsam die Übung bzw. die Methode durchführen.

12.2.6 *Persönliche Erfolgsgeschichte*

Diese Methode wurde etwa 1980 von Richard Nelson Bolles als „Trio-Technik" entwickelt. Er hatte die Erfahrung gemacht, dass Menschen nicht in der Lage waren, aus ihren eigenen Geschichten Fähigkeiten zu extrahieren. Außenstehende hingegen konnten sehr gut benennen, über welche Ressourcen der Erzählende verfügte.

Ziel: Ihr Klient reflektiert die Erfolge und Höhepunkte in seinem Leben und erinnert sich so an seine Ressourcen. Durch das Feedback des Coachs wird dem Klienten deutlich, welche Kompetenzen und Fähigkeiten er in den einzelnen Episoden gezeigt hat.

Umsetzung:

Einführung: Ihr Klient benötigt zunächst von Ihnen eine mündliche oder schriftliche Definition, was eine „Erfolgsgeschichte" ist. Suchen Sie mit ihm nach kurzen Episoden aus seinem Leben, in denen er sich als besonders wirksam empfunden hat. Fragen Sie ihn, wo und wann ihm eine Tätigkeit besonders leicht von der Hand gegangen oder ein Projekt besonders gut gelungen ist.

Schritt 1: Ihr Klient erhält vor dem Coaching-Gespräch die Aufgabe, drei Erfolgsgeschichten vorzubereiten und in die Coaching-Sitzung mitzubringen. Dort erzählt er Ihnen die Geschichten oder liest diese einzeln vor.

Schritt 2: Schreiben Sie alle Fähigkeiten mit, die Ihr Klient in der Geschichte einsetzt, und spiegeln Sie ihm diese am Ende zurück. Bei Rückfragen erklären Sie genau, wo Sie die genannte Fähigkeit in der Geschichte gesehen haben. Sie filtern mit ihm aus diesen Schilderungen seine individuellen Fähigkeiten heraus.

Schritt 3: Zeigen Sie Ihrem Klienten die Sammlung an Kernkompetenzen, die er im Verlauf des Lebens immer wieder unter Beweis gestellt hat. Machen Sie ihm deutlich, dass Menschen – somit auch er – gar nicht anders können, als ihre besten Fähigkeiten einzusetzen, um gute Leistungen zu erzielen. Die Kernkompetenzen werden deshalb auch „übertragbare Fähigkeiten" genannt, weil sie nicht auf einen Tätigkeitsbereich beschränkt sind. Erfolgsgeschichten machen diese besonderen Fähigkeiten und Talente sichtbar. Unterstützen Sie Ihren Klienten dabei, diese Fähigkeiten in eine anschauliche und verständliche Sprache zu übersetzen. Ziehen Sie ein Fazit aus der Erzählung.

Beispiel:
Ihr Klient erzählt eine Geschichte, in der er umsichtig und humorvoll gehandelt hat. Sie fassen seine Erzählung zusammen und geben ihm ein Feedback: „Sie können also Situationen gut einschätzen und Konflikte entschärfen." Ggfs. können Sie Ihren Klienten durch weiterführende Fragen unterstützen:

- Was tun Sie, wenn Sie humorvoll und umsichtig sind?
- Was hätte in dieser Situation gefehlt, wenn Sie nicht dabei gewesen wären?
- Was haben Sie persönlich beigetragen?
- Wie würden Ihre Kollegen das beschreiben, was Sie konkret zum Erfolg beigetragen haben?

Schritt 4: Die Erfolgsgeschichten fördern die Selbstwirksamkeit Ihres Klienten. Er kann sich selbst von seinen Fähigkeiten überzeugen und weiß jetzt, dass er „wirklich" über sie verfügt.

Als Ergebnis der Übung gewinnen Sie einen Pool an individuellen Fähigkeiten Ihres Klienten, aus dem er seine Kernkompetenzen priorisieren kann.

Hinweis: Bei Klienten löst der Begriff „Erfolg" häufig besonders hohe Ansprüche an die eigene Leistung aus. Keine Geschichte erscheint gut genug, um sie zu erzählen. Sie müssen dann recht viel relativieren und ermutigen, um Ihren Klienten ins Erzählen zu bringen.

13. Glaubenssatzarbeit

13.1 Was sind Glaubenssätze?

Folgen wir den Theorien des Kommunikationswissenschaftlers Paul Watzlawick und seiner Idee der Konstruktion von Wirklichkeit, dann erschafft sich jedes Individuum ein individuelles und subjektives Bild seiner Umwelt. Für uns sind es „Wahrheiten", in Wirklichkeit sind es Glaubenssätze, von denen wir fest überzeugt sind und die unser Denken, Fühlen und Handeln prägen. Glaubenssätze resultieren aus der Verarbeitung und Bewertung früherer Erlebnisse. Sie drücken sich in Überzeugungen, Einstellungen und Meinungen aus und sind unterbewusste Lebensregeln, die uns Halt geben und ein Gefühl von Sicherheit.

Aus Watzlawicks Bestseller *Anleitung zum Unglücklichsein* (2009) ist folgendes Beispiel besonders einprägsam: Ein Mann klatscht alle zehn Sekunden in die Hände. Nach dem Grund für dieses merkwürdige Verhalten befragt, erklärt er: „Um die Elefanten zu verscheuchen." Man erklärt dem Mann, es gäbe hier gar keine Elefanten. Daraufhin er: „Na, also! Sehen Sie?"

Dieses Beispiel veranschaulicht gut, dass etwas nicht zwangsläufig wahr sein muss, nur weil wir es glauben. Unsere Annahmen sind nicht die Wahrheit, sondern nur eine mögliche Sicht der Dinge. Was ursächlich für etwas ist – darüber konstruiert jeder Mensch für sich Glaubenssätze.

Glaubenssätze können wir gut daran erkennen, dass sie verallgemeinern. Sie meißeln etwas in Stein, das gar nicht so bedingungslos zutreffen muss. Besonders negative Glaubenssätze machen uns das Leben schwer, denn sie berauben uns der Möglichkeit, andere positive Erfahrungen zu machen.

Die meisten Menschen sind sich ihrer Glaubenssätze nicht bewusst. Sie halten ihre Gedanken und Werte für normal, auch wenn sie dazu beitragen, dass sie immer wieder „Schiffbruch" erleiden oder Schmerzen und Enttäuschungen erleben. Eine negative Erwartungshaltung kann dazu führen, dass Menschen bestimmte Situationen geradezu anziehen – und die entsprechenden Glaubenssätze werden so wieder und wieder bestätigt.

13.2 Mit Glaubenssätzen im Job-Coaching arbeiten

Einschränkende Glaubenssätze sind im Job-Coaching ein wichtiges Thema. Sie hindern den Klienten möglicherweise daran, erfolgreich, glücklich, mutig, aufgeschlossen, zupackend oder hoffnungsvoll zu sein. Der Job-Coaching-Prozess kann genutzt werden, hinderliche Glaubenssätze des Klienten zu bearbeiten und zu verändern.

13.2.1 *Spurensuche*

Ziel: Viele unserer Glaubenssätze und Überzeugungen haben wir von Personen übernommen, die uns geprägt haben. Ihr Klient erkennt, woher seine Glaubenssätze stammen, und er bearbeitet sie. Alte einschränkende Glaubenssätze werden zu neuen positiven Glaubenssätzen.

Umsetzung:

Schritt 1: Bitten Sie Ihren Klienten, die folgenden Satzanfänge zu vervollständigen.

- Mein Vater sagte immer: …
- Meine Mutter sagte häufig: …
- Der Lieblingsspruch meines Opas war: …
- Von meiner Oma hörte ich oft: …
- Meine Geschwister haben mich beeinflusst zu glauben, dass …
- Eine Lektion, die mein erster Lehrer ständig wiederholte: …
- Der wichtigste Satz meiner Kindheit stammt von … Er lautet: …
- Von XY erinnere ich mich an folgende Aussage, die mich geprägt hat: …

Schritt 2: Reflektieren Sie gemeinsam folgende Fragestellungen, um herauszufinden welche Glaubenssätze für Ihren Klienten hilfreich und wertvoll sind und welche ihm heute im Weg stehen.

1. Macht der jeweilige Satz jetzt noch Sinn für Sie?
2. Was könnte eine andere Meinung dazu sein?
3. Wie könnte eine Situation aussehen, in der das nicht zutrifft?
4. Wie würde sich wohl das genaue Gegenteil dieser Sichtweise anfühlen? Welche Gedanken würde das auslösen?
5. Wie könnten Sie das vielleicht in 20 Jahren sehen?

Schritt 3: Besprechen Sie mit dem Klienten den Prozess und formulieren Sie aus Ihren Ergebnissen neue Optionen für die alten Glaubenssätze. Aus jedem Glaubenssatz bilden Sie zwei weitere Varianten, die schrittweise die Generalisierung aufheben.

Glaubenssatz	erste Variante	zweite Variante
„Reiche Leute sind geizig."	„Nicht alle reichen Leute sind geizig."	„Reiche Leute können auch großzügig sein."
„Das Leben ist schwierig."	„Das Leben ist manchmal schwierig."	„Das Leben ist manchmal auch leicht."
„Mir gelingt nichts."	„Mir gelingt nicht alles."	„Mir gelingen einige Dinge gut."

Tabelle 9: Alte Glaubenssätze in neue umwandeln

13.2.2 *Glaubenssatz-Medaille*

Bei der Glaubenssatz-Medaille überprüft der Klienten die „andere Seite der Medaille". Durch den Perspektivwechsel kann der alte Glaubenssatz den neuen Erkenntnissen nicht mehr standhalten. Ein Klient, der über sich glaubt, dass er ohne Abitur (X) nie Karriere (Y) machen wird, kann nach einem erfolgreichen Reframing (s. Kap. 7.3) vielleicht denken und glauben: „Ich kann Karriere machen. Ja, ich habe kein Abi, aber es gibt viele Menschen, die es weit gebracht haben und nie zur Schule gegangen sind. Dann kann ich es ja wohl auch schaffen". Die alte, behindernde Logik „Kein Abi (X) = keine Karriere (Y)" wird brüchig.

Ziel: Der Klient wird dazu ermuntert, etwas anders zu sehen als bisher und auch „die andere Seite der Medaille" zu berücksichtigen.

Umsetzung:

Für die folgenden Schritte nehmen wir den Beispielsatz: „Weil ich kein Abi (X) habe, kann ich keine Karriere (Y) machen."

Schritt 1: Visualisieren Sie eine Medaille auf dem Flipchart oder teilen Sie Ihren Bildschirm mit dem Bild einer Medaille mit Ihrem Klienten. Auf die Vorderseite notieren Sie den Glaubenssatz Ihres Klienten. Laden sie ihn ein, mit Ihnen einen Blick auf die Kehrseite der Medaille zu werfen. Sie können im Gespräch den Fokus auf unterschiedliche Aspekte legen.

Schritt 2: Wählen Sie den Fokus und interviewen Sie Ihren Klienten:

Fokus Konkretisieren – Präzisieren des Mangels: Fragen Sie Ihren Klienten, was es genau bedeutet, „keine Karriere" (Y) zu machen.

- Woran würden Sie erkennen, dass Sie Karriere (Y) gemacht haben / keine Karriere gemacht haben?
- Wer entscheidet darüber, dass Sie „keine Karriere" (Y) machen werden?

Fokus: Entstehung

- Woher kommt der Glaubenssatz?
- Welche Erfahrungen liegen dem Glaubenssatz zugrunde?
- Welche Gründe bzw. welches Motiv könnte die Person, die das behauptet hat, für diese Annahme gehabt haben?

Fokus: andere Personen

- Welche Personen haben einen solchen Glaubenssatz?
- Wie könnte ein Glaubenssatz für Personen lauten, die ohne Abi erfolgreich / glücklich / finanziell abgesichert sind?

Fokus: Konsequenzen

- Wie wird Ihr Leben verlaufen, wenn Sie diesen Glaubenssatz beibehalten?
- Wenn Sie an Ihrem Lebensende zurückschauen: Was glauben Sie, wie viele Chancen Ihnen begegnet sein werden, die Sie aber nicht nutzen konnten, weil ihr Glaubenssatz immer noch gültig war?

Fokus: Perspektivwechsel

- Was könnte gut daran sein, dass Sie kein Abi (X) haben?
- Was könnte gut daran sein, keine Karriere (Y) zu machen?

Fokus: Kausaler Zusammenhang

- Angenommen, die ausbleibende Karriere (Y) liegt nicht an dem fehlenden Abi (X). Woran könnte es stattdessen liegen?

Fokus: Suche nach Ausnahmen

- Was macht Sie so sicher, dass nie jemand eine erfolgreiche Karriere (Y) ohne Abi (X) gemacht hat?
- Unter welchen Voraussetzungen können Sie sich vorstellen, dass auch jemand ohne Abi (X) Karriere (Y) machen würde?

Schritt 3: Reflektieren Sie den Prozess mit Ihrem Klienten und fragen Sie ihn, was sich in Bezug auf den Glaubenssatz für ihn verändert hat.

14. Kompetenzanalyse

14.1 Wozu dient eine Kompetenzanalyse?

Kompetenzen sind Fähigkeiten und Fertigkeiten, die bei jedem Menschen unterschiedlich ausgeprägt sind. Im englischen Sprachraum spricht man von Skills. Mit einer Kompetenzanalyse sollen die Fähigkeiten und Fertigkeiten sowie die besonderen Stärken und Schwächen des Klienten umfassend beleuchtet werden.

Sind einige Kompetenzen bei unseren Klienten besonders stark ausgeprägt, so bezeichnen wir diese als Kernkompetenzen. Hierin unterscheiden sich Menschen deutlich voneinander. Im Job-Coaching überprüfen wir zusammen mit unserem Klienten, welche seiner Kernkompetenzen teilweise oder in Gänze ein Alleinstellungsmerkmal sein können.

Als Job-Coachs stellen wir unseren Klienten Fragen rund um seine Kompetenzen und entwickeln mit ihnen gemeinsam sein individuelles Kompetenzprofil.

14.2 Methoden der Kompetenzanalyse

14.2.1 Kompetenz-Check

(in Anlehnung an North et al. 2018)

Ziel: Dem Klienten seine Kompetenzen (Fähigkeiten, Fertigkeiten, Erfahrungen) bewusst und sichtbar machen.

Umsetzung:

Der Kompetenz-Check wird in die drei Bereiche Fachkompetenz, Methodenkompetenz und Sozialkompetenz unterteilt.

Schritt 1: Bitten Sie Ihren Klienten zu überlegen, welche Kompetenzen er im Hinblick auf die folgenden Kompetenzbereiche bereits besitzt, welche er entwickeln möchte bzw. welche er für seine zukünftige berufliche Tätigkeit benötigt.

Die ***Fachkompetenz*** umfasst alle zur Erfüllung einer konkreten beruflichen Aufgabe notwendigen fachspezifischen Fähigkeiten, Fertigkeiten und Kenntnisse. Sie umfasst z. B. Berufswissen, Sprachkenntnisse und betriebswirtschaftliches Wissen.

Die ***Methodenkompetenz*** beinhaltet weitgehend von der fachlichen Kompetenz unabhängige Fähigkeiten zur Planung und Durchführung der Arbeit. Sie umfasst z. B. Projektmanagement, Qualitätsmanagement, systematische Problemlösung, Präsentation und Moderation, Mitarbeiterführung usw.

Die ***Sozialkompetenz*** ist eng mit der Persönlichkeit des Klienten und seiner Erfahrung verbunden. Sie zeigt sich z. B. in der Fähigkeit, mit Mitarbeitern, Kollegen oder Kunden zusammenzuarbeiten, ein gutes Organisationsklima zu erreichen und zu erhalten sowie eigenverantwortlich zu handeln. Auch Kontakt-, Kritik- und Konfliktfähigkeit, Teamfähigkeit, Veränderungsbereitschaft, Durchsetzungs- und Überzeugungskraft gehören dazu.

Schritt 2: Bitten Sie Ihren Klienten, seine genannten Fach- und Methodenkompetenzen in folgende Kriterien einzuordnen:

- „Das kenne ich."
- „Das kann ich."
- „Da bin ich Meister."

„Das kenne ich": Der Klient verfügt über theoretisches Wissen, hat aber bislang nur wenig Möglichkeiten gehabt, es anzuwenden. Beispielsweise hat er einen Konfliktmanagement-Kurs erfolgreich abgeschlossen sowie erste Erfahrungen im Ansprechen von Konflikten gesammelt.

„Das kann ich": Der Klient hat längere Anwendungserfahrung und kann auch auf neue, unvorhergesehene Situationen adäquat reagieren. Beispielsweise hat er zahlreiche Projekte eigenverantwortlich durchgeführt.

„Da bin ich Meister": Der Klient ist in der Lage, in diesem Bereich weitgehend selbstorganisiert Probleme anzugehen und neue Lösungswege zu finden. Beispielsweise hat er Erfahrung im Management komplexer Strukturen oder hat Ausbildungskonzepte mit entwickelt.

Schritt 3: Reflektieren Sie gemeinsam mit Ihrem Klienten die Ergebnisse.

Hinweise: Eine Liste von möglichen Sozialkompetenzen befindet sich im Anhang.

Diese Methode nimmt einige Zeit in Anspruch und kann dem Klienten in Teilen als Hausaufgabe gegeben werden.

In der Online-Arbeit können Sie eine von Ihnen erstellte virtuelle Vorlage oder ein Arbeitsblatt verwenden.

14.2.2 SWOT-Analyse

SWOT steht für **S**trengths (Stärken), **W**eaknesses (Schwächen), **O**pportunities (Chancen) und **T**hreats (Risiken). In einer SWOT-Analyse untersucht man mithilfe einer aus vier Quadranten bestehenden Matrix diese einzelnen Bereiche.

Ziel: Der Klient kann erkennen, wo seine Stärken und Schwächen liegen.

Umsetzung:

Schritt 1: Führen Sie mit Ihrem Klienten ein Interview, in dem Sie alle vier Quadranten durchgehen und die jeweiligen Aussagen notieren.

Stärken (Strengths) ■ Was lief gut in der Vergangenheit? ■ Welche Erfolge können Sie verzeichnen?/Worauf sind Sie stolz? ■ Was können Sie besser als andere?	Schwächen (Weaknesses) ■ Was fiel Ihnen bislang schwer? ■ Was haben andere an Ihren kritisiert? ■ Was können Sie überhaupt nicht gut?
Chancen (Opportunities) ■ Welche Möglichkeiten bieten sich für Sie? ■ Welche Zukunftsperspektiven sehen Sie für sich in absehbarer Zeit? ■ Welche Veränderungen im Umfeld könnten vorteilhaft für Sie sein?	Risiken (Threats) ■ Welche möglichen Hindernisse könnte es geben? ■ Was könnte sich anders als erwartet entwickeln? ■ Welche Reaktionen aus dem privaten Umfeld sind zu erwarten?

Schritt 2: Reflektieren Sie gemeinsam die Ergebnisse.

Hinweis: Die Quadranten können auch auf dem Boden mit Seilen ausgelegt werden. Die Aussagen des Klienten können auf Metaplan-Karten geschrieben und in dem jeweiligen Quadranten abgelegt werden.

In der Online-Arbeit können Sie eine von Ihnen erstellte PowerPoint-Vorlage oder ein Arbeitsblatt verwenden.

14.2.3 Timeline-Berufsbiografie

(nach Van Kaldenkerken 2014)

Ziel: Mithilfe der Timeline (s. 11.2.4) kann der Klient den roten Faden seiner Berufsbiografie erkunden und erworbene Kompetenzen an den einzelnen Stationen herausarbeiten.

Umsetzung:

Schritt 1: Geben Sie Ihrem Klienten ein langes Seil (ca. 3 m) und bitten Sie ihn, mithilfe dieses Seils eine Zeitlinie im Raum auszulegen. Bestimmte Formen oder Windungen, z. B. eine Kurve, können besondere Ereignisse in der Laufbahn anzeigen.

Schritt 2: Nun soll Ihr Klient Anfang und Ende seiner Timeline-Berufsbiografie bestimmen. Beispiel: Studentenjob oder erster richtiger Job für den Anfang, dann die beruflichen Stationen in ihrer chronologischen Abfolge, dann visualisiert er den Beginn der Arbeitslosigkeit, den heutigen Tag oder heute in sechs Monaten für das vorläufige Ende.

Schritt 3: Stellen Sie jetzt Fragen, zuerst zur Vergangenheit: „Wo ist für Sie der Anfang ihrer beruflichen Biografie? Gerne können Sie beim Nachdenken auch die Augen schließen.“ Hat Ihr Klient den Startzeitpunkt benannt, so können Sie fortfahren: „Was zeichnet diese Situation aus?“, „Wie lauten die Kernbotschaften zu dieser Station?“ „Wofür war das wichtig?“, „Was haben Sie an dieser Station über sich gelernt?“

Führen Sie ein kurzes Interview mit Ihrem Klienten, in dem es hauptsächlich darauf ankommt, negative Erlebnisse zu reframen.

Beispiel:

Klient: „Mein dreijähriges Studium fand ich furchtbar. Es hat überhaupt keinen Spaß gemacht. Mit meinen Kommilitonen und Professoren war ich überhaupt nicht auf einer Wellenlänge. Da war nichts Gutes dran."

Job-Coach: „Wenn Sie sagen, da gab es gar nichts Positives für Sie und trotzdem haben Sie das Studium abgeschlossen, dann hört es sich für mich so an, als hätten Sie Durchhaltevermögen bewiesen."

Klient: „Ja, so habe ich das noch gar nicht gesehen."

Sie könnten nun das Wort „Durchhaltevermögen" auf eine Moderationskarte schreiben und es an den Punkt „Studium" auf der Timeline legen.

Schritt 4: Gehen Sie danach gemeinsam mit Ihrem Klienten von einer für ihn wichtigen beruflichen Station zur nächsten. Es kommt nicht auf die zeitlich korrekte Abfolge an, sondern auf die Momente, die von ihm als besonders markant erinnert werden.

Schritt 5: Am Ende angelangt, blicken Sie auf die Timeline zurück und fragen ihn z. B.

- „Wie geht es Ihnen mit ihrer Berufsbiografie?"
- „Was ist für Sie deutlich geworden?"
- „Welche Ressourcen können Sie für Ihren weiteren Werdegang wieder aktivieren?"

Hinweis: Sie können Ihren Klienten zusätzlich bitten, sich zu jeder Station ein Symbol aus von Ihnen bereitgestellten Gegenständen auszusuchen und an der jeweiligen Stelle zu platzieren: Die Frage dazu lautet: „Welches Symbol passt zu dieser Situation?"

14.2.4 *Rollenanalyse*

(nach Bachmann 2013)

Ziel: Der Klient setzt sich mit den unterschiedlichen Facetten seiner angestrebten beruflichen Rolle auseinander, um ein Rollenverständnis zu bekommen. Im Nachgang an die Analyse leiten Sie gemeinsam konkrete Handlungsfelder ab.

Umsetzung:

Schritt 1: Analysieren Sie in Interviewform gemeinsam mit Ihrem Klienten die unterschiedlichen Aspekte der von ihm angestrebten beruflichen Rolle. Nutzen Sie hierfür die folgende Tabelle oder das Arbeitsblatt im Downloadbereich.

Fokussierung	**Delegation und Abgrenzung**
Was gehört zu meiner Rolle? z. B. Kernaufgaben und Rollenerwartungen	*Was gehört nicht zu meiner Rolle?* z. B. Delegationsaufgaben
Fragen: Welche Erwartungen habe ich an mich selbst in dieser Rolle? Was wird von mir erwartet?	Fragen: Wo kann ich mich nicht gut abgrenzen und übernehme zusätzliche Aufgaben? Was wird an mich noch zusätzlich herangetragen?

Stärkung	**Herausforderungen**
Was stärkt mich in meiner Rolle? z. B. Verstärker und Promotoren	*Was hindert mich, meine Rolle auszufüllen?* z. B. hemmende Faktoren
Fragen: Was sind meine eigenen Motivatoren? Was motiviert mich von außen?	Fragen: Welche eigenen Faktoren hindern mich, meine Rolle auszufüllen? Welche äußeren Faktoren hindern mich, diese Rolle auszufüllen?

Schritt 2: Schreiben Sie alle Aspekte der Rolle, die ihr Klient nennt, auf Moderationskarten mit und visualisieren Sie diese gut sichtbar.

Wenn es genug Platz gibt, können Sie die Karten z. B. auf dem Boden auslegen. Dafür bereiten Sie ein Quadrat mit vier gleich großen Quadranten vor (z. B. mit Seilen). Danach gehen Sie mit Ihrem Klienten von einem Quadranten zu dem nächsten und legen in jedes Feld die thematisch passenden Moderationskarten.

Schritt 3: Nachdem alle Bereiche erfasst sind, beginnen Sie mit der Auswertung: Fragen Sie Ihren Klienten, wie er das Ergebnis für sich interpretiert. Welche Erkenntnisse haben sich daraus für ihn ergeben? Welche Rückschlüsse zieht er?

Schritt 4: Leiten Sie gemeinsam die sich daraus ergebenden Aufgaben ab und erstellen Sie einen konkreten Umsetzungsplan.

In der Online-Arbeit können Sie eine von Ihnen erstellte visuelle Vorlage oder ein Arbeitsblatt verwenden.

15. Zielearbeit

15.1 Ziele – der Kern im Job-Coaching-Prozess

Konkrete Ziele definieren – das ist der Kern des Job-Coaching-Prozesses (s. Kap. 3.3). Ganz wichtig ist in diesem Zusammenhang, wie Ziele formuliert werden. SMART, PURE und ZIEL sind einige der im Folgenden beschriebenen Methoden zur Zielformulierung.

Ziele haben kann man viele, aber umsetzen lässt sich längst nicht alles. Deshalb ist es sinnvoll, sich gemeinsam mit dem Klienten einen Überblick über seine Ziele zu verschaffen und dann mit ihm zu überlegen, welche er davon verfolgen möchte. Für die Zielearbeit empfiehlt sich also ein strukturiertes und systematisches Vorgehen.

15.2 Methoden der Zielearbeit

15.2.1 *Zielscheibe*

Ziel: Ihr Klient erarbeitet sich eine Übersicht über seine Ziele.

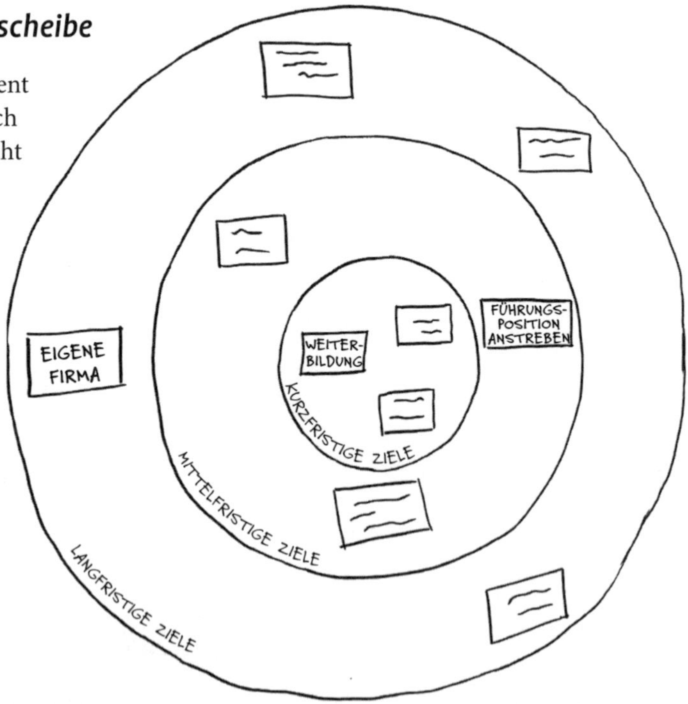

Umsetzung:

Schritt 1: Sammeln Sie alle Ziele, die Ihnen Ihr Klient nennt, zunächst auf Metaplankarten oder online z.B. im gemeinsamen Chat. Dabei können Sie die folgenden Fragen stellen:

- Welche Ziele sind für Sie im Leben von Bedeutung?
- Was möchten Sie für sich erreichen?
- Was möchten Sie hier im Job-Coaching für sich erreichen?
- Welche Ziele sind im Zusammenhang mit dem Job-Coaching für Sie bedeutsam?
- Woran würden Sie erkennen, dass das Job-Coaching für Sie erfolgreich war?

Visualisieren Sie auf dem Flipchart oder dem virtuellen Whiteboard eine Zielscheibe und unterteilen Sie den Kreis in drei Ringe / Zonen. Entscheiden Sie sich für eine der folgenden Kategorisierungen.

1. Kurzfristige Ziele (A), mittelfristige Ziele (B), langfristige Ziele (C)
2. Muss-Ziele (A), Soll-Ziele (B), Kann-Ziele (C)
3. Dringend und wichtig (A), dringend, jedoch unwichtig (B), wichtig, jedoch nicht dringend (C)

Schritt 2: Ordnen Sie gemeinsam mit Ihrem Klienten die beschrifteten Moderationskarten der Ringzone (A), die das Zentrum umschließt, dem Mittelring (B) und dem Außenring (C) der Zielscheibe zu.

Im Online-Coaching können Sie die Ziele aus dem Chat kopieren und einzeln auf einem virtuellen Zettel notieren und der jeweiligen Zone zuordnen.

Schritt 3: Im Anschluss daran können Sie ggfs. weitere Unterteilungen vornehmen und die Ziele nach individuellen Kriterien definieren.

Hinweis: Sie können mit den Ergebnissen der „Zielscheibe" in die „Zielewerkstatt" gehen.

15.2.2 *Zielewerkstatt*

Ziel: Sie unterstützen Ihren Klienten dabei, den von ihm genannten Zielen den letzten Schliff zu geben.

Umsetzung:

Sie können in der „Zielewerkstatt" die Ergebnisse aus der „Zielscheibe" in Schritt 1 nutzen.

Schritt 1: Bitten Sie Ihren Klienten, seine Ziele zu formulieren und zu visualisieren. Jeder Klient wird es auf seine Weise tun. Ob in ganzen Sätzen oder Stichpunkten, in seiner Muttersprache oder als Zeichnung – alles ist erlaubt.

Schritt 2: Überprüfen Sie im Anschluss gemeinsam, ob folgende Kriterien erfüllt sind, und optimieren Sie die Zielformulierung:

- ***Frei von Verneinung:*** Eine Formulierung wie „nicht mehr arbeitslos" wird durch „in Arbeit" ersetzt, sodass die negative Konnotation entfällt.
- ***Realistisch und angemessen herausfordernd:*** Überprüfen Sie bei jedem Klienten individuell, welches Ziel für ihn die „passende Größe" hat. Im Job-Coaching ist es für den Klienten besonders motivierend, Ziele zu formulieren, die er mit großer Sicherheit auch erreichen wird. Dieses positive Erlebnis macht Mut, auch die nächsten Schritte zu gehen.
- ***Eigenverantwortlich zu erreichen:*** Achten Sie darauf, dass der Klient sein Ziel auch aus eigener Kraft erreichen kann. Sind zu viele Unbekannte von außen mit im Spiel, ist er abhängig und kann leicht scheitern.
- ***Respektvoll / achtsam mit anderen:*** Jedes Ziel sollte dem Klienten dienen. Impliziert dies gleichzeitig die Vernichtung / Schädigung anderer Personen, ermutigen Sie ihn, das Ziel abzuändern.
- ***Attraktiv:*** Ziele motivieren nur, wenn sie für den Klienten auch wirklich interessant und reizvoll sind. Seine Energie wird sich schnell erschöpfen, wenn er das Ziel z. B. nur Ihnen zuliebe formuliert.
- ***Persönlich relevant:*** Es ist wichtig, darauf zu achten, dass der Klient dieses Ziel wirklich wichtig für sich findet.
- ***Gegenwärtig:*** Vermeiden Sie Konjunktive.

Schritt 3: Haben Sie mit Ihrem Klienten die Zielformulierung überprüft und ggfs. optimiert, bitten Sie ihn, alles auf ein Flipchart oder eine große Metaplankarte zu schreiben.

Wenn Sie online coachen, können Sie das Whiteboard öffnen und den Klienten bitten, seine Ziele dort zu notieren.

Gerade auf der Ebene der Handlungsziele gibt es eine Reihe von Zielformulierungshilfen, die gewährleisten sollen, dass Ziele auch passgenau formuliert sind. Einige stellen wir hier vor:

15.2.3 SMART

SMART ist ein Akronym und fasst die Begriffe specific (spezifisch), measurable (messbar), attractive (attraktiv), realistic (realistisch) und timely (terminiert) zusammen. Im Projektmanagement, aber auch im Rahmen von Mitarbeiterführung und Personalentwicklung nutzt man SMART als Kriterium zur eindeutigen Definition von Zielen im Rahmen einer Zielvereinbarung.

Hinweis: Es gibt im Englischen verschiedene Varianten der SMART-Formel. A kann beispielsweise auch für „accepted" stehen, R für „reasonable" etc.

Umsetzung:

Hat der Klient sein Ziel formuliert, überprüfen Sie mit ihm gemeinsam, ob die folgenden Kriterien auf sein Ziel zutreffen.

Spezifisch (was genau soll es sein)

Messbar (Quantität / Qualität)

Attraktiv (motivierendes Ziel)

Realistisch (machbar, keine Utopie)

Terminiert (Zeitpunkt)

Hinweise: Sie können der SMART-Formel noch ein P hinzufügen. P = Persönlicher Bezug. Fragen Sie Ihren Klienten hier, weshalb es für ihn ganz persönlich von zentraler Bedeutung ist, das Ziel zu erreichen.

15.2.4 PASS-WM

Auch im Akronym PASS-WM stehen die einzelnen Buchstaben jeweils für eine Eigenschaft eines Ziels:

Positiv formuliert
Attraktiv
Selbst erreichbar
Spezifisch
Wahrnehmbar
Messbar

Nehmen Sie das Ziel Ihres Klienten und gehen Sie Schritt für Schritt die Kriterien mit ihm durch:

- Ist das Ziel positiv formuliert? Verbessern Sie Aussagen wie „Ich will nicht …" und formulieren stattdessen „Ich will …"
- Wieso möchte der Klient das Ziel erreichen? Was ist danach positiv anders für ihn? Was ist sein Nutzen?
- Inwiefern ist das Ziel vom Klienten eigenständig erreichbar?
- Was ganz genau ist das Ziel des Klienten?
- Wie wird es für den Klienten sein, wenn er sein Ziel erreicht hat? Hier kann der Klient aufgefordert werden, den Zustand, wenn er sein Ziel erreicht hat, genau zu beschreiben (VAKOG).
- Woran wird der Klient erkennen, dass er sein Ziel erreicht hat?

15.2.5 ZIEL

Und noch ein Akronym, um die Eigenschaften eines Ziels zu beschreiben. Bei ZIEL stehen die Buchstaben für:

Zeitbezogen (in der Gegenwart – nicht „Ich werde"), im Indikativ (ohne möchte, würde wäre)
Ich-Form (100 % Selbstverantwortung)
Erfüllbar
Logisch-funktional (klar, konkret und positiv formuliert)

Zur Überprüfung, ob das Ziel Ihres Klienten den ZIEL-Kriterien entspricht, überprüfen Sie das Ziel Schritt für Schritt mithilfe dieser Kriterien:

- Ist das Ziel des Klienten in der Gegenwartsform formuliert?
- Ist das Ziel in der Ich-Form formuliert?
- Ist das Ziel für den Klienten wirklich erfüllbar?
- Ist das Ziel klar, konkret und positiv formuliert? Verbessern Sie Formulierungen wie „Ich will nicht …" und formulieren Sie stattdessen „Ich will …"

15.2.6 GROW

Das GROW-Modell wurde von Sir John Whitmore (2014) entwickelt und kann als Projektplan für die Umsetzung des formulierten Zieles dienen. Hinter dem Akronym verbergen sich vier Kategorien, die von Ihnen aufeinanderfolgend mit Ihrem Klienten bearbeitet werden können:

1. **G**oal Setting: Zielformulierung
2. **R**eality Check: Der Ist-Zustand wird protokolliert (Was ist bereits vorhanden?)
3. **O**ptions: Mögliche Handlungsoptionen werden ermittelt (Was wird noch benötigt? Was fehlt bis jetzt? Was könnte verändert oder ausprobiert werden?)
4. **W**ill: Der Klient entscheidet sich bewusst für oder gegen jede einzelne Option. (Woran soll tatsächlich gearbeitet werden?)

Sie interviewen Ihren Klienten zu diesen vier Bereichen und protokollieren die Ergebnisse auf Flipchartbogen.

Online können Sie dies z.B. in Form einer Tabelle tun, die Sie mit Ihrem Klienten teilen. Gemeinsam erarbeiten Sie vier Schritte und füllen die Tabelle aus.

Ziel: Durch GROW erhält Ihr Klient eine konkrete Handlungsanleitung zur Umsetzung seiner Ziele. Auch für den weiteren Job-Coaching-Prozess kann sich ein sehr konkretes schrittweises Vorgehen herauskristallisieren, das den weiteren Verlauf strukturiert.

Schritt 1 – Goal: Sie arbeiten mit einem Ziel, das Ihr Klient bereits formuliert hat. Alternativ formuliert Ihr Klient sein Ziel und Sie überprüfen es gemeinsam nach den Kriterien Ihrer Wahl.

Schritt 2 – Reality Check: Halten Sie fest, was zur Erreichung des Ziels bereits vorhanden ist. Geht es z. B. darum, Bewerbungen um eine bestimmte Position zu schreiben, fragen Sie Einzelbereiche ab und notieren den Ist-Zustand. Hier eine Auswahl möglicher Fragen:

- Haben Sie bereits ein Anschreiben, einen Lebenslauf vorliegen?
- Gibt es bereits eine E-Mail-Adresse und wie lautet sie?
- Haben Sie Social-Media-Profile, beispielsweise bei XING oder LinkedIn?
- Gibt es ein Bewerbungsfoto? Wie alt ist es?
- Sind Zeugnisse vorhanden? Sind Sie vollständig oder fehlen noch welche?
- Haben Sie sich bereits über die Position/das Berufsfeld informiert?
- Verfügen Sie über einschlägige Erfahrungen? Können Sie diese nachweisen?
- Gibt es mögliche Referenzgeber für Ihre Kernkompetenzen?
- Haben Sie bereits Bewerbungen geschrieben? Wenn ja, wie viele?
- Welche Erfahrungen haben Sie mit Vorstellungsgesprächen?
- Wie sind diese Gespräche verlaufen?
- Haben Sie sich bereits auf eine entsprechende Position beworben?
- Verfügen Sie möglicherweise über ein Netzwerk in diesem Bereich?

Schritt 3 – Options: Ermitteln und protokollieren Sie die möglichen Optionen. Gehen Sie mit Ihrem Klienten jede Frage aus dem Ist-Zustand noch einmal durch:

- Wenn das alte Anschreiben für einen ganz anderen Berufszweig verfasst wurde, was könnte optimiert werden?
- Wenn das Foto schon fünf Jahre alt ist, welche Optionen ergeben sich für den Klienten?
- Wenn die E-Mail-Adresse „Babe54@hotmail.com" lautet – was käme als Alternative in Betracht?
- Was kann man tun, wenn noch nicht alle Zeugnisse vorliegen?

Schritt 4 – Will: Ihr Klient entscheidet sich aktiv für oder gegen die ermittelten Optionen. Dafür fragen Sie bei ihm jede Option einzeln ab und versehen sie entweder mit einem grünen Häkchen, einem roten Minus oder einem Fragezeichen – je nachdem wie die Antwort des Klienten ausfällt.

Schritt 5: Ausgehend von den vorangegangenen Schritten bitten Sie Ihren Klienten nun, die genaue Reihenfolge der nötigen Umsetzungsschritte festzulegen. Daraus entwickeln Sie Handlungsschritte, die von ihm sinnvoll abgearbeitet und erledigt werden können. Womit soll er anfangen? Gemeinsam erstellen Sie einen fest umrissenen Arbeitsplan mit konkreten Daten. Ihr Klient behält dabei stets die Wahlfreiheit, welche Ziele er umsetzen will. Er nummeriert die anstehenden Aufgaben und legt eine Reihenfolge fest.

Schritt 6: Sie reflektieren gemeinsam das Ergebnis und besprechen die anstehenden Schritte. Folgende Fragen können hilfreich sein:

- Wann genau werden Sie es tun?
- Wird die Handlung zum gewünschten Ziel führen?
- Auf welche Hindernisse könnten Sie stoßen?
- Wer muss es wissen?
- Welche Unterstützung benötigen Sie?
- Wie und wann werden Sie diese Unterstützung erhalten?
- Welche anderen Überlegungen haben Sie?
- Bewerten Sie auf einer Skala von 1 bis 10, wie sicher Sie sind, dass Sie die vereinbarten Handlungen auch ausführen werden.

15.2.7 Affektbilanz

Die Affektbilanz wird im Rahmen des Zürcher Ressourcen Modells (ZRM®) angewandt und nimmt eine Bewertung mit den Signalen des Unterbewusstseins vor. Der Klient achtet bei der Betrachtung seines formulierten Ziels auf sogenannte „somatische Marker". Die Affektbilanz befragt also das „Bauchgefühl" und ist eine ausgesprochen sinnvolle Ergänzung zur vom Verstand gesteuerten Zielfindung.

Ziel: Sicherstellen, dass ein bewusst gefasstes Ziel auch unterbewusst gestützt und umgesetzt wird.

Umsetzung:

Schritt 1: Zeichnen Sie zwei senkrechte Striche und schreiben jeweils 0 an das untere Ende und 100 an das obere Ende. Der linke Strich steht für die positiven Gefühle („Das schaffe ich“), der rechte für die negativen Gefühle („Das schaffe ich nicht“).

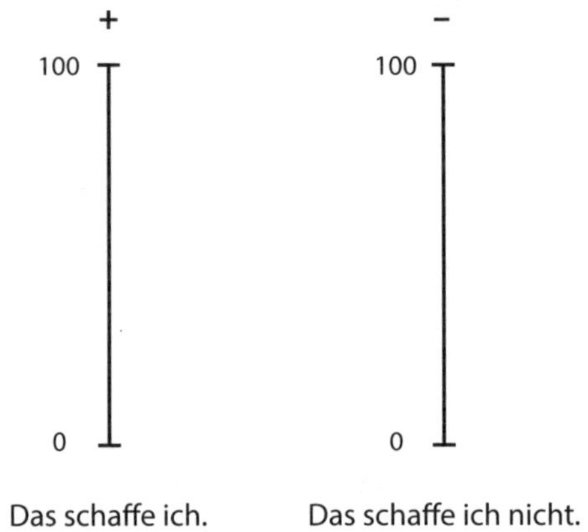

Schritt 2: Bitten Sie Ihren Klienten, auf einer Skala zwischen 0 und 100 sein Ziel emotional zu bewerten. Bei der Affektbilanz steht allein das Bauchgefühl im Vordergrund. Ihr Klient soll das Ziel erspüren und in sich hineinhorchen, ob es ihm Wohlbehagen bereitet oder in ihm eine unangenehme Spannung erzeugt.

Zunächst soll er erspüren, inwieweit „Das schaffe ich“ für sein Ziel stimmig ist, und seinen gefühlten Wert mit einem Kreuz und auf der Skala eintragen.

Schritt 3: In gleicher Weise verfahren Sie mit „Das schaffe ich nicht.“ Auch hier wird der erspürte Wert eingetragen.

Schritt 4: Achtung: Die beiden emotionalen Werte sind nicht mathematisch genau aufzufassen. Sie machen lediglich Unbehagen, Ängste, Zweifel sichtbar. Reflektieren Sie mit Ihrem Klienten das Ergebnis und nehmen Sie ggf. Korrekturen vor.

Hinweis: Liegt der Wert auf der Skala „Das schaffe ich" unter 70, stellt dies das mit dem Verstand formulierte Ziel emotional infrage.

Ein Wert von mehr als 10 auf der Skala „Das schaffe ich nicht" stellt das mit dem Verstand formulierte Ziel emotional ebenfalls infrage.

In beiden Fällen gilt es, das Verstandes-Ziel noch einmal zu modifizieren, um es emotional passend zu machen.

15.2.8 *Ziel-Check*

Ziel: Die Zielüberprüfung mithilfe der Logischen Ebenen veranlasst den Klienten, sich mit seinem Ziel in der Zukunft auseinanderzusetzen. Er kann es überprüfen und gedanklich durchspielen, wie es sich anfühlt, das Ziel erreicht zu haben.

Umsetzung:

Schritt 1: Schreiben Sie jede Logische Ebene (siehe 5.3) auf eine Metaplankarte und legen Sie diese vor Ihrem Klienten in Abständen von ca. 30–40 cm in einer Linie auf dem Boden aus.

Wenn Sie eine gute und tragfähige Arbeitsbeziehung aufgebaut haben, können Sie durchaus auch online mit Bodenankern arbeiten: Bitten Sie Ihren Klienten, die Moderationskarten selbst zu beschriften und entsprechend im Raum zu verteilen. Dann richten Sie die PC-Kamera gemeinsam so ein, dass Sie den Klienten sehen können, während Sie beide gemeinsam die Übung durchführen.

Schritt 2: Gehen Sie nun mit Ihrem Klienten die einzelnen Ebenen nacheinander ab.

Kontext: Wie sieht die Situation aus, wenn Sie Ihr Ziel erreicht haben? Wo werden Sie leben? Wo werden Sie arbeiten? Etc. (mit VAKOG unterstützen).

Verhalten: Wie werden Sie sich verhalten, wenn Sie Ihr Ziel erreicht haben? Was tun Sie? Welche Verhaltensweisen zeigen Sie? Etc.

Fähigkeiten: Welche Fähigkeiten haben Sie aktiviert, wenn Sie Ihr Ziel erreicht haben? Welche Strategien haben Sie angewandt? Welche Fertigkeiten haben Sie genutzt? Etc.

Glaubenssätze: Welche Glaubenssätze begleiten Sie, wenn Sie ihr Ziel erreicht haben? Wie denken Sie über sich / die anderen / die Welt / Gott? Was tut man nicht oder hat zu tun? Etc.

Werte: Welche Ihrer Werte können Sie leben, wenn Sie ihr Ziel erreicht haben? Was von dem, was Ihnen wichtig ist, hat dort einen Platz? Etc.

Selbstbild: Was werden Sie über sich denken, wenn Sie Ihr Ziel erreicht haben? Wer sind Sie? Als wer fühlen Sie sich? Etc.

Zugehörigkeit: Wem werden Sie sich zugehörig fühlen, wenn Sie Ihr Ziel erreicht haben? Mit wem fühlen Sie sich verbunden? Etc.

Schritt 3: Nachdem Sie mit Ihrem Klienten durch die Logischen Ebenen gegangen sind, fragen Sie ihn, wie sich jetzt sein Ziel für ihn anfühlt. Sollte er Bedenken äußern, können Sie diese mit ihm bearbeiten.

15.2.9 Gesprächsleitfaden für die berufliche Planung

(nach Schmitz 2016)

Ziel: Ihr Klient findet heraus, welche Ressourcen er nutzen kann, um sein berufliches Ziel zu erreichen.

Umsetzung:

Schritt 1: Führen Sie das folgende zukunftsorientierte Interview mit Ihrem Klienten durch:

- „Stellen Sie sich Folgendes vor: In drei Jahren sehen wir uns wieder und Sie sind zufrieden. Ihr berufliches Ziel haben Sie erreicht und Sie tun, was Sie sich vorgestellt haben. Wie sieht Ihr berufliches Leben nun aus?“
- „Wie sieht Ihr Leben generell aus, wenn Sie Ihr berufliches Ziel erreicht haben?“

Schritt 2: Dann kommen Sie mit Ihrem Klienten zurück in die Gegenwart. Stellen Sie gemeinsam fest, wo er im Augenblick steht.

- „Sie sehen hier eine Skala von 1 bis 10. 10 steht für Ihren Erfolg, den Sie gerade geschildert haben; 0 bedeutet, dass Sie bezüglich Ihres Zieles noch ganz am Anfang stehen."

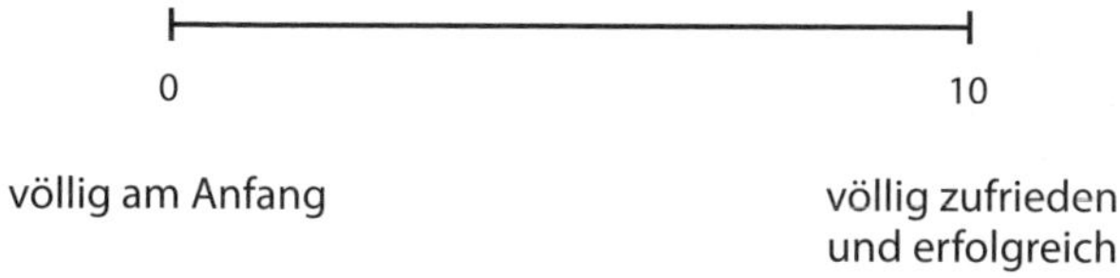

- „Welche Menschen haben dazu beigetragen, dass Sie sich heute bei … einordnen und nicht bei 0?"
- „Welche äußeren Umstände sind mit daran beteiligt, dass Sie sich heute bei … einordnen und nicht bei 0?"
- „Was haben Sie selbst getan, dass Sie sich heute bei … einordnen und nicht bei 0?"

Schritt 3: Erarbeiten Sie nun mit Ihrem Klienten ganz konkrete Schritte.

- „Was müsste in den nächsten vier Wochen konkret geschehen, um Sie auf dem Weg zu Ihrem Ziel einen Punkt auf der Skala weiterzubringen? Nennen Sie hierfür bitte zwei Dinge. Es muss nicht unbedingt sein, dass Sie insgesamt mehr machen. Vielleicht lassen Sie auch etwas sein und tun stattdessen Dinge, die Sie Ihrem Ziel näherbringen. Benennen Sie mir dann bitte die zwei Dinge, die Sie stattdessen machen wollen."
- „Was ist nötig, dass Sie diese beiden Dinge jetzt fest planen?"

15.2.10 Sieben-Zeit-Horizonte

Ziel: Ihr Klient analysiert die zeitlichen Dimensionen seiner Ziele.

Umsetzung:

Schritt 1: Visualisieren Sie ein Bergpanorama. Beschriften Sie die einzelnen Berge mit der Einteilung: Tagesziele, Wochenziele, Monatsziele, Jahresziele, Sieben-Jahresziele, 21-Jahresziele, Lebensziele / Vision / Mission. Sie können dafür unsere Abbildung gern als Vorlage nutzen.

Schritt 2: Fragen Sie Ihren Klienten, welche seiner Ziele er welcher zeitlichen Dimension zuordnet. Notieren und visualisieren Sie die Ergebnisse.

Im Online-Coaching können Sie Ihrem Klienten die Vorlage vorab mailen oder Sie können sie im Coaching direkt via Bildschirmteilen zeigen. Wenn Sie dann gemeinsam an der Beschriftung der Sieben-Zeit-Horizonte arbeiten, können Sie den Klienten bitten, dieses Bild zu beschriften und es in die Kamera zu halten. Sie können die Grafik auch gut als Gesprächsleitfaden nutzen.

Schritt 3: Erarbeiten Sie gemeinsam mit Ihrem Klienten konkrete Schritte, die ihn seinen Zielen näherbringen.

Hinweis:
Die Sieben-Zeit-Horizonte kann Ihr Klient auch gut als Zielcollage in Eigenarbeit erstellen.

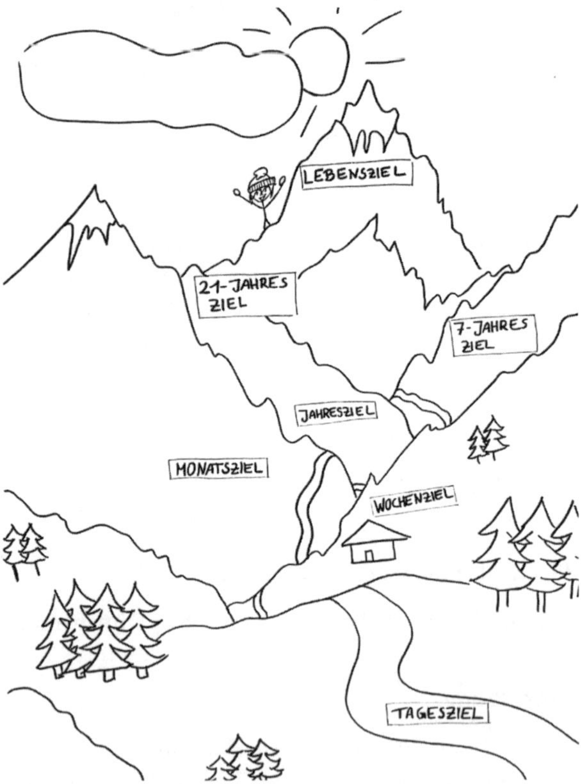

16. | Storytelling

16.1 Welche Wirkung haben Geschichten?

Das Erzählen von Geschichten hat in den verschiedensten Kulturen eine lange Tradition. Neben der reinen Handlung werden auch Konflikte, Herausforderungen oder Dilemmata transportiert. So ist es nicht verwunderlich, dass bereits Sigmund Freud Anfang des 20. Jahrhunderts Geschichten zum Gegenstand seiner therapeutischen Arbeit machte.

Auch die neurophysiologische Forschung und ebenso Kommunikationstheoretiker des Neurolinguistischen Programmierens (NLP) haben sich intensiv mit der nachhaltigen Wirkung von Geschichten beschäftigt. Neurowissenschaftliche Untersuchungen belegen: Geschichten aktivieren weitaus größere Teil des Gehirns als reine Fakten. Dazu gehören vor allem das Broca-Zentrum (Grammatik und Sprachverständnis) und das Wernicke-Zentrum (sensorische und logische Sprachverarbeitung). Darüber hinaus werden aber auch Gehirnregionen aktiviert, die das assoziative Denken unterstützen und für die Verarbeitung von Sinneseindrücken zuständig sind.

Geschichten rufen Emotionen hervor und sprechen die Spiegelneuronen an. Das sind spezielle Gehirnzellen, die uns mit anderen mitempfinden lassen. Und schließlich werden Geschichten im episodischen Langzeitgedächtnis gespeichert, also dort, wo die Erinnerungen an persönliche Erlebnisse und Erfahrungen abgelegt sind.

Geschichten haben die Kraft, körperliche Reaktionen wie Lachen oder Weinen auszulösen. Sie eignen sich nicht nur besonders gut, um komplexe Muster und Botschaften verständlich zu vermitteln, sondern auch, um Werte und Haltungen zu transportieren. Sie machen Fakten erlebbar, eine Erkenntnis, die man sich seit einigen Jahren auch im Coaching zunutze macht. Unter dem Begriff „Storytelling“ setzt man sie als wirkungsvollen Hebel ein, um nachhaltige Veränderungsprozesse anzustoßen. Problemsituationen können leichter bearbeitet und Lösungsimpulse gesetzt werden.

16.2 Mit Geschichten arbeiten

Sie können natürlich Ihre eigenen Geschichten kreieren, aber keine Angst: Sie können natürlich genauso gut auf eine Vielzahl von vorhandenen Geschichten, Fabeln und Märchen zurückgreifen. Wenn Sie mit Geschichten im Coaching arbeiten wollen, empfehlen wir, sie nach folgenden Kriterien auszuwählen.

- Sie sollten zum Anliegen des Klienten passen.
- Die Vorlesedauer sollte fünf Minuten nicht übersteigen.
- Sie sollten möglichst wenig Bezug zu den Lebenswelten des Klienten haben. Dann klappt die „unbewusste Übertragung“ besser, weil das Gehirn „glaubt“, die Geschichte habe nichts mit ihm zu tun. So kann die Botschaft direkt ins Unterbewusstsein gelangen und dort „aktiv“ werden.

Einige unserer Lieblingsgeschichten

Die folgenden Geschichten haben sich in unserer Praxis bewährt, insbesondere dann, wenn es darum geht, den Klienten zu unterstützen …

- andere Perspektiven einzunehmen,
- neue Impulse zu setzen,
- die Fantasie anzuregen,
- Ressourcen zu wecken,
- die Ebenen zwischen dem Denken und dem Fühlen zu wechseln,
- Handlungsoptionen anzubieten.

Sie können Ihrem Klienten die Geschichten erzählen, vorlesen oder als Denkanstoß mit nach Hause geben.

16.2.1 Die armen Leute

(E. Humbert)[2]

Vorschlag zur Verwendung: Bestandsaufnahme, Fokussierung, Perspektivwechsel, Werte

Eines Tages nahm ein Mann seinen Sohn mit in ländliches Gebiet, um ihm zu zeigen, wie arme Leute leben. Vater und Sohn verbrachten einen

---

2 ↗ https://www.zeitzuleben.de/arme-leute/

Tag und eine Nacht auf einer Farm einer sehr armen Familie. Als sie wieder zurückkehren, fragte der Vater seinen Sohn: „Wie war dieser Ausflug?"

„Sehr interessant!", antwortete der Sohn.

„Und hast du gesehen, wie arm Menschen sein können?"

„Oh ja, Vater, das habe ich gesehen."

„Was hast du also heute gelernt?", fragte der Vater.

Und der Sohn antwortete: „Ich habe gesehen, dass wir einen Hund haben und die Leute auf der Farm haben vier. Wir haben einen Swimmingpool, der bis zur Mitte unseres Gartens reicht, und sie haben einen See, der gar nicht mehr aufhört. Wir haben prächtige Lampen in unserem Garten und sie haben die Sterne. Unsere Terrasse reicht bis zum Vorgarten und sie haben den ganzen Horizont."

Der Vater war sprachlos. Und der Sohn fügte noch hinzu: „Danke, Vater, dass du mir gezeigt hast, wie arm wir sind."

16.2.2 *Der Elefant*

Vorschlag zur Verwendung: Blockaden, Glaubenssätze, Handlungsimpulse, Kompetenzen, Motivation, Ressourcen

Der Elefant – ein großes und mächtiges Tier. Und stark ist er. Er kann tatsächlich ganze Baumstämme bewegen, ohne Probleme. Deshalb werden in einigen Ländern Elefanten zur Arbeit eingesetzt. Man hat dort keine Traktoren, sondern Arbeitselefanten.

Einen Traktor stellt man in den Schuppen. Er bleibt dort, rührt sich nicht vom Fleck, denn schließlich ist er eine Maschine. Was aber ist mit einem Elefanten? Würde er nicht versuchen auszubrechen? Wie soll man also ein so starkes und mächtiges Tier nur bändigen? Wie kann man verhindern, dass er über Nacht einfach verschwindet, eine Spur der Verwüstung hinter sich lassend?

Man sollte wohl meinen, dass man für Arbeitselefanten extrastarke Ketten braucht oder Hochsicherheitskäfige. Doch die Wirklichkeit sieht anders aus. Ein einfacher Strick am Fuß, befestigt an einem Pflock – das ist alles. Sicher, der Strick ist einigermaßen dick, der Pflock ist tief in die Erde eingeschlagen. Aber trotzdem: Der starke Elefant müsste sich aus diesen „Fesseln" doch mit Leichtigkeit befreien können. Warum tut er es nicht?

Arbeitselefanten werden von früh auf trainiert. Schon als Kälber nimmt man sie ihren Müttern weg, bindet sie an ein Seil, das an einem tief verankerten Pflock befestigt ist. Natürlich versucht der kleine Elefant zu fliehen, aber er ist noch zu schwach. Er versucht es wieder und wieder, aber es ist vergeblich. Nach vielen schmerzhaften Versuchen gibt er schließlich auf und fügt sich in sein Schicksal. Er wächst, wird groß und kräftig. Aber nie wieder wird er versuchen, seine Fesseln abzuschütteln.

16.2.3 Der Mönch

(Urheber unbekannt)

Vorschlag zur Verwendung: Fokussierung, Motivation, Zuversicht, Strategie

Ein Mönch beobachtete einen Mitbruder, der rauchend sein Brevier betete. Entrüstet stellte er ihn zur Rede: „Ich habe unseren Abt gefragt, ob ich während des Betens rauchen darf – und er hat es mir ausdrücklich verboten. Das Verbot muss auch für dich gelten!“ – „Ich habe auch den Vater Abt gefragt“, entgegnete der andere gelassen. „Ich habe gefragt, ob ich beim Rauchen beten darf – er hatte überhaupt nichts dagegen!“

16.2.4 Die Frösche im Milchtopf

(Aesop)

Vorschlag zur Verwendung: Motivation, Zuversicht, Ausdauer, Energieeinsatz

Auf dem Bauernhof stand ein Eimer. Zwei Frösche kamen vorbei und waren neugierig, was da wohl im Eimer sei. Also sprangen sie mit einem großen Satz hinein. Das stellte sich als keine so gute Idee heraus, denn der Eimer war halb gefüllt mit Milch. Da schwammen die Frösche nun in der Milch, konnten aber nicht mehr aus dem Eimer springen, da die Wände zu hoch und zu glatt waren. Der Tod war ihnen sicher.

Der eine Frosch war verzweifelt. „Wir müssen sterben“, jammerte er „hier kommen wir nie wieder heraus.“ Und er hörte mit dem Schwimmen auf, da alles ja doch keinen Sinn mehr hatte. Dieser Frosch ertrank in der Milch. Der andere Frosch aber sagte sich: „Ich gebe zu, die Sache sieht nicht gut aus. Aber deshalb gebe ich noch lange nicht auf. Ich bin ein guter Schwimmer! Ich schwimme, so lange ich kann." Und so stieß der Frosch kräftig mit seinen Hinterbeinen und schwamm im Eimer herum, immer weiter. Er schwamm und schwamm und schwamm. Und wenn er müde wurde, munterte er sich selbst immer wieder auf und schwamm tapfer weiter. Und irgendwann spürte er an seinen Füßen eine feste Masse. Ja tatsächlich – da war keine flüssige Milch mehr unter ihm. Durch das Treten hatte er die Milch zu Butter geschlagen! Nun konnte er aus dem Eimer in die Freiheit springen.

16.2.5 Drei Siebe

(Urheber unbekannt)

Vorschlag zur Verwendung: Achtsamkeit, Aufmerksamkeitsfokus, Selbstfürsorge, Kommunikation, Loslassen, Perspektivwechsel

Zum weisen Sokrates kam einer gelaufen und sagte: „Höre, Sokrates, das muss ich dir erzählen!" „Halte ein!", unterbrach ihn der Weise. „Hast du das, was du mir sagen willst, durch die drei Siebe gesiebt?"

„Drei Siebe?", fragte der andere voller Verwunderung. „Ja, guter Freund! Lass sehen, ob das, was du mir sagen willst, durch die drei Siebe hindurchgeht: Das erste ist die Wahrheit. Hast du alles, was du mir erzählen willst, geprüft, ob es wahr ist?"

„Nein, ich hörte wie jemand es erzählte und …"

„ So, so! Aber sicher hast du es im zweiten Sieb geprüft. Es ist das Sieb der Güte. Ist das, was du mir erzählen willst, gut?" Zögernd sagte der andere: „Nein, im Gegenteil …"

„Hm …", unterbrach ihn der Weise. „So lass uns auch das dritte Sieb noch anwenden. Ist es notwendig, dass du mir das erzählst?" „Notwendig nun gerade nicht …"

„Also", sagte lächelnd der Weise, „wenn es weder wahr noch gut noch notwendig ist, so lass es begraben sein und belaste dich und mich nicht damit."

16.2.6 Der kleine Löwe

Vorschlag zur Verwendung: Biografiearbeit, Blockaden, Glaubenssätze, Energie, Identität, Muster, Zweifel

Seitdem der kleine Löwe denken konnte, hatte er sich in seiner Herde zu Hause gefühlt. Als er noch ganz klein war, verlor er seine Mutter und blieb allein zurück. Zufällig war eine Herde Schafe in der Nähe gewesen, die den kleinen Löwen in ihrer Mitte aufgenommen hatte. Sie waren lieb und fürsorglich zu ihm und dank der guten Pflege wurde er groß und kräftig. Und weil er es nicht besser wusste, dachte er, er sei ein Schaf unter Schafen, und verhielt sich auch so. „Mäh" machte er, wenn er zusammen mit seiner Herde graste und die anderen zu einer besonders schmackhaften Stelle locken wollte. Dass er die Kraft eines Raubtieres besaß, war ihm zu keiner Zeit bewusst, bis sich eines Tages ein alter Löwe der Herde näherte und seinen Artgenossen unter den Schafen entdeckte.

„Was machst du denn hier?", fragte er den Löwen. „Ich bin ein Schaf unter meinesgleichen", erhielt er zur Antwort und konnte es kaum glauben. Empört schleppt der Alte den Löwen zu einem Wasserloch und zeigte ihm sein Spiegelbild. Zuerst wehrte sich der Löwe und blökte ungehalten. Doch als er sein Antlitz im Wasser entdeckte, traute er seinen Augen nicht. Der Schock über die Erkenntnis, ein Löwe und kein Schaf zu sein, brachte ein wildes Brüllen hervor, das ihn seine wahre Kraft erkennen ließ.

16.2.7 Die Gelehrten

(Urheber unbekannt)

Vorschlag zur Verwendung: Fokussierung, Hypothesenbildung, Kommunikation, Perspektive, Wahrnehmung, Weltbild

Es waren einmal fünf weise Gelehrte. Sie alle waren blind. Diese Gelehrten wurden von ihrem König auf eine Reise geschickt und sollten herausfinden, was ein Elefant ist. Und so machten sich die Blinden auf die Reise nach Indien. Dort wurden sie von Helfern zu einem Elefanten geführt. Die fünf Gelehrten standen nun um das Tier herum und versuchten, sich durch Ertasten ein Bild von dem Elefanten zu machen.

Als sie zurück zu ihrem König kamen, sollten sie ihm über den Elefanten berichten. Der erste Weise hatte am Kopf des Tieres gestanden und den

Rüssel betastet. Er sprach: „Ein Elefant ist wie ein langer Arm." Der zweite Gelehrte hatte das Ohr des Elefanten ertastet und sprach: „Nein, ein Elefant ist vielmehr wie ein großer Fächer." Der dritte Gelehrte sprach: Aber nein, ein Elefant ist wie eine dicke Säule." Er hatte nämlich ein Bein des Elefanten berührt. Der vierte Weise sagte: „Also, ich finde, ein Elefant ist wie eine kleine Strippe mit ein paar Haaren am Ende", denn er hatte nur den Schwanz des Elefanten ertastet. Und der fünfte Weise berichtete seinem König: „Also, ich sage, ein Elefant ist wie eine riesige Masse, mit Rundungen und ein paar Borsten darauf." Dieser Gelehrte hatte den Rumpf des Tieres berührt.

Nach diesen widersprüchlichen Äußerungen fürchteten die Gelehrten den Zorn des Königs. Dennoch konnten sie sich doch nicht darauf einigen, was ein Elefant wirklich ist. Doch der König lächelte weise: „Ich danke Euch, denn ich weiß nun, was ein Elefant ist: Ein Elefant ist ein Tier mit einem Rüssel, der wie ein langer Arm ist, mit Ohren, die wie Fächer sind, mit Beinen, die wie starke Säulen sind, mit einem Schwanz, der einer kleinen Strippe mit ein paar Haaren daran gleicht, und mit einem Rumpf, der wie eine große Masse mit Rundungen und ein paar Borsten ist."

Die Gelehrten senkten beschämt ihren Kopf, nachdem sie erkannten, dass jeder von ihnen nur einen Teil des Elefanten ertastet hatte und sie sich zu schnell damit zufriedengegeben hatten.

16.2.8 Das Geheimnis der Zufriedenheit

(Urheber unbekannt)

Vorschlag zur Verwendung: Achtsamkeit, Fokussierung, Einstellung, Energieeinsatz, Perspektive, Wahrnehmung, Weltbild, Werte

Es kamen ein paar Suchende zu einem alten Zen-Meister. „Herr", fragten sie, „was tust du, um glücklich und zufrieden zu sein? Wir wären auch gerne so glücklich wie du."

Der Alte antwortete mit mildem Lächeln: „Wenn ich liege, dann liege ich. Wenn ich aufstehe, dann stehe ich auf. Wenn ich gehe, dann gehe ich, und wenn ich esse, dann esse ich." Die Fragenden schauten etwas betreten in die Runde. Einer platzte heraus: „Bitte, treibe keinen Spott mit uns. Was du sagst, tun wir auch. Wir schlafen, essen und gehen. Aber wir sind nicht glücklich. Was ist also dein Geheimnis?“

Es kam die gleiche Antwort: „Wenn ich liege, dann liege ich. Wenn ich aufstehe, dann stehe ich auf. Wenn ich gehe, dann gehe ich, und wenn ich esse, dann esse ich.“

Die Unruhe und den Unmut der Suchenden spürend, fügte der Meister nach einer Weile hinzu: „Sicher liegt auch ihr und ihr geht auch und ihr esst. Aber während ihr liegt, denkt ihr schon ans Aufstehen. Während ihr aufsteht, überlegt ihr, wohin ihr geht. Und während ihr geht, fragt ihr euch, was ihr essen werdet. So sind eure Gedanken ständig woanders und nicht da, wo ihr gerade seid. In dem Schnittpunkt zwischen Vergangenheit und Zukunft findet das eigentliche Leben statt. Lasst euch auf diesen nicht messbaren Augenblick ganz ein und ihr habt die Chance, wirklich glücklich und zufrieden zu sein.“

16.2.9 *Der Fischer*

(Urheber unbekannt)

Vorschlag zur Verwendung: Perspektive, Wahrnehmung, Werte

Ein Investmentbanker stand in einem kleinen mexikanischen Fischerdorf am Pier und beobachtete, wie ein kleines Fischerboot mit einem Fischer an Bord anlegte. Er hatte einige riesige Thunfische geladen. Der Banker gratulierte dem Mexikaner zu seinem prächtigen Fang und fragte, wie lange er dazu gebraucht habe. Dieser antwortete: „Ein paar Stunden nur. Nicht lange.“

Daraufhin fragte der Banker, warum er denn nicht länger auf See geblieben sei, um noch mehr zu fangen. Der Mexikaner sagte, die Fische reichten ihm, um seine Familie die nächsten Tage zu versorgen.

16.2.10 *Geschichten selber schreiben*

(nach Erickson)

Ziel: Ihr Klient erhält von Ihnen eine passgenaue Geschichte zu einem aktuellen Anliegen. In diese Geschichte können Sie Ihrem Klienten ein metaphorisches Feedback geben, ohne aus der Rolle des Job-Coachs zu fallen.

Umsetzung:

Schritt 1: Sammeln Sie über Ihren Klienten Informationen, die …

- sein Anliegen / Ziel bestimmen,
- beteiligte Personen, Beziehungen und Hindernisse erfassen,
- seine Lieblingsdinge und -farben, sein Lieblingsessen, seine Lieblingstiere, seine Lieblingsmusik und -länder usw. erfassen.

Schritt 2: Schreiben Sie für Ihren Klienten eine eigene Geschichte, unter Berücksichtigung der folgenden Kriterien:

- Genre / Kontext wählen (Märchen, Tierwelt, eigenes Erlebnis usw.)
- Lieblings-„Dinge" des Klienten einbauen
- Problem und Ziel des Klienten sollen sich in der Inhaltsebene spiegeln.
- Kritische Phase: Weg zum Ziel ausschmücken
- Überprüfen Sie, ob die Geschichte unerwünschte Interpretationsmöglichkeiten zulässt.
- Verfeinern (z. B. durch VAKOG)

Schritt 3: Tragen Sie die Geschichte Ihrem Klienten vor.

Schritt 4: Fragen Sie Ihren Klienten, wie es für ihn war, diese Geschichte zu hören. Folgende Fragen können hilfreich sein:

- Welche Gedanken gehen Ihnen durch den Kopf?
- Was hat Ihnen besonders gefallen?
- Was fanden Sie nicht so gut?
- Wenn Sie die Geschichte erzählen könnten, was wäre anders?
- Wenn die Geschichte eine Fortsetzung hätte, wie würde sie weitergehen?
- Was hat die Geschichte möglicherweise mit Ihnen / Ihrem Anliegen zu tun?

Hinweis: Milton H. Erickson hat darauf geachtet, in der Geschichte die Struktur der problematischen Situation zu erhalten. Er hat ebenfalls wesentliche interpersonelle Beziehungen aufgenommen und bisherige Bewältigungsmuster des Anliegens in die Handlung eingebunden.

17. Konfliktbearbeitung

17.1 Wenn Konflikte ins Job-Coaching hineinspielen

Ihr Klient wird immer wieder mit Konflikten zu tun haben: mit seinem Berater, in der Partnerschaft, aber auch mit anderen für ihn wichtigen Personen. Damit diese Konflikte nicht unterschwellig schwelen und den Prozess behindern, sollten Sie sie ansprechen und optimalerweise Lösungsansätze entwickeln.

Meistens sind für Ihren Klienten die Strukturen seiner Konflikte überhaupt nicht erkennbar. Er fühlt sich ohnmächtig und ausgeliefert, reagiert mit Wut oder Rückzug. Im Folgenden möchten wir deshalb einige bewährte Tools vorstellen, die helfen, Konfliktstrukturen offenzulegen, und oft auch einen Perspektivwechsel beinhalten.

17.2 Methoden der Konfliktbearbeitung

17.2.1 Der Konflikteisberg

Etwa 80 % eines Eisbergs befinden sich unterhalb der Wasseroberfläche, nur ca. 20 % darüber. Dieser kleinere Teil des Eisbergs ist von außen sichtbar – ein Bild, auf das die Methode Konflikteisberg zurückgreift: Was ist äußerlich sichtbar und wahrnehmbar und was ist verborgen? Sichtbar sind Zahlen, Daten und Fakten (ZDF), z. B. die Haarfarbe eines Menschen, seine Kleidung oder Größe. Wie beim Eisberg handelt es sich hier um den kleineren Anteil einer Persönlichkeit; die weitaus größeren Anteile, Gefühle, Bedürfnisse, Prägungen, Erfahrungen oder Wünsche, kann man von außen nicht sehen.

Ziel: Verborgene Konfliktursachen sichtbar machen; die unterschiedliche Tiefe von Bedürfnissen ergründen

Konfliktsituationen entstehen fast immer aufgrund unbefriedigter Bedürfnisse. Will man den Konflikt lösen, müssen diese an die „Wasseroberfläche" gebracht werden. Wenn also Ihr Klient sich in einer Konfliktsituation befindet, gilt es, gemeinsam mit ihm herauszuarbeiten, welche seiner Bedürfnisse momentan nicht erfüllt sind. Als Job-Coach können Sie das Terrain durch die „negative Tür“ betreten, denn meistens wissen Menschen ziemlich gut, was sie *nicht* wollen. So erhalten Sie zunächst eine brauchbare „Negativliste“, an der Sie später weiterarbeiten können.

Das Eisbergmodell veranschaulicht auch die unterschiedlichen Tiefen, in denen wir im Job-Coaching vordringen können. Einige Bedürfnisse befinden sich recht dicht an der Wasseroberfläche und lassen sich relativ leicht „einkeschern“. Für die etwas tiefer gelegenen Bedürfnisse benötigen wir schon einen Schnorchel, und an die ganz weit unten liegenden Bedürfnisse kommen wir nur mit einer Sauerstoffflasche. Und tatsächlich kann es auch Bedürfnisse geben, die ganz fest unten verankert sind, sodass niemand sie bergen und befriedigen kann.

Beispiel 1: Bedürfnis – Anerkennung von anderen

Ein Klient beklagt sich im Job-Coaching über „zu wenig Anerkennung“ und wünscht sich vor allem von seinem Lebenspartner Zuspruch und Lob. Im Job-Coaching können wir Strategien erarbeiten, wie unser Klient seinen Wunsch nach mehr Anerkennung deutlich machen kann. Vielleicht lobt der Lebenspartner den Klienten nun regelmäßig, aber trotzdem fühlt sich dieser weiterhin „nicht gesehen“. Als weiterführende Strategie könnte der Klient seinen Partner um kleine Aufmerksamkeitsgesten bitten, um so seine Zufriedenheit und Anerkennung noch stärker zu betonen.

Bringt auch das nicht das gewünschte Ergebnis, stellt sich die Frage, inwiefern das Bedürfnis überhaupt durch eine andere Person zu erfüllen ist. Um im Eisberg-Bild zu bleiben: Hier gilt es, ganz weit nach unten, in die unerforschte Tiefsee vorzubringen. Eine Sauerstoffflasche wird hier nicht reichen, denn an dieser Stelle stoßen wir an die Grenze zwischen Coaching und Therapie.

Beispiel 2: Bedürfnisse – Wegkommen, Regeln und Wertschätzung

Ein Klient hat um 10 Uhr einen Termin zu einem Vorstellungsgespräch. Fünf Minuten, bevor der Bus laut Fahrplan abfahren soll, ist er an der Haltestelle. Der Bus ist allerdings schon an der Haltestelle vorbeigefahren; der Klient sieht ihn noch ums Eck verschwinden.

Welche Bedürfnislage haben wir hier? Ganz oberflächlich gesehen einmal das Bedürfnis, mit dem Bus mitzufahren; das können wir leicht „einkeschern". Etwas tiefer gibt es ein Bedürfnis nach der Einhaltung von Regeln (in diesem Fall: der Fahrplan), das wir mit einem Schnorchel erreichen. Und noch ein Ende tiefer gibt es vielleicht das Bedürfnis nach einem fairen gesellschaftlichen Umgang und Wertschätzung seiner Person. Auch das können wir nach oben holen, mithilfe einer Sauerstoffflasche.

17.2.2 Ich – du – Meta

Ziel: Konflikte aus drei unterschiedlichen Perspektiven betrachten; Konflikte reflektieren, Blockaden lösen und konkrete Handlungsoptionen entwickeln.

Umsetzung:

Legen Sie die folgenden drei Wahrnehmungspositionen „Ich – du – Meta" (z. B. Moderationskarten) als Bodenanker in einem Dreieck auf den Boden:

Ich-Position: Der Klient ist als er selbst assoziiert. Er erzählt aus der Ich-Perspektive seine Sicht des Konfliktes.

Du-Position: Der Klient ist als Konfliktpartner assoziiert. Er erzählt über den Konflikt aus der Sicht der anderen Person.

Meta-Position: Klient ist dissoziiert. Aus einer Art Vogelperspektive schaut er auf sich selbst und seinen Konfliktpartner.

Schritt 1: Bitten Sie Ihren Klienten, sich zur Ich-Position zu begeben und seine Sichtweise des Konfliktes zu erzählen (assoziierter Zustand), in der ersten Person und im Präsens. Sollte es dem Klienten schwerfallen, in den assoziierten Zustand zu kommen, können Sie ihn mit VAKOG unterstützen.

Schritt 2: Bitten Sie Ihren Klienten, sich zur Du-Position zu begeben und sich in die andere Person hineinzuversetzen (mit dem anderen assoziierter Zustand). Achten Sie darauf, dass Sie ihn nun mit dem Namen der Konfliktpartei ansprechen. Ihr Klient muss unbedingt in der ersten Person Singular und im Präsens sprechen, als wäre er jetzt der andere. Unterstützen Sie ihn mit VAKOG.

Schritt 3: Begeben Sie sich dann gemeinsam zur Meta-Position: Bitten Sie Ihren Klienten, die beiden Personen (sich selbst und den Konfliktpartner) wahrzunehmen und besonders auf die Beziehung dieser beiden Personen zu schauen. Achten Sie darauf, dass er jetzt dissoziiert über beide Personen in der dritten Person und im Präsens spricht.

Schritt 4: Fragen Sie Ihren Klienten, wie sich für ihn durch das Einnehmen der unterschiedlichen Wahrnehmungspositionen die Situation verändert hat und welche Ressourcen in dieser Situation für die Konfliktlösung nützlich sein könnten.

Schritt 5: Kehren Sie mit Ihrem Klienten wieder ins Hier und Jetzt zurück und fragen Sie ihn, wie er den Verlauf erlebt hat. Was konnte er für sich erkennen oder was hat sich verändert?

Um die verschiedenen Positionen voneinander abzugrenzen, können Sie im Online-Coaching Ihren Klienten bitten, sich bei der Du-Position beispielsweise ein Kissen unter den Po zu legen und bei der Meta-Position aufzustehen. Alternativ können Sie ihn auch anleiten, indem Sie ihm anbieten, drei Blatt Papier oder drei Gegenstände auf dem Boden auszulegen, um ihn dann, für Sie gut sichtbar, durch die Methode zu führen.

17.2.3 *Inneres Team*

Ziel: Das von Friedemann Schulz von Thun (2013 a, b) entwickelte Modell lässt sich zur Klärung schwieriger und herausfordernder Situationen nutzen. Es hilft, innere Prozesse sichtbar und greifbar zu machen.

Umsetzung:

Schritt 1: Bitten Sie den Klienten, seinen – inneren oder äußeren – Konflikt zu benennen. Führen Sie dann kurz in das Konzept des Inneren Teams ein, etwa so:

„Wenn wir in uns hineinhorchen, nehmen wir verschiedene innere Stimmen wahr, die sich zu einem Thema zu Wort melden. Das ist etwas ganz Normales, da kann ich Sie beruhigen. In uns allen gibt es verschiedene Anteile, die sich oft nicht einig sind. Sicher haben auch Sie schon einmal gedacht: ‚Eigentlich sollte ich …, aber viel lieber möchte ich …' Um solche Stimmen geht es und die möchte ich gemeinsam mit Ihnen entdecken."

Je nach Thema/Anliegen können Sie noch ergänzen: „Das Ziel ist, aus dem ‚zerstrittenen Haufen' ein ‚Inneres Team' zu formen."

Schritt 2: Zeichnen Sie auf ein Flipchartblatt den Umriss einer Person (siehe Abbildung).

Schritt 3: Bitten Sie Ihren Klienten, die Konfliktsituation, um die es geht, genauer zu beschreiben. Je nach Fokus des Klienten, können Sie entscheiden, ob Sie mit einem Thema (z. B. „Zusammenarbeit") oder mit einer konkreten Leitfrage (z. B. „Was kann ich tun, um mich besser durchzusetzen?") in das Innere Team einsteigen.

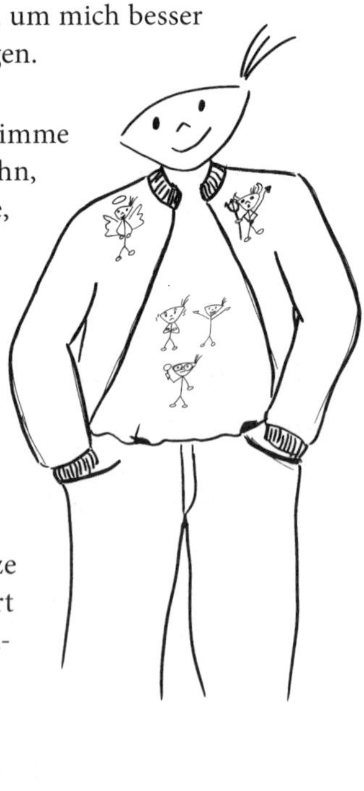

Schritt 4: Fragen Sie Ihren Klienten, welche Stimme sich schnell zu Wort meldet, und bitten Sie ihn, dieser einen Namen zu geben, beispielsweise, „der Chaotische", „die Kluge", „der Sicherheitsbeauftragte", „die Kreative" oder „das Kind". Zu jedem Namen gehört jeweils eine Kernaussage/ein Statement. Nehmen wir an, Ihr Klient hat einen „Zweifler" benannt und dessen Botschaft lautet: „Das schaffst du nicht."

Geben Sie Ihrem Klienten entweder Moderationskarten, auf denen er Namen und Sätze festhalten und die er dann auf dem Flipchart positionieren kann. Oder Sie geben ihm farbige Stifte. So kann er sich für jede Stimme eine Farbe aussuchen und sie auf dem Flipchart einzeichnen.

Manche Klienten hören im Kopf die Stimme einer realen Person. Auch das wird festgehalten. Der Vater sagt „Lerne etwas, das Erfolg und Geld verspricht."

Fragen Sie immer wieder nach und geben Sie Ihrem Klienten Bedenkzeit. „Und wer meldet sich noch zu Wort? Und wer noch? Und wer noch?"

Schritt 5: Hat der Klient sämtliche inneren Stimmen benannt, können Sie mit ihm in die Reflexion gehen: „Wenn Sie jetzt darauf schauen, wie ist es für Sie?" Oder: „Welche Stimme wünschen Sie sich lauter oder leiser und was müsste dafür passieren?"

Hinweis: Wenn Sie mit Moderationskarten arbeiten, können Sie die einzelnen Stimmen in Kategorien einordnen: „Kopfstimme", „Herzstimme" und „Bauchstimme".

Wenn Sie online arbeiten, können Sie für die Visualisierung gut ein Flipchart oder das digitale Whiteboard verwenden.

17.2.4 Virtuelles Team

(nach Radatz 2009 a, b)

Eine andere Form der Arbeit mit inneren Anteilen ist das virtuelle Team.

Ziel: Schwierige Situationen bewältigen, in denen der Klient niemanden hat, der ihm zur Seite steht, oder er mehr oder weniger orientierungslos ist.

Umsetzung:

Schritt 1: Fragen Sie Ihren Klienten: „Angenommen, Sie würden die Situation bravourös meistern. Wer aus Ihrem Umfeld könnte Ihnen jetzt idealerweise als (möglichst unsichtbarer) Unterstützer zur Seite stehen? Und wer noch?

Schritt 2: Fragen Sie Ihren Klienten: „Angenommen, diese Personen wären jetzt hier: Wo würde X, wo Y, wo Z … sitzen?“ (Für alle genannten Personen Stühle rund um den Klienten anordnen und mit Kärtchen bezeichnen.)

Schritt 3: Fragen Sie Ihren Klienten: „Was bedeutet jede einzelne Person für Sie?“

Schritt 4: Gehen Sie mit ihm allen Personen durch: „Wenn wir jetzt Person X fragen, was würde sie Ihnen in dieser Situation genau sagen? Und was würde sie Ihnen raten? Was noch?“

Schritt 5: Fragen Sie Ihren Klienten: „Was nehmen Sie aus all diesen Hilfestellungen, Anregungen und Ratschlägen mit?“

Schritt 6: Fragen Sie Ihren Klienten:

„Wenn Sie jetzt an die eingangs genannte Situation denken: Welche der anwesenden Personen möchten Sie mitnehmen?“

„Wo in Ihrer Nähe befindet sich die Person und woran merken Sie, dass sie da ist?“,

„Wie können Sie dafür sorgen, dass Sie sich im Ernstfall tatsächlich daran erinnern, dass diese Personen da ist?“

Schritt 7: Fragen Sie Ihren Klienten ganz konkret: „Was genau machen Sie nun in der nächsten derartigen Situation?“

17.2.5 Konfliktdreieck

Ziel: Der Klient entwickelt konkrete Handlungsoptionen, um seine Situation zu verbessern.

Umsetzung:

Schritt 1: Visualisieren Sie ein Dreieck und beschriften Sie die Ecken mit den Begriffen „Situation", „Verhalten" und „Haltung". Besprechen Sie mit Ihrem Klienten, dass Konflikte im Wesentlichen durch das Zusammenspiel von drei Faktoren zustande kommen:

- Die Situation ist gekennzeichnet durch bestimmte Rahmenbedingungen (Kontext),
- das Verhalten der Parteien (Handlungsebene),
- die eigene subjektive Wahrnehmung und Interpretation (Haltung, Einstellung).

Verändern sich die Faktoren, kann sich der Konflikt verändern, bestenfalls gelöst werden.

Schritt 2: Um diese Erkenntnis zu nutzen, werden die verschiedenen Ebenen nach Veränderungsmöglichkeiten befragt. Im gemeinsamen Gespräch stellen Sie Ihrem Klienten drei zentrale Fragen:

„Welche Möglichkeiten haben Sie, an der Situation, in welcher der Konflikt auftritt, etwas zu verändern?"

„Wie können Sie Ihr Verhalten in dieser Situation ändern?"

„Wie können Sie Ihre Einstellung bezüglich des Konfliktes verändern? Welche andere Sicht könnten Sie einnehmen?"

Schritt 3: Reflektieren Sie mit Ihrem Klienten das Besprochene. Erfahrungsgemäß lässt sich an mindestens einem Faktor etwas verändern. Fragen Sie ihn, wo er konkret ansetzen kann.

Im Online-Coaching können Sie dafür das digitale Whiteboard oder Ihr Flipchart nutzen.

17.2.6 Problemdreieck

(nach Oboth & Seils 2005)

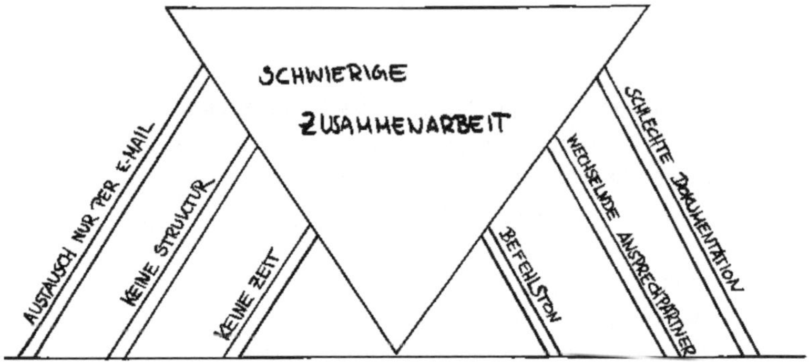

Das Problemdreieck bietet sich als hilfreiches Diagnose-Tool an. Die Stützpfeiler des Dreiecks symbolisieren die Gegebenheiten, die den Konflikt aus der Sichtweise des Klienten stützen.

Ziel: Die Stützpfeiler eines Konflikts herausarbeiten und durch deren Umkehrung Lösungsansätze entwickeln.

Umsetzung:

Schritt 1: Malen Sie ein auf dem Kopf stehendes Dreieck und von ihm abgehende Stützpfeiler auf ein Blatt Papier oder Flipchart.

Schritt 2: Fragen Sie ihren Klienten, was aus seiner Sicht den Konflikt oder das Problem stützt. Mit jedem Punkt, den er Ihnen nennt, beschriften Sie einen Pfeiler.

> ***Beispiel:***
> Thema: Der Klient beklagt sich über die schwierige Zusammenarbeit mit seinem Sachbearbeiter.
>
> JOB-COACH: „Was stützt die schwierige Zusammenarbeit aus Ihrer Sicht?"
>
> KLIENT: „Na, vor allem die fehlende Dokumentation der Gespräche. Jedes Mal fangen wir von vorne an"

Sie beschriften einen Pfeiler mit „fehlende Dokumentation“ und erfragen weitere Punkte.

Schritt 3: Gehen Sie mit Ihrem Klienten Pfeiler für Pfeiler durch und nehmen Sie eine Umkehrung vor.

Beispiel:
Das vom Klienten beschriebene Problem wird durch „fehlende Dokumentation der Gespräche“ und „fehlende Zeit für Unterhaltungen“ sowie „keine Informationsweitergabe“ gestützt. Umkehrungen könnten hier sein: „Die Gespräche dokumentieren“, „Zeit für gemeinsamen Austausch finden“ und „Informationen weitergeben“.

Schritt 4: Jetzt werden konkrete Maßnahmen entwickelt, wie Ihr Klient die Umkehrungen in der Praxis umsetzen kann.

Im Online-Coaching können Sie dafür gut ein Arbeitsblatt vorbereiten und es Ihrem Klienten schicken. Alternativ nutzen Sie ein digitales Whiteboard oder ganz klassisch Ihr Flipchart.

17.2.7 Sinneswandel

Ziel: Der Klient soll reflektieren, welche Auswirkungen sein Denken und Handeln auf die Gefühle der Personen in seinem Umfeld haben. Er soll sich besser in andere Sichtweisen hineinversetzen können und seine empathischen Fähigkeiten verbessern.

Umsetzung:

Schritt 1: Bitten Sie Ihren Klienten, eine Person zu benennen, in die er sich gerne hineinversetzen möchte.

Schritt 2: Beschriften Sie ein Blatt Papier mit „Sinneswandel“ und zeichnen Sie in die Mitte einen Kreis. Dann teilen Sie den Kreis so auf, dass ungefähr vier gleich große Bereiche entstehen. Beschriften Sie diese mit:
- denken
- hören
- fühlen
- handeln

Schritt 3: Der Klient versetzt sich nun in die Zielperson und spürt in sich hinein. Die gefundenen Begriffe soll er in den jeweiligen Bereich des Kreises schreiben.

Sie können den Perspektivwechsel durch folgende Fragen begleiten:

„Was denkt die Person über sich und ihr Umfeld?"

„Was sagen andere Menschen zu oder über diese Person, zum Beispiel Kollegen, Freunde oder die Familie?"

„Was fühlt die Person wohl in dieser Situation?"

„Wie verhält sich die Person?"

„Was tut sie nicht?"

„Was könnte ein Auslöser für ihr Verhalten sein?"

„Inwiefern ist die Person in ihren Handlungen selbst- oder fremdbestimmt?"

Schritt 4: Fragen Sie den Klienten anschließend nach seinen Erkenntnissen.

In der nächsten Sitzung können Sie mit den Ergebnissen weiterarbeiten. Fragen Sie Ihren Klienten, ob er sich gegenüber der Person anders verhalten konnte.

Hinweis: Sofern sich Ihr Klient in mehrere Personen hineinversetzen möchte, können Sie den Kreis mehrfach kopieren.

18. | Reflexion

Die methodische Reflexion eignet sich nicht nur, um Problemsituationen zu erkennen und zu lösen. Sie hilft auch, Situationen und Ereignisse besser zu verstehen und zu ergründen. Wir haben deshalb für Sie kurze und zum Teil kreative Reflexionsmethoden zusammengestellt, die Sie in jeder Job-Coaching-Sitzung an verschiedenen Stellen im Prozess einsetzen können.

18.1 Blitzlicht

Ziel: Der Klient wird aufgefordert, eine kurze Angabe zu seiner momentanen Stimmung zu machen.

Durchführung:

Stellen Sie Ihrem Klienten z. B. folgende Fragen:

„Wie sind Sie heute hier?"

„Wie geht es Ihnen gerade?"

„Wie ist es gerade für Sie?"

„Wie gehen Sie heute hier hinaus?"

18.2 Wetterbericht

Ziel: Auch der Wetterbericht, eine kurze metaphorische Bestandsaufnahme, ist eine Möglichkeit, den aktuellen Zustand des Klienten zu erfragen.

Durchführung:

Zu einer klar und eindeutig von Ihnen formulierten Fragestellung (z. B. „Wie fühlen Sie sich gerade?") soll Ihr Klient ein Feedback in Form eines Wetterberichts abgeben.

Möglichkeiten für Wetterbeschreibungen:

Sie können Ihrem Klienten ein vorbereitetes Flipchart zeigen, auf dem sich verschiedene Wettersymbole befinden, wie: Hoch- und Tiefdruckgebiete, Blitz und Donner, Sonnenschein, Wolken, Nebel, Sturm, Hagel, Frost, starker Wind, Böe, Windstille, klare Luft usw.

Sie können ihn auch auffordern, Sätze zu vervollständigen:

„Nach anfänglichem Nebel …“

„Leichte Gewitterstimmung in Bezug auf …“

„Ich fühle mich frostig und mir weht ein starker Wind im Rücken …“

Mögliche Reflexionsfragen:

„Welche Gefühle stecken hinter den Wettersymbolen?“

„Durch welche inneren und äußeren Einflüsse werden diese Gefühle hervorgerufen?“

„Was braucht das schlechte Wetter, um wieder besser zu werden?“

„Wie kann für eine stabile Wetterlage gesorgt werden?“

18.3 Bildkarten

Ziel: Der Klient verknüpft metaphorisch Bilder zu seinem Anliegen und assoziiert frei.

Durchführung:

Legen Sie vor Ihrem Klienten verschiedenen Fotos, Postkarten o. Ä. aus und fragen Sie ihn, welches Bild am ehesten zu dem Thema / der Fragestellung passt (es können auch mehrere Bilder sein). Bitten Sie ihn dann, seine Gründe für die Auswahl zu erläutern.

Wenn Sie sich im Online-Coaching auf die Gefühle Ihres Klienten fokussieren möchten, können Sie dafür die Gefühlsmonsterkarten nutzen: ↗ https://scan.gefuehlsmonster.de

18.4 Schuhe

Ziel: Der Klient reflektiert seinen aktuellen Zustand.

Durchführung:

Legen Sie Ihrem Klienten eine Auswahl von Schuhfotos vor oder ein Flipchartblatt, auf dem verschiedene Schuhe abgebildet sind, z. B. Pumps, Badelatschen, Winterstiefel, Flip-Flops, High Heels, Cowboystiefel, usw. Leiten Sie ein Reflexionsgespräch ein, in dem Sie ihn fragen:

„Mit welchen Schuhen sind Sie heute hier?"

„Mit welchen Schuhen gehen Sie heute?"

„Welche Schuhe hätten Sie gerne an?"

Für den Einsatz im Online-Coaching können Sie Bilder mit unterschiedlichen Schuh-Typen vorbereiten und diese über den Bildschirm teilen.

18.5 Schlüssel

Ziel: Der Klient reflektiert seine bisherigen und gewünschten Ergebnisse.

Durchführung:

Sie legen Ihrem Klienten eine Auswahl von Schlüsseln vor, z. B. Wohnungsschlüssel, Sicherheitsschlüssel, Autoschlüssel, Briefkastenschlüssel, alte und antike Schlüssel usw. vor.

Bitten Sie ihn, einen oder mehrere Schlüssel an sich zu nehmen, und fragen Sie ihn z. B., welche/r Schlüssel passt / passen zu den Fragen:

„Was hat sich heute für Sie erschlossen?"

„Mit was haben Sie heute abgeschlossen?"

„Was würden Sie gerne noch aufschließen?"

„Was würden Sie gerne zuschließen oder verschließen?"

Für den Einsatz im Online-Coaching können Sie ein Bild mit verschiedenen Schlüsseln vorbereiten und es über den Bildschirm teilen.

18.6 Symbol

Ziel: Der Klient verbindet gewählte Symbole mit seinem aktuellen Anliegen.

Durchführung:

Der Klient erhält eine mit unterschiedlichsten Gegenständen gefüllte Box. Enthalten sein können z. B. Urlaubsandenken, kleine Haushaltsgegenstände, Figuren usw. Er soll sich nun einen passenden Gegenstand heraussuchen, der zu der Fragestellung passt, die Sie gerade gemeinsam bearbeiten. Bitten Sie ihn dann zu beschreiben, aus welchen Gründen er dieses spezielle Symbol gewählt hat oder was er mit dem Symbol verbindet.

Für den Einsatz im Online-Coaching können Sie ein Bild mit verschiedenen Symbolen vorbereiten und es über den Bildschirm teilen.

18.7 Spruch

Ziel: Der Klient wählt für sich eine passende Zustandsbeschreibung aus.

Durchführung:

Legen Sie vor Ihrem Klienten verschiedene Lebensweisheiten und Zitate aus und fragen Sie ihn, welcher Spruch am ehesten zu dem Thema/der Fragestellung passt. Bitten Sie ihn dann zu beschreiben, warum er gerade diesen Spruch gewählt hat oder was er mit dem Spruch verbindet.

Für den Einsatz im Online-Coaching können Sie verschiedene Sprüche oder Zitate vorbereiten und sie über den Bildschirm teilen.

19. Bewerbung

Bewerbungen schreiben und sich auf Vorstellungsgespräche vorbereiten: Auch das ist Thema im Job-Coaching-Prozess. Für beides gibt es Hilfsmittel und Methoden, die Ihre Klienten unterstützen können. Mit der zunehmenden Digitalisierung finden sich im Internet inzwischen vielfältige (auch kostenfreie) grafische Vorlagen für die optische Verpackung von Bewerbungen. Von schlicht bis exzentrisch – lassen Sie den Klienten entscheiden, welche Vorlage ihm für seine individuelle Bewerbung passend scheint. Schauen Sie sich im Vorfeld die Internetpräsenz des Unternehmens an, bei dem der Klient sich bewerben will. Wie tritt die Firma auf? Seriös und zugeknöpft oder locker und unkonventionell? Besprechen Sie mit Ihrem Klienten, wie er mit seiner Bewerbung optisch in Erscheinung treten möchte. Achten Sie bei der Auswahl einer passenden Vorlage vor allem auch darauf, dass der Klient sie ohne fremde Hilfe bearbeiten kann.

Hier haben wir gute Erfahrungen mit Canva gemacht (den Link finden Sie im Anhang). Sind jedoch die technischen Skills nicht oder nur gering ausgeprägt vorhanden, könnte sich schnell ein Gefühl der Überforderung breit machen, mit der möglichen Folge, dass Ihr Klient im Alleingang keine weiteren Bewerbungen verschicken wird.

19.1 Der schriftliche Teil: die Bewerbungsunterlagen

Die meisten Menschen fürchten sich, ein Anschreiben und einen Lebenslauf zu verfassen, u. a. weil sie nicht wissen, was sie schreiben sollen. Aus den vorhergehenden Stationen unserer Job-Coaching-Schiffreise nach dem ANKER-Prinzip (s. Kap. 3.1) verfügen Sie über genügend Material, um die Bewerbungsunterlagen mit Ihrem Klienten informativ und individuell neu zu gestalten.

Egal, wie Sie konkret vorgehen oder welche Struktur Sie nutzen – drei Dinge sind wichtig:

1. Der Empfänger muss die Dokumente schnell erfassen können. Je nach PC-Kenntnissen des Klienten können Sie ihm ein einfaches oder aufwendiges Layout vorschlagen. Kostenlose Mustervorlagen finden Sie im Internet.

2. Das Beste, die Dinge, mit denen Ihr Klient punkten kann, müssen weit vorne und prominent platziert werden. Die Personalabteilungen bekommen sehr viele Bewerbungen und haben keine Zeit, intensiv zu forschen, ob der Bewerber geeignet ist. Die Chancen auf eine Einladung erhöhen sich, wenn sofort klar ersichtlich ist, wie gut Ihr Klient auf die Stelle passt.
3. Erarbeiten Sie einen Prototyp für alle Anschreiben und Lebensläufe mithilfe einer konkreten Stellenanzeige, die Ihr Klient reizvoll findet und auf die er sich gern bewerben möchte.

Ziel: Der Klient verfügt über einen passgenauen und aussagefähigen Lebenslauf und über ein individuelles und informatives Anschreiben. Beide Unterlagen sind auf das Berufsfeld, die konkrete Stelle zugeschnitten. Für unterschiedliche Berufsfelder erarbeiten Sie jeweils passgenaue Varianten, sodass sich Ihr Klient auf verschiedene Positionen bewerben kann.

Haben Sie es mit Klienten zu tun, die sehr ungeübt im digitalen Bewerbungsmanagement sind, kann eine Lösung ein allgemeines, universell einsetzbares Profil in Form einer PDF-Datei sein. Ihr Klient muss lediglich eine E-Mail schreiben und das Profil als Anhang hinzufügen können. Eine etwas „raffiniertere" Lösung wäre ein sogenannter Onepager. Als innovatives Bewerbungsdokument ist der Onepager grafisch ähnlich aufgebaut wie ein Flyer. In Sachen Selbstmarketing fasst er das Wichtigste strukturiert und ansprechend auf einer DIN-A4-Seite zusammen. Von potenziellen Unternehmen wird der Onepager gerade bei Initiativbewerbungen gern gesehen, denn er ermöglicht schnell einen guten ersten Eindruck. Darüber hinaus zielt er darauf ab, möglichst viele Parallelen zur gewünschten Stelle aufzuzeigen. Sein schlankes und aussagekräftiges Format besticht sowohl durch grafische Elemente als auch durch die persönliche Botschaft. Die meisten Onepager beinhalten folgende Elemente:

- Aktuelles Foto
- Personalien: Vorname, Name, Adresse
- Aus-, Fort- und Weiterbildungen
- Werdegang: wichtige Stationen, Funktionen und Firmen, allenfalls mit einer kurzen Beschreibung der Aufgaben
- Kompetenzen oder Erfahrungen, die zur gewünschten Stelle passen
- Muttersprache und fremdsprachliche Kenntnisse, IT-Kompetenzen
- Wenn es passt: Persönliches, wie Interessen, Freizeit, Mitgliedschaften, ehrenamtliches Engagement

19.1.1 Das Bewerbungsfoto

In Deutschland ist das Foto ein wichtiger Bestandteil der Bewerbung. Es kann Türen öffnen und erleichtert den Personalern die Auswahl. Einige Träger bieten Job-Coaching-Klienten einen Fototermin an.

Schritt 1: Recherchieren Sie mit Ihrem Klienten auf den Websites der Unternehmen, bei denen er sich bewerben will. Wie sehen die Mitarbeiter dort auf den Fotos aus? Was haben Sie an? Konventionell oder lässig? Wie ist die Tonalität der Seite? Wie sieht sich ihr Klient? Wie will er wirken? Womit fühlt er sich wohl?

Schritt 2: Recherchieren Sie im Internet Bewerbungsfotos: Was wird auf Karriereseiten empfohlen? Wie präsentieren sich Menschen auf Bewerbungsfotos? Welche Fotos gefallen Ihrem Klienten?

Schritt 3: Besprechen Sie mit Ihrem Klienten das Thema Garderobe. Welche Kleidungsstücke stehen ihm zur Verfügung? Ist er sehr unsicher, was er anziehen kann, bitten Sie ihn, zum nächsten Termin eine Vorauswahl mitzubringen. Geben Sie ihm ein ehrliches und wertschätzendes Feedback.

19.1.2 Der Lebenslauf

Beim Erstellen der zu einer Bewerbung gehörenden Schriftstücke sollten Sie zuallererst am Lebenslauf arbeiten.

Schritt 1: Sammeln Sie alle beruflichen Stationen Ihres Klienten, und zwar im Hinblick auf die zukünftig anvisierten Berufsfelder / Stellenausschreibungen. Wo hatte der Klient bereits Berührungspunkte mit den Tätigkeiten, die er jetzt anstrebt? Unter jede berufliche Tätigkeit Ihres Klienten fügen Sie in Form von drei bis fünf Bulletpoints diese Berührungspunkte auf.

Schritt 2: Überlegen Sie sich gemeinsam ein „Best-of" der Kompetenzen und Fähigkeiten Ihres Klienten. Diese „Top Five" bis „Top Ten" – ein Mix aus Qualifikationen und Softskills – platzieren Sie am besten sehr prominent und weit vorn im Lebenslauf (gleich hinter den Angaben zur Person).

Sie können diese Rubrik individuell benennen, z. B.: „Meine Kernkompetenzen“, „Das bringe ich mit“, „Mein Kompetenzprofil“ o. Ä.

Schritt 3: Überlegen Sie sich für den Rest des Lebenslaufes eine Struktur, die die Inhalte klar gliedert und die Tätigkeiten nach vorne bringt, die besonders passend für die Stellenausschreibung sind. Sie können dabei chronologisch oder thematisch vorgehen. Lassen Sie sich von den Mustervorlagen auf den einschlägigen Karriereseiten inspirieren.

Schritt 4: Scannen Sie die Unterschrift Ihres Klienten ein.

19.1.3 *Das Anschreiben*

Das einseitige Anschreiben verstehen wir als Vorwort und Bedienungsanleitung für den sich anschließenden Lebenslauf. Es sollte Individualität, persönliche Motivation und Engagement ausstrahlen. Sie können es nach einem Baukastensystem erstellen.

Schritt 1 – der Einstieg: Fragen Sie Ihren Klienten, was ihn genau an der Stellenausschreibung interessiert, und formulieren Sie dieses Interesse so um, dass es seine Motivation, sich gerade auf diese Position zu bewerben, ansprechend darlegt.

Auch die Nähe eines Arbeitsplatzes, die Tonalität einer Stellenanzeige, angenehme Arbeitszeiten, ein tolles Betriebsklima, die Empfehlung eines ehemaligen Kollegen, Bewertungen aus dem Internet o. Ä. können Sätze für den Einstieg sein. Verwenden Sie für die Formulierung des Einstiegs Ergebnisse aus der Wertearbeit (siehe Kap. 10), die Sie mit dem Klienten durchgeführt haben.

> ***Beispiele:***
>
> Sehr geehrte Frau / Sehr geehrter Herr … (nach Möglichkeit persönliche Anrede)
>
> **Variante A:** Auf der Suche nach einer sinnstiftenden und wertschätzenden Herausforderung im sozialen Bereich bin ich auf Ihre aktuelle Stellenanzeige gestoßen und bin auf Anhieb begeistert / interessiert / motiviert.

Variante B: Ihr Unternehmen steht für Innovation, Forschung und Visionen – Dinge, die mein Handeln und Tun ebenfalls bestimmen …

Variante C: Flexibel? Bin ich. Hands-on-Mentalität? Habe ich. Verfügbar ab dem 1. Juni? Passt. Eure Anzeige hat mich sofort angesprochen, weil sie sich mit meinen Vorstellungen über …. deckt.

Variante D: Als erfahrener, zuverlässiger und engagierter Berufskraftfahrer freue ich mich über einen Einsatzbereich in der Nähe meines Wohnortes. Mir ist es wichtig, schnell, pünktlich und zügig zu arbeiten und zu einem kollegialen Team zu gehören. Deshalb interessiere ich mich sehr für Ihre ausgeschriebene Stelle …

Schritt 2: Beantworten Sie zusammen mit Ihrem Klienten im nächsten Abschnitt des Anschreibens die Frage „Was bringe ich fachlich mit?" und formulieren Sie die zur Stellenausschreibung passenden Qualifikationen aus. Bringt der Klient eine Qualifikation nicht mit, konzentrieren Sie sich auf die Aspekte, die genau auf das Stellenprofil passen.

Schritt 3: Im folgenden Passus beschreibt sich der Klient als „Mensch" und referiert z. T. ebenfalls auf die Eigenschaften, die im Stellenprofil gesucht werden. Aus der Biografiearbeit (s. Kap. 11) und den Antworten auf Ihre zirkulären Fragen (s. Kap. 8) können Sie hier auch ein Feedback von Kollegen, Freunden, Weggefährten zitieren und folgendermaßen einleiten: „Ehemalige Kollegen / Menschen, die mich gut kennen, sagen über mich …"

Schritt 4: Bauen Sie in das Anschreiben eine Erfolgsgeschichte ein, die zum Profil der Stellenbeschreibung passt. Sie können dabei sehr gut nach der STAR-Methode(s. 19.2.4) vorgehen.

Schritt 5: Formulieren Sie mit Ihrem Klienten seine Wünsche und Bedürfnisse (Teilzeit / Arbeitszeiten / Gehaltsvorstellungen) im letzten Teil des Anschreibens.

19.2 Der mündliche Teil: Vorbereitung auf das Bewerbungsgespräch

Ob in Präsenz oder online: Wenn der Termin für ein persönliches Kennenlernen ansteht, ist es für den Klienten wichtig, sich gut vorzubereiten. Wie komme ich dahin? Was ziehe ich an? Wie benehme ich mich? – All das sind wichtige Fragen, auf die Sie gemeinsam eine Antwort finden.

Findet das Gespräch online statt, ist es sehr wichtig, im Vorfeld mit dem Klienten das dazugehörige Prozedere zu klären: Wie wähle ich mich ein? Wie funktioniert Online-Kommunikation (z.B. Kamera und Mikro ein/aus)? Wo sitze ich, welchen Bildhintergrund wähle ich? All das hilft ihm, sich sicher zu fühlen.

Die folgenden Interventionen können sowohl online als auch im „echten Leben" gut trainiert werden.

19.2.1 Rollenspiel

Rollenspiele vermitteln Sicherheit, mentale Stärke und sind ein gutes sprachliches Training. Sie bereiten den Klienten praktisch und realitätsnah auf Bewerbungsgespräche vor. Es ist sehr sinnvoll, das gleiche Rollenspiel mehrmals durchzuführen und dem Klienten immer wieder Feedback dazu zu geben, was sich bereits positiv verändert hat.

Achten Sie unbedingt darauf, dass Ihr Klient sich mit den ausgewählten Inhalten wohl und sicher fühlt. Es geht nicht darum, sich „zu verkaufen", sondern sich authentisch zu präsentieren. Es ist für den Klienten immens wichtig, dass er sich selbstbewusst genug fühlt, sich so zu zeigen. Das kann er nur, wenn die Inhalte auch wirklich gut zu ihm passen.

Ziel: Ihr Klient kann sich mithilfe des Rollenspiels auf anstehende oder zukünftige Schlüsselsituationen im Vorstellungsgespräch vorbereiten. Er kann die Situation in einem geschützten Raum erleben, Verhaltensweisen ausprobieren und Antworten auf schwierige Fragen entwickeln. Zudem erhält er ein wertschätzendes Feedback von Ihnen.

Schritt 1: Erläutern Sie Ihrem Klienten den Ablauf eines typischen Bewerbungsgesprächs, von der Begrüßung bis zur Verabschiedung. Welche zentralen Punkte gibt es? Machen Sie ihm deutlich, dass dieser Ablauf sich in der Regel bei jedem Vorstellungsgespräch wiederholt und deshalb sehr gut zu trainieren ist:

Nach der Begrüßung und der Frage nach einem Getränk steigt die Arbeitgeberseite in aller Regel in das Gespräch mit folgender Frage ein: „Erzählen Sie doch einmal etwas von sich." Danach folgt eine Fragerunde zu den fachlichen Voraussetzungen. Im Anschluss daran wird der Bewerber nach seinen sozialen Kompetenzen gefragt. Nähert sich der Hauptteil des Gesprächs dem Ende, folgt die obligatorische Frage nach den Gehaltsvorstellungen. Dann möchte der Arbeitgeber noch in Erfahrung bringen, ob der Bewerber Fragen hat, bevor sich die Runde wieder auflöst und das Gespräch ein Ende findet.

Sie können den Ablauf eines Bewerbungsgespräches auch sehr gut auf einer Zeitachse visualisieren.

Bieten Sie Ihrem Klienten an, dass Sie ihn dabei unterstützen können, sich gut auf solche Situationen vorzubereiten. Klären Sie dafür mit ihm seine individuellen „Sollbruchstellen" in solchen Situationen: Ist er nervös? Weiß er nicht, was er sagen soll? Fürchtet er bestimmte Fragen? Fühlt er sich unsicher?

Schritt 2: Suchen Sie eine Bewerbung des Klienten auf eine konkrete Stellenanzeige heraus. Schlüpfen Sie in die Rolle des Arbeitgebers. Gleichen Sie Stellenanzeige und Bewerbung noch einmal eingehend ab und bereiten Sie Fragen vor, die Sie dem Bewerber in jedem Fall stellen würden. Sie bitten Ihren Klienten, sich ebenfalls Fragen für die Aufforderung der Arbeitgeberseite – „Haben Sie noch Fragen?" – zu überlegen.

Schritt 3: Richten Sie eine „reale" Gesprächssituation ein. Meist reichen zwei Stühle aus.

Schritt 4: Ihr Klient und Sie spielen ein Vorstellungsgespräch von Anfang bis Ende durch. Dabei halten Sie sich an die vorher skizzierten Schritte

- Begrüßung
- Frage nach einem Getränk, die der Klient nach Möglichkeit immer mit „Ja" beantworten sollte. (Es empfiehlt sich Wasser ohne Kohlensäure – das macht keine Flecken, falls man ein Glas umkippt, und ist gut verträglich; kein Aufstoßen.)
- Aufforderung: „Erzählen Sie doch mal was von sich!"

- Fragen nach den fachlichen Kompetenzen
- Fragen nach den persönlichen Eigenschaften
- Fragen zur Gehaltsvorstellung
- Aufforderung: „Haben Sie noch Fragen?" Auch diese Frage sollte der Klient immer mit „Ja" beantworten. Wichtig sind hier inhaltliche Fragen zum Stellenprofil. Der Klient kann diese Fragen auch schon im Vorfeld vorbereiten und an der passenden Stelle aus der Tasche ziehen. „Ja, ich habe mir in der Vorbereitung auf das Gespräch einige Fragen notiert …"
- Verabschiedung

Schritt 5: Werten Sie mit Ihrem Klienten das Gespräch aus. Zuerst kommt der Klient zu Wort: Wie hat er das Gespräch empfunden? Wie hat er sich gefühlt? Dann schließen Sie sich mit einem professionellen Feedback an und achten darauf, dass dieses sich ausschließlich auf veränderbare Punkte bezieht. Bei kniffligen Sachverhalten unterstützen Sie den Klienten mit Formulierungshilfen, die Sie ihm anbieten, um seine Antworten für die nächste Runde sicher und authentisch vorbereiten zu können.

Hinweis: Sie können eventuell auch einen Job-Coach-Kollegen zu dem Rollenspiel dazubitten, damit der einen zweiten Arbeitgeber spielt. Der Kollege kann ein neutrales Feedback geben, weil er Ihren Klienten nicht kennt. Im Anschluss können Sie mit ihm die „neutrale" Rückmeldung besprechen.

19.2.2 *Ich über mich*

Im Bewerbungsgespräch taucht selbstverständlich die oft ungeliebte Frage auf: „Erzählen Sie doch bitte etwas über sich." Aus unserer eigenen Führungserfahrung wissen wir: Sie wird von der Arbeitgeberseite auch gestellt, um den Bewerber „erst einmal kommen zu lassen" und um sich selbst im Bewerbungsmarathon etwas Luft zu verschaffen.

Ziel: Ihr Klient entwickelt auf diese Frage eine authentische, schlüssige und passgenaue Antwort. Diese sollte insgesamt nicht länger als zwei Minuten dauern.

Nutzt Ihr Klient diese Möglichkeit zur Selbstdarstellung geschickt für sich, hat er gleich zu Beginn des Bewerbungsgesprächs „gepunktet“ und kann den gesamten Ablauf positiv beeinflussen.

Schritt 1: Wir schlagen dem Klienten vor, die Aufforderung „Erzählen Sie doch einmal etwas über sich“ im Kopf mit einer dreiteiligen Struktur zu beantworten. Wir visualisieren drei Satzanfänge auf drei verschiedene Moderationskarten in drei verschiedenen Farben.

„Ich bin …“
„Ich kann …“
„Ich will …“

Schritt 2: Wir sammeln dem Klienten zu jeder Rubrik mögliche Antworten auf Moderationskarten in der jeweils gleichen Farbe.

Unter „Ich bin …“ sammeln Sie z. B.: Namen, Alter, kurze Angaben zur Lebenssituation und zu Berufs- und Studienabschlüssen sowie zur Berufserfahrung, Angaben zum Wertesystem und zu den Charaktereigenschaften des Klienten. Sie fassen alle Punkte zusammen, die gut zur Stellenbeschreibung und / oder dem Unternehmen passen.

Unter „Ich kann …“ sammeln Sie z. B.: Qualifikationen; berufliche Stationen des Klienten, die besonders gut zu der Stelle passen, eine bis zwei kurze Erfolgsgeschichte(n) zu einer oder zwei gewünschten Qualifikation(en) im Stellenprofil, Fähigkeiten und besondere Talente des Klienten.

Unter „Ich will …“ sammeln Sie z. B.: Visionen, konkrete Berufsziele und Bedürfnisse des Klienten, die gut zum Stellenprofil passen.

Schritt 3: Wir gleichen gemeinsam seine Antworten und die Stellenbeschreibung ab und entscheiden, welche davon für diese Stelle besonders passend sind. Es werden ausschließlich Antworten entwickelt, für die der Klient ein klares „Ja“ hat. Unterstützen Sie ihn dabei, geeignete Formulierungen für sich zu finden. Wertschätzen Sie seine Bedenken und Einwände und arbeiten Sie mit ihm lösungsorientiert an seiner Selbstdarstellung.

Schritt 4: Mit dem letzten Satz der Antwort auf die Frage „Erzählen Sie doch kurz etwas über sich“ kann der Klient „den Kreis“ schließen. Er hat sich auf diese Stelle beworben, weil sie gut zu seinem Profil und seiner Suche passt. Er kann betonen, dass er sich deshalb freut, jetzt hier zu sein.

Schritt 5: Gehen Sie mit ihm jetzt in das Training und üben Sie zusammen die Antworten mit der dreiteiligen Struktur ein.

Schritt 6: Wenn das Gesagte langsam immer flüssiger und schlüssiger wird, können Sie anfangen, die Zeit zu stoppen und ggfs. die Aussagen noch ein wenig kürzen.

Hinweis: Noch einmal sei gesagt, dass Ihr Klient sich mit den ausgewählten Inhalten wohl- und sicher fühlen muss. Er soll sich nicht „verkaufen", sondern authentisch präsentieren. Dafür müssen die Inhalte auch wirklich gut zu ihm passen. Vermeiden Sie bitte, ihm Aussagen „unterzuschieben", die er nicht möchte.

19.2.3 *Elevator Pitch*

Der Elevator Pitch eröffnet Räume und macht es der Arbeitgeberseite leicht, sofort anzuknüpfen und ins Gespräch einzusteigen. Im Unterschied zu „Ich über mich" ist er werblicher, und möglicherweise polarisiert die Herangehensweise. Er eignet sich vorzugsweise für Klienten, die bereits Erfahrung mit Präsentationen und Pitches gesammelt und Spaß daran haben, sich selbst zu präsentieren.

Der Elevator Pitch kommt aus den USA und bedeutet so viel wie „Verkaufsgespräch im Fahrstuhl". Dabei hat die Person max. 60 Sekunden Zeit, einem potenziellen Kunden seine Leistung und deren Nutzen mitzuteilen. Dieses Instrument lässt sich sehr gut auf ein Bewerbungsgespräch übertragen. Bei den Fragen: „Erzählen Sie doch ein wenig über sich" oder „Warum sollen wir uns für Sie entscheiden?" kann Ihr Klient mit einem „Elevator Pitch" überzeugen.

Ziel: Der Klient „wirbt" in 60 Sekunden für sich und setzt den Spot auf seine Vorzüge und Qualitäten. Er geht dabei möglichst überraschend und kreativ vor und argumentiert im Sinne des zukünftigen Arbeitgebers. Ein Elevator Pitch vermittelt seine Leidenschaft und Motivation und betont die unverwechselbare Eignung. Je nach Anlass, Gegenüber und Stimmungslage kann der Elevator Pitch variiert werden.

Schritt 1: Sie erklären Ihrem Klienten die Struktur des Elevator Pitch und informieren ihn über die entscheidenden Inhalte und die zu formulierenden Aussagen.

Mein Angebot: Was biete ich meinem Gegenüber an?

- ***Interesse:*** Das interessiert mein Gegenüber. Das sind seine Bedürfnisse und Vorlieben.
- ***Nutzen:*** Das sind meine Vorteile. Das kann ich besonders gut. Das gewinnt mein Gegenüber, wenn er mit mir arbeitet.
- ***Motivation:*** Das reizt mich an dieser Stelle. Deshalb will ich für mein Gegenüber arbeiten.
- ***Appell:*** Das wünsche ich mir von meinem Gegenüber.

Schritt 2: Erarbeiten Sie gemeinsam mit Ihrem Klienten sein besonderes Profil für die Stelle. Finden Sie die passenden Stichpunkte für das, was ihn qualifiziert.

Schritt 3: Bringen Sie möglichst in Erfahrung, wem Ihr Klient im Bewerbungsgespräch begegnen wird. Recherchieren Sie diese Person(en) und entwickeln Sie eine Strategie. Sitzt dort z. B. ein Formel-1- bzw. Mercedes-Fan, könnte Ihr Klient seine Selbstpräsentation darauf aufbauen.

Schritt 4: Unterstützen Sie Ihren Klienten bei der Beantwortung der in Schritt 1 erläuterten Punkte. Achten Sie auf eine verständliche und authentische Sprache.

Schritt 5: Entwickeln Sie eine gute Frage, ein Bild oder eine Geschichte für den Einstieg ins Gespräch. Wenn Ihr Klient humorvoll ist, kann er einen unterhaltsamen Einstieg wählen. Sitzt Ihnen ein ernsthafter Mensch gegenüber, ist ein Sachbezug ebenfalls gut geeignet.

Schritt 6: Überprüfen Sie gemeinsam, ob sich Ihr Klient mit dem Elevator Pitch wirklich wohlfühlt. Klären Sie, wie es ihm möglich wird, authentisch zu sein und seine Persönlichkeit zum Ausdruck zu bringen.

Schritt 7: Fügen Sie gemeinsam Pausen in die Kurzpräsentation ein.

Schritt 8: Beenden Sie mit ihrem Klienten den Elevator Pitch mit einem Appell. So spielt er den „Ball" der anderen Seite zu.

Schritt 9: Üben Sie mit Ihrem Klienten den Elevator Pitch und feilen Sie an den Formulierungen, bis alles für ihn passt.

Beispiel:

Der Klient bewirbt sich auf eine Stelle als Projektleiter im operativen Bereich eines Unternehmens: „Tja, was macht Mercedes in der Formel 1 eigentlich erfolgreich? (Pause) Alles muss erstklassig sein: Auto, Fahrer, Timing und noch dazu ein bisschen Glück (Pause), dass der Reifen nicht platzt.

Und was macht mich erfolgreich? (Pause) Klare Visionen und Ziele, fachliches Know-how und Best-Practice-Erfahrung im operativen Geschäft. Ich sorge für effiziente und schlanke Prozesse, zufriedene Kunden und (Pause) brauche obendrauf natürlich auch ein wenig Glück, (Pause) dass der Auftrag nicht platzt.

Mit meinem Topteam kann ich genau wie Mercedes in der Formel 1 ganz vorn liegen. Ich sorge dafür, dass wir alle zusammen motiviert und engagiert an den Start gehen und die Konkurrenz nicht an uns vorbeizieht. (Pause)
Lassen Sie uns die nächsten Rennen gemeinsam gewinnen."

19.2.4 *Die STAR-Methode*

Das Massachusetts Institute of Technology (MIT) in Cambridge gilt als eine der Spitzenuniversitäten weltweit. Dort wurde die STAR-Methode für das Erzählen von Geschichten entwickelt. Sie baut darauf auf, dass eine Story weitaus mehr als den reinen Inhalt vermittelt. Diese Erkenntnis des Storytellings lässt sich auch im Bewerbungsgespräch sehr gut nutzen. Das Akronym STAR sorgt dafür, dass Ihr Klient seine Geschichte strukturiert und fokussiert erzählen kann. Es setzt sich wie folgt zusammen:

- **S**ituation: Welche Situation haben Sie vorgefunden?
- **T**ask: (Aufgabe) Was war hier für Sie die Aufgabe / die Herausforderung?
- **A**ction: (Handlung) Wie haben Sie konkret gehandelt?
- **R**esult: (Ergebnis) Was war das Ergebnis?

Sie können mit Ihrem Klienten in der Vorbereitung auf Vorstellungsgespräche seine fachlichen und persönlichen Kompetenzen und seine berufliche Expertise in eine oder mehrere Erfolgsgeschichte/n verpacken. Wenn er eine Geschichte aus seiner beruflichen Vergangenheit geschickt erzählt, werden in den Köpfen der Arbeitgeber Bilder entstehen, die nachhaltig im Gedächtnis haften bleiben. Eine gute Geschichte wertet die Kompetenzen auf und erhöht die Chancen, den Job zu bekommen.

Ziel: Ihr Klient kann passende berufliche Erfolgsgeschichten spannend, wahrhaftig und emotional erzählen. Mithilfe dieser Geschichten belegt er seine Eignung für die Stelle authentisch und glaubhaft. .

Schritt 1: Sie ermitteln aufgrund einer vorliegenden Stellenausschreibung, welche Geschichten aus der beruflichen Vergangenheit Ihres Klienten gesuchte fachliche oder persönliche Fähigkeiten gut belegen. Sie notieren diese Geschichten nach der STAR-Methode.

Schritt 2: Sie besprechen gemeinsam, mit welcher Geschichte bzw. welchen Geschichten er sich wirklich sicher und gut fühlt. Sie feilen an den Formulierungen so lange, bis die Geschichte sprachlich und strukturell gut „sitzt".

Schritt 3: Ihr Klient übt diese Geschichte/n und erzählt sie Ihnen mehrfach.

Schritt 4: Sie erfragen, was diese Erlebnisse für ihn persönlich so erfolgreich machen. Was hat er aus ihnen gelernt? Was hat er über sich gelernt? Was ist ihm besonders wichtig daran gewesen? Was bedeuten sie ihm aus heutiger Sicht?

Schritt 5: Sie fügen den Geschichten einen Satz der persönlichen Reflexion hinzu, damit sie an Tiefe und Bedeutung gewinnen. So verankern sie sich auch emotional in der Erinnerung der Zuhörer.

19.2.5 Killerfragen

Mit der Einladung zum Bewerbungsgespräch hat der Klient die erste Hürde erfolgreich überwunden. Anschreiben und Lebenslauf haben überzeugt, das Unternehmen möchte ihn kennenlernen. Nun steht er vor der nächsten Herausforderung: Wie geht er mit schwierigen Fragen im persönlichen Gespräch um? Oft sind die Befürchtungen und Ängste groß, wenn es um eine Lücke im Lebenslauf geht. Krankheiten, Schicksalsschläge und Irrwege werden als Makel empfunden. Fragen, die diese Punkte berühren, „killen" den Klienten. Manche fallen zurück in ihr altes Muster und würden oft am liebsten jetzt wieder „alles hinschmeißen".

Hier sind Sie mit Ihren Coaching-Kompetenzen gefragt: Aktivieren Sie die Ressourcen Ihres Klienten und besprechen Sie mit ihm folgenden Leitsatz: „Auf schwierige Fragen im Bewerbungsgespräch gibt es keine falschen oder richtigen Antworten. Es kommt darauf an, sich gut und überzeugend zu erklären." Folgende Hinweise erleichtern Ihrem Klienten den Umgang mit schwierigen Fragestellungen:

- „Entspannen Sie sich, denn das Gegenüber stellt diese Frage in der Regel nur, um Sie besser kennenzulernen. Niemand weiß, wie sehr die Frage Sie persönlich berührt."
- Erklären Sie ihm, dass Sie im Job-Coaching-Prozess all diese Fragen gemeinsam vorbereiten und gemeinsam eine gute Formulierung finden können.
- Weisen Sie ihn darauf hin, dass Lügen anstrengend und gefährlich sind: Wer sich in ihnen verfängt, stolpert und fällt hin. Ihr Klient kann im Gespräch aufgrund der gemeinsamen Vorbereitung auf „Killerfragen" ehrlich und offen antworten.
- Bei „Fehlern" oder „Versäumnissen" ist es z. B. vor allem wichtig, dass Ihr Klient seinem Gegenüber deutlich macht, dass diese Entscheidung / dieses Verhalten aus heutiger Sicht sicher nicht richtig, klug oder vorausschauend war, sich aber damals leider nicht so angefühlt hat.
- Betonen Sie, dass die allermeisten Menschen in ihrem Leben auch schon einmal durch ein „tiefes Tal" gewandert sind. Krisen gehören zum Leben. Wir alle kennen Phasen der Verzweiflung, Mutlosigkeit, Trauer etc.

Ziel: Ihr Klient entwickelt schlüssige und authentische Antworten auf schwierige Themen seiner Biografie. Er entspannt sich und geht gut vorbereitet in das Bewerbungsgespräch.

Schritt 1: Bitten Sie Ihren Klienten, ganz spontan alle Fragen, die er wirklich fürchtet, auf jeweils eine Moderationskarte zu schreiben.

Schritt 2: Arbeiten Sie mit ihm jede Frage einzeln durch. Gehen Sie dabei strukturiert vor. Fragen Sie ihn zunächst, wie die ehrliche Antwort auf diese Frage lautet. Arbeiten Sie mit diesen Aussagen weiter: Finden Sie andere sprachliche Umschreibungen, die den Klienten als reflektierten und aktiv handelnden Menschen beschreiben. Erarbeiten Sie mit ihm Antworten, die den Fokus auf seine heutige Sicht der Dinge und das Hier und Jetzt legen.

Beispiele:

Ein Aufenthalt in einer psychosomatischen Klinik oder einem Reha-Zentrum lässt sich im Lebenslauf als „berufliche Auszeit zur persönlichen Neuorientierung" umschreiben. Der Klienten erklärt diese Phase seines Lebens kurz und bündig: „Das war eine Zeit, die ich gebraucht habe, um mir jetzt sicher sein zu können, dass diese Stelle wirklich gut zu mir passt, weil ..."

Eine Zeit als „Nur-Hausfrau" und Mutter: „Ich habe mich bewusst entschieden, beruflich zurückzustehen und diese wichtige Zeit meinen Kindern zu widmen. Inzwischen sind sie aus dem Gröbsten raus und brauchen mich nicht mehr so intensiv. Deshalb kann ich jetzt wieder beruflich durchstarten."

Orientierungslos ... „Keine Ahnung, was ich machen sollte ...", viel gekifft ...: „Das war eine Zeit in meinem Leben, in der ich meinen Weg gesucht und vieles ausprobiert habe. Es hat eine Weile gedauert, bis mir klar wurde, was ich wirklich will. Jetzt bin ich mir deshalb sehr sicher, dass diese Position genau das ist, was ich möchte und gut kann, weil ..."

Eine schwere Krankheit, die der Betroffene nicht thematisieren möchte: „In unserer Familie war ein sehr enges Mitglied schwer erkrankt. Es war für mich wichtig, mich zu kümmern und für ihn da zu sein. Jetzt ist die Krise überwunden und ich kann wieder ..."

Schritt 3: Notieren Sie die Antworten, die Sie gemeinsam auf alle Fragen entwickeln, auf der Rückseite der jeweiligen Moderationskarte.

Schritt 4: Stellen Sie Ihrem Klienten seine Killer-Fragen und bitten Sie ihn, seine authentische Antwort auszusprechen und nachzuspüren, wie sie sich anfühlt. Bearbeiten Sie die Antworten so lange, bis der Klient sich mit ihnen stimmig und wohlfühlt.

Schritt 5: Wiederholen Sie die Fragen in einer weiteren Sitzung, damit Ihr Klient die Antworten flüssig und sicher geben kann.

19.2.6 Stuhltausch

Der Stuhltausch ist eine Methode, bei der sich Ihr Klient in die Arbeitgeberseite einfühlen kann.

Ziel: Ihr Klient erhält durch das Üben von Bewerbungsgesprächen Einsichten in die Perspektive der Arbeitgeberseite und gelangt somit zu neuen Handlungsimpulsen. Bewerbungsgespräche können passgenau und lösungsorientiert vorbereitet werden, weil der Klient die Bedürfnisse des Arbeitgebers erspürt und empathisch „verstanden" hat.

Umsetzung:

Schritt 1: Schlagen Sie Ihrem Klienten vor, für einen Moment die Stühle zu tauschen. Bitten Sie ihn, sich auf den anderen Stuhl auf der anderen Seite des Tisches zu setzen. Dieser Stuhl ist der „Stuhl des Arbeitgebers". Sie selbst nehmen auf dem ursprünglichen Stuhl des Klienten Platz. Sie sind dann Ihr Klient und geben das wieder, was Sie gemeinsam im Vorfeld erarbeitet haben. Ihr Klient ist jetzt ein Vertreter des Bewerbungskomitees.

Schritt 2: Spielen Sie ein Bewerbungsgespräch aus Sicht der eingenommenen Rollen durch. Der Perspektivenwechsel fördert die Identifikation mit der Gegenseite und ermöglicht neben dem inhaltlichen auch ein emotionales Verstehen.

Schritt 3: Tauschen Sie wieder die Stühle und fragen Sie Ihren Klienten nach seinen Erkenntnissen. Wenn sich beispielsweise etwas nicht vollständig angefühlt hat, kann er es jetzt korrigieren oder ergänzen.

Schritt 4: Notieren Sie die wesentlichen Erkenntnisse und fragen Sie Ihren Klienten, wie er diese im Bewerbungsgespräch berücksichtigen kann.

Wenn Sie online mit dieser Methode arbeiten, können Sie Ihren Klienten bitten, sich einen weiteren Stuhl zu holen oder einen Sitzhocker zu verwenden. Alternativ gehen auch Sitzkissen, die sich der Klient unter seinen Po legen kann.

Zu guter Letzt

Bevor Sie dieses Buch zuklappen, liegt uns am Herzen, Ihnen noch etwas „Wegzehrung“ mitzugeben. Das Berufsfeld Job-Coaching verlangt uns einiges ab, an Empathie, Engagement und Interesse am Menschen. Wir erhalten tiefe Einblicke in persönliche Lebensverhältnisse und werden mit Schicksalen, Lebensumständen und -hintergründen konfrontiert, die uns berühren und zu schaffen machen. Deshalb ist es für uns und unsere Klienten in besonderem Maße wichtig, ein professionelles Nähe-Distanz-Verhältnis zu wahren. Um unsere Klienten gut unterstützen zu können und handlungsfähig zu bleiben, dürfen wir als Job-Coach nicht dauerhaft „aus der Rolle fallen“ und sind aufgefordert, für uns selbst ebenfalls gut zu sorgen. Unsere Klienten werden es uns danken, denn eine „leere Batterie kann keine Starthilfe geben“.

Psychohygiene ist ein wichtiger Schutzfaktor, der ein Ausbrennen verhindert und den wir ernst nehmen müssen, damit wir selbst gesund bleiben. Doch wie können wir mit psychischen Belastungen umgehen? Wie grenzen wir uns ab? Wie können wir feststellen, was uns hilflos macht und auslaugt, und dann einen Umgang damit finden? Unserer Erfahrung nach ist ein liebevoller, achtsamer und nachsichtiger Umgang mit uns selbst wichtig. So sorgen wir gut für uns. Neben der Arbeit muss es Zeit dafür geben, die eigenen Bedürfnisse zu erspüren und leben zu können. Dazu gehört auch, sich Fehler einzugestehen und sich selbst verzeihen zu können, dass nicht immer alles perfekt läuft.

Auf der Ebene des alltäglichen Lebens können das kleine Dinge und Handlungen sein: Wir können uns mit schönen Gegenständen und Blumen umgeben und die Dinge, die unser Herz erfreuen, in unsere Arbeits- und Lebensbereiche integrieren. Um uns für den beruflichen Alltag Kraft und Input zu holen, nehmen wir selbst Unterstützung in Anspruch. Wir nutzen regelmäßig die Kollegiale Fallberatung, Supervision und eine Peergroup mit Berufskollegen. In der professionellen Reflexion der Ereignisse aus unserem Arbeitsalltag finden wir Kraft, Anregung und Beruhigung und können Prozesse aus verschiedenen Blickwinkeln noch einmal beleuchten. Mit der Unterstützung von außen können wir die eigenen berufsspezifischen Prozesse und die dazugehörigen Handlungsmuster hinterfragen und in einem geschützten Rahmen für uns selbst Handlungsoptionen und neue Ideen für unsere Arbeitsprozesse generieren.

Kollegiale Fallberatung, Supervision und Peergroups fördern die Professionalität und stärken die Fähigkeit, unser eigenes Tun zu hinterfragen. Sie sind Psychohygiene im besten Sinne, denn sie schützen unsere psychische Gesundheit. Die regelmäßige berufliche Reflexion wirkt sich außerdem positiv auf unser Privatleben aus. Lösen wir Probleme im beruflichen Kontext und erreichen eine größere Zufriedenheit im Arbeitsalltag, sorgt das in unserem Leben für mehr Balance und Ausgeglichenheit. Davon profitiert in jeden Fall auch unser privates Umfeld. Wenn wir den Spaß in unserem Leben nicht zu kurz kommen lassen, entspannen sich unser Gehirn und unsere Seele. Wir tanken unsere Batterie auf und haben die Kraft und die Energie Impulsgeber zu sein.

Investieren Sie in sich selbst – es lohnt sich! Würden Sie das Ihren Klienten nicht auch empfehlen?

Anhang

Webadressen

Liste zur Recherche von Stellenausschreibungen: Manchmal können sich Klienten nicht mehr so genau daran erinnern, mit welchen Aufgaben sie beruflich bereits im Einzelnen betraut waren. Hier kann der Job-Coach ganz gezielt nachfragen, indem er auf Portalen für die Berufsorientierung (z. B. „Azubiyo“, „Aubiplus“ oder „Berufenet“) die Kenntnisse und Fertigkeiten aufruft, die im jeweiligen Berufsfeld maßgeblich sind. Ohne selbst Kenntnisse über das Berufsbild haben zu müssen, kann er detaillierte Fragen stellen.

Bewerbung und Jobsuche, allgemeine Informationen

↗ https://karrierebibel.de (Karriereblog-Portal)

Informationen zu Job- und Tätigkeitsprofilen

↗ http://www.berufenet.de
↗ http://berufsfeld-info.de
↗ https://www.berufskunde.de/de
↗ http://www.berufe.tv
↗ https://www.azubiyo.de
↗ https://www.aubi-plus.de

Ausbildungsbörsen

↗ https://www.azubiyo.de
↗ https://www.aubi-plus.de

Jobsuchmaschinen

↗ https://jobboerse.arbeitsagentur.de
↗ https://www.jobworld.de
↗ https://www.kimeta.de
↗ https://de.indeed.com
↗ https://de.gigajob.com

Jobbörsen

↗ https://www.stepstone.de
↗ https://www.stellenanzeigen.de
↗ https://www.jobware.de
↗ https://www.jobstairs.de
↗ https://www.jobvector.de
↗ https://www.yourfirm.de
↗ https://www.monster.de

Jobbörsen für Stellen im öffentlichen Dienst

↗ http://www.bund.de
↗ https://www.interamt.de
↗ https://www.oeffentlichen-dienst.de

Weiterbildungsportale

↗ http://www.kursnet.de
↗ https://www.weiterbildung-ratgeber.de
↗ https://www.bildung.de

Social-Media-Portale

↗ https://www.xing.com
↗ https://de.linkedin.com

Gehaltsfragen

↗ https://www.brutto-netto-rechner.info
↗ https://www.gehalt.de

Vorlagen für Anschreiben und Lebensläufe

↗ https://karrierebibel.de
↗ https://www.lebenslaufgestalten.de
↗ https://www.canva.com/de_de/lebenslaeufe/vorlagen

Bewerbungstraining

↗ https://www.repetico.de

Online-Arbeitshilfen

Digitale Whiteboards/ Pinwände

↗ https://padlet.com
↗ https://miro.com/de
↗ https://www.collaboard.app/de
↗ https://conceptboard.com
↗ https://www.invisionapp.com/freehand
↗ https://www.taskcards.de

Digitale Bildkarten

↗ https://scan.gefuehlsmonster.de/de
↗ https://picture-mind.de/bildkarten/online-humor-geschichten

Weitere Internetquellen

↗ https://www.nlpportal.org
↗ http://www.rappe-giesecke.com
↗ https://www.coaching-report.de
↗ https://www.spektrum.de/lexikon/psychologie
↗ https://www.coaching-magazin.de
↗ https://www.coaching-tools.de/freie-tools.html
↗ https://www.zeitzuleben.de/interview-maja-storch
↗ https://karrierebibel.de/elevator-pitch
↗ http://methodenpool.uni-koeln.de

Wo finde ich ...?

Informationen zum Storytelling?
Eine Definition, etwas zum Aufbau, 10 Tipps + 3 Beispiele finden Sie unter: ↗ https://karrierebibel.de/storytelling

Informationen zu Aktivierungs- und Vermittlungsgutscheinen (AVGS) –Bundesagentur für Arbeit?
↗ https://www.arbeitsagentur.de/arbeitslos-arbeit-finden/aktivierungs-vermittlungsgutschein-avgs

Sozialkompetenzen

1. Kompetenzliste

Um mit Ihren Klienten die Softskills individuell zu erfassen, kann die folgende Kompetenzliste hilfreich sein. Sie nennt Kompetenzen und erklärt, was darunter zu verstehen ist.

Analysefähig: Der Klient kann umfangreiche und komplexe Zusammenhänge in kurzer Zeit erfassen und ordnen, das Wesentliche herausfiltern und allgemeine Inhalte verständlich darstellen.

Anpassungsfähig: Der Klient kann sich auf veränderte Bedingungen einlassen und kommt mit wechselnden Situationen gut zurecht. Herausforderungen nimmt er gerne an.

Ausdauerfähig: Der Klient kommt mit schwierigen Bedingungen wie beispielsweise mit großem Druck, Widerständen oder Störungen gut zurecht und kann über eine längere schwierige Phase trotzdem gute Leistungen erbringen.

Aussagefähig: Der Klient kann Gedanken, Ziele und Visionen auf den Punkt bringen und diese für andere verständlich und präzise erklären.

Authentisch: Der Klient wird von seinen Mitmenschen aufgrund seines natürlichen Verhaltens als eine glaubwürdige und geachtete Person wahrgenommen, die versucht, immer sie selbst zu sein.

Belastbar: Der Klient lässt sich auch bei hoher Arbeitsbelastung nicht aus der Ruhe bringen. Er ist in Stresssituation selbst kontrolliert und emotional stabil.

Delegierend: Der Klient unterscheidet zwischen Aufgaben, die er an andere weitergeben kann, und solchen, die er selbst erledigen muss. Er erkennt die individuellen Fähigkeiten anderer und gibt die Aufgaben entsprechend der jeweiligen Stärken weiter. Er vertraut darauf, dass sie ihre Aufgaben eigenständig bearbeiten und selbst verantworten.

Durchsetzungsstark: Der Klient vertritt selbstbewusst und eigenständig seine Meinung und kann diese vor anderen auch argumentieren. Er entwickelt Strategien, um seine Position zu stärken.

Empathisch: Der Klient kann sich in andere Personen einfühlen und der Themen anderer annehmen. Er ist ernsthaft interessiert und kann jederzeit Kontakte herstellen. Er kann sich in die Probleme anderer hineindenken, zuhören und achtet darauf, was und wie andere ihm etwas mitteilen. Dabei wahrt er genügend Abstand, um sich die Schwierigkeiten anderer nicht zu eigen zu machen.

Entscheidungsfähig: Der Klient kennt seinen eigenen Handlungs- und Entscheidungsspielraum und ist sich über die damit einhergehende Verantwortung bewusst. Er informiert sich umfassend, entwickelt Alternativen, setzt Prioritäten und trifft dann eine überlegte Entscheidung.

Flexibel: Der Klient kann sein vertrautes und bekanntes Denken und Handeln an neue veränderte Situationen anpassen. Neue Aufgaben und Herausforderungen nimmt er ohne Bedenken an und setzt sich damit auseinander, um ihnen gerecht zu werden.

Initiativ: Der Klient wird aktiv und handelt selbstständig, um etwas zu bewegen. Ideen werden von ihm in die Tat umgesetzt.

Interkulturell: Der Klient begegnet anderen Kulturen mit Wertschätzung und kann daher mit Menschen aus anderen Kulturen kommunizieren und arbeiten. Er geht bewusst mit vorherrschenden Unterschieden in verschiedenen Kulturen um und weiß, dass politische, wirtschaftliche und soziale Verhältnisse das Denken beeinflussen.

Kommunikativ: Der Klient befindet sich gerne im Austausch mit anderen und stellt Kontakt zwischen mehreren Personen her. Er hält Gespräche in Gang, hört aufmerksam zu und stellt interessierte Nachfragen. Zudem ist er auch in schwierigen Dialogen vermittelnd tätig.

Konfliktfähig: Der Klient kann auch in Konfliktsituationen mit verschiedenen Sichtweisen und Interessen konstruktiv umgehen. Er ist in der Lage, Ursachen und Auslöser von Konflikten zu identifizieren, unterschiedliche Sichtweisen anzusprechen und geeignete Lösungen zu entwickeln.

Konzeptionsstark: Der Klient kann eine Situation erfassen und adäquate Schlussfolgerungen daraus ziehen. Er übersetzt Ideen und Vorstellungen in Ziele und Inhalte und entwickelt dazu passende Handlungsschritte. Dabei bezieht er auch die vorhandenen Rahmenbedingungen mit ein.

Kreativ: Der Klient ist experimentierfreudig und bereit, neue Wege zu probieren. Er ist einfallsreich und fantasievoll und kann unkonventionelle und ungewöhnliche Ideen entwickeln und umsetzen.

Kritikfähig: Der Klient kann Rückmeldungen anderer annehmen und ist dankbar darüber. Verbesserungsvorschläge sieht er als eine Chance für sich.

Kundenorientiert: Der Klient kann die Bedürfnisse von Kunden / Partnern usw. erkennen und im Sinne von Service und Qualität angemessen damit umgehen. Wichtig ist ihm, Wertschätzung entgegenzubringen.

Leistungsbereit: Der Klient übernimmt freiwillig und motiviert Aufgaben. Er erfüllt diese mit Engagement und liefert qualitativ und quantitativ hochwertige Ergebnisse ab. Misserfolge hindern ihn nicht daran, weiterhin gut zu arbeiten.

Lernwillig: Der Klient ist Neuem gegenüber aufgeschlossen und ist gewillt, lebenslang zu lernen. Er hat Spaß und Interesse an neuen Entwicklungen und bemüht, sich neues Wissen und Fähigkeiten zu erlangen.

Motivierend: Der Klient begeistert andere, wenn er von einer Sache überzeugt ist. Er gewinnt andere für sich durch positive Rückmeldungen und Anerkennung der erbrachten Leistung.

Organisiert: Der Klient kann vereinbarte Ziele umsetzen und verfügbare Ressourcen optimal einsetzen. Er kann verschiedene Arbeitsaufgaben miteinander koordinieren und in sinnvolle Abfolgen bringen.

Problembewusst: Der Klient erkennt, was ein Problem zu einem Problem macht, und erfasst die Zusammenhänge von Ursache und Wirkung. Darauf aufbauend ist es ihm möglich, die mit dem Problem verbundenen Chancen und Risiken zu erkennen und zu bewerten sowie geeignete Lösungen zu entwickeln und dabei auch die Beteiligten einzubeziehen.

Risikobereit: Der Klient ist bereit, neue Wege zu gehen. Bedacht beurteilt er die gegebenen Situationen und holt sich Informationen ein und bezieht ggf. Experten mit ein. So wägt er Chancen und Risiken ab.

Selbstreflexiv: Der Klient ist in der Lage, sich selber zu hinterfragen und kritisch mit seinen Zielen und Handlungen auseinanderzusetzen. Konstruktive Kritik versteht er für sich als Chance zur eigenen Weiterentwicklung.

Sicheres Auftreten: Der Klient tritt souverän, vertrauenswürdig und überzeugend auf. Er weiß um seine persönliche Wirkung und kann diese bewusst einsetzen.

Sorgfältig: Der Klient führt seine Arbeitsaufträge gewissenhaft, gründlich, vollständig und zuverlässig aus. Er widmet sich der Ordnung und Struktur von Unterlagen, Dokumentation von Vorgängen und wichtigen Details aufmerksam.

Teamfähig: Der Klient besitzt die Fähigkeit, fair und kollegial im Team gemeinsam Ziele zu definieren und zu erreichen. Er bringt seine eigenen Fähigkeiten konstruktiv ein, kann aber auch mit Kritik umgehen und Kompromisse schließen. Er bietet Unterstützung an und nimmt sie auch in Anspruch.

Termintreu: Der Klient löst gestellte Aufgaben und Ziele im vereinbarten Zeitrahmen. Für größere Projekte entwickelt er einen Zeitplan und hält diesen ein. Er achtet auch darauf, Zeiträume für Erholungsphasen einzuräumen.

Tolerant: Der Klient sieht Verschiedenheit als Chance für Entwicklung. Wenn andere Dinge tun, die ihm missfallen, akzeptiert er sie trotzdem. Er lässt die Meinungen und Wertvorstellungen anderer zu.

Urteilsfähig: Der Klient besitzt die Fähigkeit, aus einer angemessenen Distanz heraus Situationen, Personen bzw. Vorgänge zu erfassen und objektiv und sachlich so einzuschätzen, dass daraus Konsequenzen gezogen werden können.

Verantwortungsvoll: Der Klient ist sich darüber bewusst, dass er für sich, sein Leben und seine Entscheidungen selbst verantwortlich ist. Er kann die Folgen und Konsequenzen seiner Entscheidungen abschätzen.

Verhandlungsfähig: Der Klient entwickelt eigene Strategien für sein Vorgehen und tritt in Verhandlungen selbstsicher und souverän auf. Seine eigenen Interessen diplomatisch zu vertreten steht für ihn im Mittelpunkt.

Vorausschauend: Der Klient sieht zukünftige Entwicklungen als Herausforderung. Durch selbst eingeholte Informationen und eigene Überlegungen kann er zukünftige Entwicklungen einschätzen und dementsprechend vorausschauend handeln.

Zielstrebig: Der Klient steckt sich anspruchsvolle und erreichbare Ziele und entwickelt selbstständig geeignete Umsetzungsschritte. Er entwickelt und vereinbart auch mit anderen Ziele und strebt nach Erfüllung.

Zuverlässig: Der Klient hält sich an Regeln und Absprachen. Andere schätzen an ihm, dass sie sich auf seine Aussagen verlassen können.

2. *Werteliste*

Abenteuer, Abwechslung, Achtung, Akribie, Aktivität, Akzeptanz, Anerkennung, Anpassungsfähigkeit, Anstand, Aufgeschlossenheit, Aufmerksamkeit, Aufrichtigkeit, Ausgeglichenheit, Authentizität
Begeisterung, Beharrlichkeit, Beistand, Beliebtheit, Bereitschaft, Bescheidenheit, Bester sein, Bestätigung, Bildung, Bindung
Chancengleichheit, Courage
Dankbarkeit, Demut, Diskretion, Disziplin, Durchsetzungsvermögen, Dynamik, Distanz, Direktheit
Effektivität, Effizienz, Ehrgeiz, Ehrlichkeit, Eigenständigkeit, Einfachheit, Einfallsreichtum, Einfluss, Einzigartigkeit, Eleganz, Empathie, Energie, Enthusiasmus, Entschlossenheit, Entspannung, Erfolg, Ernsthaftigkeit, Expertise
Fairness, Familie, Fantasie, Freiheit, Fleiß, Flexibilität, Freiheit Freude, Freundlichkeit, Frieden
Geduld, Gelassenheit, Genauigkeit, Gerechtigkeit, Gesundheit, Geschicklichkeit, Glaubwürdigkeit, Großzügigkeit, Gründlichkeit, Gutmütigkeit
Harmonie, Hartnäckigkeit, Heiterkeit, Hilfsbereitschaft, Hingabe, Höflichkeit, Humor, Hygiene
Innovation, Integrität, Interesse, Intelligenz, Intensität, Intuition
Klarheit, Können, Kontinuität, Kontrolle, Kooperation, Korrektheit, Kreativität Lebendigkeit, Leidenschaft, Leistung, Lernen, Liebe, Loyalität
Macht, Mitgefühl, Mitsprache, Moral, Motivation, Mut
Nachhaltigkeit, Nächstenliebe, Nähe, Neugier, Neutralität
Offenheit, Optimismus, Ordnung, Organisation, Originalität
Pflichtgefühl, Pragmatismus, Präsenz, Präzision, Privatsphäre, Pünktlichkeit
Raffinesse, Realismus, Reichhaltigkeit, Respekt, Ruhe, Ruhm, Rücksichtnahme

Sauberkeit, Schönheit, Selbstbeherrschung, Selbstlosigkeit, Selbstvertrauen, Sensitivität, Sensibilität, Solidarität, Sorgfalt, Sparsamkeit, Spaß, Spontanität, Stabilität, Stärke, Struktur
Tapferkeit, Teamarbeit, Teilen, Toleranz, Tradition, Transparenz, Treue, Tugend
Umgänglichkeit, Unabhängigkeit, Unbestechlichkeit, Unterstützung, Unvoreingenommenheit
Verantwortung, Verbindlichkeit, Verbundenheit, Vernunft, Verständnis, Vertrauen, Vielfalt, Vision, Vitalität
Wachstum, Wahrnehmungsvermögen, Warmherzigkeit, Weisheit, Weitsicht, Wissen, Wohlstand, Würde
Zielstrebigkeit, Zufriedenheit, Zugänglichkeit, Zugehörigkeit, Zuneigung, Zuverlässigkeit, Zuversicht

Lösung Rätsel

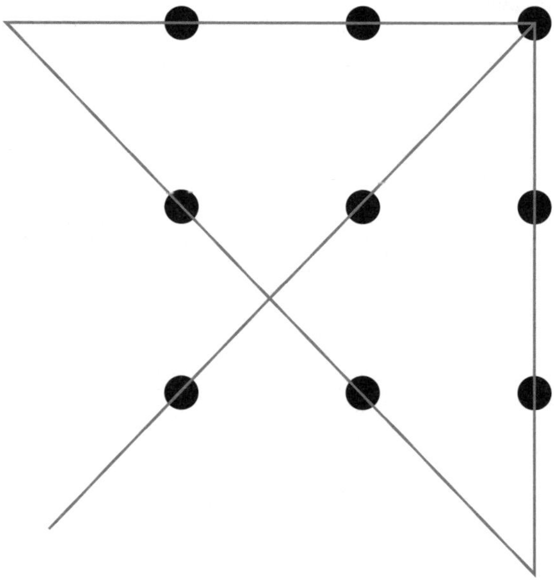

Quellen- und Literaturverzeichnis

Asay, T. P. & Lambert, M. J. (1999): The Empirical Case for the Common Factors in Therapy: Quantitative Findings. In: M. A. Hubble, B. L. Duncan & S. D. Miller (Eds.), The heart and soul of change: What works in therapy (pp. 23-55). Washington, DC, US: American Psychological Association. ↗ http://dx.doi.org/10.1037/11132-001

Backhausen, W. & Thommen, J.-P. (2006): *Coaching: Durch systemisches Denken zu innovativer Personalentwicklung.* Wiesbaden, Gabler Verlag.

Bachmann, T. (2013): *Rollenkompass.* In: Rauen, C. (Hrsg.): *Coaching-Tools II. Bonn,* managerSeminare.

Bucay, J. (2007): *Komm, ich erzähle dir eine Geschichte.* Frankfurt am Main, Fischer.

Budde, C. (2015): *Mitten ins Herz Storytelling im Coaching.* Bonn, managerSeminare.

de Shazer, S. (2015): *Mehr als ein Wunder: Die Kunst der lösungsorientierten Kurzzeittherapie.* Heidelberg, Carl-Auer Verlag.

Dietrich, R. & Gerwien, J. (2017): *Psycholinguistik: Eine Einführung,* Stuttgart: J. B. Metzler.

Kensok, P. & Dyckhoff, K. (2004): *Der Werte-Manager: Effektives Wertemanagement in Coaching & Beratung.* Paderborn, Junfermann.

Eberwein, W. (2014): *Humanistische Psychotherapie: Theorien, Methoden, Wirksamkeit.* Gießen, Psychosozial-Verlag.

Frese, M. (2008): The changing nature of work. In N. Chmiel (Hrsg.), *An introduction to work and organizational psychology.* Malden, Blackwell.

Friebe, J. (2016): *Reflektierbar.* Bonn, managerSeminare.

Greif, S. (2008): *Coaching und ergebnisorientierte Selbstreflexion: Theorie, Forschung und Praxis des Einzel- und Gruppencoachings.* Göttingen, Hogrefe.

Hennig C. & Knödler U. (2017): *Schulprobleme lösen. Ein Handbuch für die systemische Beratung.* Weinheim, Beltz.

Hülshoff, T. (2017): *Psychosoziale Intervention bei Krisen und Notfällen.* Stuttgart, UTB.

Kluczny, J. (2011): Grundlage und Methoden für ein integratives Coaching-Modell. In: Giesen, R., (Hrsg.) *Coachingperspektiven, Impulse für die Praxis.* Berlin, dvnlp.

König, E. & Volmer, G. (2016): *Einführung in das systemische Denken und Handeln.* Weinheim, Beltz.

Lippmann, E. (2013): *Coaching.* Berlin und Heidelberg, Springer.

Lorenz, R.-F. (2016): *Salutogenese: Grundwissen für Psychologen, Mediziner, Gesundheits- und Pflegewissenschaftler.* München, Ernst Reinhardt Verlag.

Maderthaner, R. (2008): *Psychologie.* Wien, Facultas.

Mertens, S. (2014): *Wie Zeichnen im Coaching neue Perspektiven eröffnet.* Weinheim, Beltz.

Miller, W. R. & Rollnick, S. (2004): *Motivierende Gesprächsführung.* Freiburg, Lambertus.

Milling, H. (2016): *Storytelling – Konflikte lösen mit Herz und Verstand.* Frankfurt a. M., Metzner.

Mohl, A. (2010): *Der Zauberlehrling.* Paderborn, Junfermann.
Nohl, M. (2018): *Laufbahnberatung 4.0.* Bonn, managerSeminare.
Nohl, M. & Egger, A. (2016): *Micro-Inputs Veränderungscoaching.* Bonn, managerSeminare.
North, K.; Reinhardt, K. & Sieber-Suter, B. (2018): *Kompetenzmanagement in der Praxis. Mitarbeiterkompetenzen systematisch identifizieren, nutzen und entwickeln.* Wiesbaden, Springer.
Oboth, M. & Seils, G. (2005): *Mediation in Gruppen und Teams.* Paderborn, Junfermann.
Preisendörfer, P. (2009): *Glaubenssätze, Überzeugungen &Co. Von mentaler Sabotage zum vollen Potenzial.* Oberstdorf, Windpferd.
Quitmann, H. (1996): *Humanistische Psychologie.* Göttingen, Hogrefe.
Rabaiolo-Fischer, B. (2015): *Biografisches Arbeiten und Lebensrückblick in der Psychotherapie.* Göttingen, Hogrefe.
Radatz, S. (2009a): *Creative Knowledge Feedback.* Wien, Verlag Systemisches Management.
Radatz, S. (2009b): *Beratung ohne Ratschlag: Systemisches Coaching für Führungskräfte und BeraterInnen.* Wien, Verlag Systemisches Management.
Rauen, C. (Hrsg.) (2013): *Coaching-Tools II.* Bonn, managerSeminare, 3. Aufl.
Rappe-Giesecke, K. (2008): *Triadische Karriere-Beratung.* Bergisch Gladbach, EHP Verlag.
Robbins, A. (2004): *Das Robbins Power Prinzip. Befreie die innere Kraft.* Berlin, Ullstein.
Rogers, C. (1981): *Der neue Mensch.* Stuttgart, Klett-Cotta.
Rudolph, U. (2003): *Motivationspsychologie.* Weinheim, Beltz.
Schein, Edgar H. (2005): *Karriereanker.* Darmstadt, Lanzenberger, Looss, Stadelmann.
Schlegel, Cris (2000): *Drei Expertenstrategien des Konfliktmanagements – Coaching, Supervision und Organisationsberatung im Vergleich.* Hamburg, diplom. de Verlag
Schlösser, A. & Kiesele, K. (2017): Job-Coaching: Karriereberatung für eine neue Zielgruppe. *Coaching Magazin* 1, S. 34–38.
Schmid, B. & König, O. (2017): *Train the Coach.* Bonn, managerSeminare.
Schmitt, R. & Pfeifer, T. (2010): Qualitätsmanagement. München, Hanser.
Schmitz, L. (2016): *Lösungsorientierte Gesprächsführung.* Dortmund, verlag modernes leben.
Schneidereit-Mauth, H. (2015): *Ressourcenorientierte Seelsorge: Salutogenese als Modell für seelsorgerliches Handeln.* Gütersloh, Gütersloher Verlagshaus.
Schug, S. (2016): *Therapie-Tools Achtsamkeit.* Weinheim, Beltz.
Schulz von Thun, F. (2013a): *Miteinander reden, Band 3: Das innere Team und situationsgerechte Kommunikation.* Reinbek, Rowohlt.
Schulz von Thun, F. (2013b): *Das innere Team in Aktion,* Reinbek, Rowohlt.
Senninger, T. (2000): *Abenteuer leiten – in Abenteuern lernen.* Münster, Ökotopio Verlag.

Storch, M. (2017): *Selbstmanagement ressourcenorientiert: Grundlagen und Trainingsmanual für die Arbeit mit dem Zürcher Ressourcen Modell (ZRM).* Göttingen, Hogrefe.

Van Kaldenkerken, C. (2014): *Wissen, was wirkt.* Hamburg, tredition.

Watzlawick, P. (2009): *Anleitung zum Unglücklichsein.* München, Piper.

Welter-Enderlin, R. & Hildebrand, B. (2012): *Resilienz – Gedeihen trotz widriger Umstände.* Heidelberg, Carl-Auer-Verlag.

Whitmore, J. (2014): *Coaching for Performance. Potenziale erkennen und Ziele erreichen.* Paderborn, Junfermann.

Wilber, K. (2010): *Integrale Lebenspraxis: Körperliche Gesundheit, emotionale Balance, geistige Klarheit, spirituelles Erwachen.* München, Kösel.

Index

Die Autorinnen

Karin Kiesele

Kommunikationswissenschaftlerin (B.A.)
Hotelkauffrau, Personal & Business Coach, Intervisorin,
Trainerin, Mediatorin, NLP Practitioner DVNLP
E-Mail: mail@karin-kiesele.de

Andrea Schlösser

Handelsfachwirtin, Supervisorin und Coach DGSv,
Mediatorin BM, Trainerin,
NLP Master DVNLP
Web: ↗ http://www.andrea-schloesser.de
E-Mail: info@andrea-schloesser.de